ANDREA SCHNÖLLER / HANNES STEKL (HG.)

„ES WAR EINE WELT DER GEBORGENHEIT . . .“

Damit es nicht verlorengeht . . .

12

Herausgegeben von Michael Mitterauer
und Peter Paul Kloß

Andrea Schnöller / Hannes Stekl (Hg.)

# "Es war eine Welt der Geborgenheit..."

Bürgerliche Kindheit
in Monarchie und Republik

1987

VERLAG BÖHLAU WIEN · KÖLN

Gedruckt mit Unterstützung durch den
Fonds zur Förderung der wissenschaftlichen Forschung

CIP-Kurztitelaufnahme der Deutschen Bibliothek

**„Es war eine Welt der Geborgenheit ...“**: bürgerl. Kindheit in Monarchie u. Republik / Andrea Schnöller ; Hannes Stekl (Hg.). – Wien ; Köln : Böhlau, 1987.

(Damit es nicht verlorengeht ... ; 12)
ISBN 3-205-06163-2

NE. Schnöller, Andrea [Hrsg.]; GT

Titelbild:
Der Offizier und Gutsbesitzer
Walter Drahtschmidt von Bruckheim mit seiner Gattin,
den Zwillingstöchtern und dem kleinen Sohn
(Familienalbum Dr. Franz Pernitza, Bd. 2,
Besitz Dr. Friederike Griess)

ISBN 3-205-06163-2

Datenerfassung: Peter Paul Kloß
Satz: Manz, Wien 5
Druck: Interpress – Druckerei Dabas
Ungarn

# Inhalt

# Vorwort

Die Beiträge zu diesem Band entstammen verschiedenen Sammlungen von autobiographischen Schriften.

Das Interesse an historischer Spurensicherung, die Bemühungen um ein neues Geschichtsverständnis und Bestrebungen zur Anbahnung von Gesprächskontakten bewogen Michael Mitterauer und seine Mitarbeiter am Institut für Wirtschafts- und Sozialgeschichte der Universität Wien, Erzählungen über die Alltagswahrnehmung vergangener Zeiten zu sammeln. Diese Dokumentation umfaßt derzeit rund 1000 Autobiographien von unterschiedlichem Umfang. Den Grundstock bilden Lebensgeschichten von Frauen aus dem ländlichen Raum. Bürgerliche Autobiographien stellen noch eine Minderheit dar. Dieser Dokumentation sind die Kindheitserinnerungen von Emilie Deutelmoser-Molnar, Josef Leb, Claire Eugenie Mollik-Stransky, Christine Schleifer, Dr. Richard Seeger, Hertha Sprung, Ing. Hans Heinz Weber und Univ.-Prof. Dr. Richard Wolfram entnommen.

Als Ergebnis von Forschungen zur Geschichte Wiens um 1900 erschien ein Beitrag über bürgerliche Kindheit zur Jahrhundertwende in dem Band „Glücklich ist, wer vergißt . . .? Das andere Wien um 1900“ (hg. von Hubert Ch. Ehalt, Gernot Heiß und Hannes Stekl, Wien 1986). Dieser Artikel wurde in gekürzter Form in der österreichischen Tageszeitung „Die Presse“ veröffentlicht. Damit verband sich ein Aufruf zur Abfassung von Kindheitserinnerungen aus verschiedenen bürgerlichen Milieus. Auf diese Anregungen geht die autobiographische Skizze von Lorle Schinnerer-Kamler zurück.

Der Beitrag von Therese Schobloch ist eine gekürzte Fassung des wenig bekannten Bändchens „Hinterlegte Zeichen". Kindheits- und Jugenderinnerungen aus den Jahren 1898–1914. I. Teil 1898–1905, welches 1971 im Eigenverlag erschienen ist.

Die Auswahl der vorliegenden Kindheitserinnerungen war vom Bestreben getragen, einen Einblick in verschiedene bürgerliche Milieus zu vermitteln und gleichzeitig eine möglichst breite regionale Vielfalt zu bieten. Der dabei unterlegte Bürgerbegriff, welcher in der historischen Forschung gegenwärtig eingehend diskutiert wird, umfaßt die Schicht des alten „Stadtbürgertums" ebenso wie Vertreter des „Bildungsbürgertums" und der „Bourgeoisie" (Unternehmer, Kapitalbesitzer, Manager). Als zeitlicher Rahmen wurde das ausgehende 19. und frühe 20. Jahrhundert gewählt, um Kontinuitäten wie auch Brüche in den verschiedenen Lebenszusammenhängen der Kindheitsphase darzustellen.

Die vorliegenden Kindheitserinnerungen wurden für die Drucklegung stilistisch nicht überarbeitet. Nur in Einzelfällen waren Kürzungen bzw. Umgruppierung von Erzählpassagen unumgänglich, um dem Leser Verständnishilfen zu bieten. Detaillierte Ausführungen zur Familiengeschichte mußten aus Platzgründen weggelassen werden – sie sind auszugsweise in den einleitenden Lebensläufen der Verfasser enthalten. Der Titel des Bandes geht auf ein Zitat in der Autobiographie von Lorle Schinnerer-Kamler zurück.

Herausgeber und Verlag dürfen an dieser Stelle allen Autorinnen und Autoren bzw. deren Nachkommen herzlich für die Überlassung der Lebensgeschichten und die freundliche Unterstützung danken.

Wien, im Juni 1987

*Andrea Schnöller*
*Hannes Stekl*

# Bürgerliche Kindheit in Autobiographien

## Forschungsprobleme

### Lebenserinnerungen als historische Quelle

*In meiner Absicht liegt es selbstverständlich, meine Erinnerungen völlig wahrheitsgetreu aufzuzeichnen, soweit die Wahrheit der Erinnerungen überhaupt in unserer Macht liegt ... Innerhalb der Geständnisse, die man in seinen Denkwürdigkeiten zu machen pflegt, gibt es aber zweierlei Arten, wahr zu sein. Die eine: was man mitteilt, völlig rückhaltslos und präzise auszusprechen; die andere: überhaupt alles mitzuteilen, dessen man sich zu erinnern vermag. Es ist fraglich, ob dies letztere überhaupt möglich ist.*

Diese Bemerkungen in den Jugenderinnerungen Arthur Schnitzlers[1]) berühren zwei Schwerpunkte biographischer Forschung: das vieldiskutierte Problem der „Wahrheit" und „Objektivität" von Lebensgeschichten sowie die Frage nach dem Ablauf menschlicher Erinnerungsprozesse. Vertreter verschiedener Fachbereiche – Soziologen, Pädagogen, Historiker, Literaturwissenschafter – haben sich mit dieser Thematik auseinandergesetzt. Dabei stand die Verschränkung von persönlichen und gesellschaftlich geprägten Erfahrungen im Mittelpunkt zahlreicher Analysen. Lebensgeschichtliches Erzählen erscheint so als „eine Form sozialen Handelns – eine Praxis, in der individuelle Geschichten mit kollektiven Interessen, Werten, Phantasien und Leidenschaften zusammengewoben werden"[2]); als charakteristisch für autobiographisches Schrifttum gilt „die eigentümliche Vermittlung objektiver Gegebenheiten mit subjektiver Bewältigung und die sprachliche Darstellung und Reflexion dieser Vermittlung".[3])

In der wissenschaftlichen Literatur wurde wiederholt der Versuch unternommen, eine klare Unterscheidung zwischen Autobiographien und Memoiren zu treffen: Autobiographien schilderten die individuelle Entwicklung, eröffneten das Innenleben, erzählten von psychischen Entwicklungen und Krisen; Memoiren seien Beschreibungen von „großen", bedeutenden Ereignissen, von den Handlungen des Berichterstatters, von sozialen und kulturellen Verhältnissen.[4]) „Die Autobiographie erinnert an das vergangene Leben, die Memoiren hingegen trachten dessen Ablauf möglichst genau an Hand von Belegen zu rekonstruieren", brachte Bernd Neumann die Debatten auf eine kurze Formel.[5]) Bei den Beiträgen zu diesem Band verschwimmen jedoch diese Grenzen. Nicht selten bildeten Tagebuchaufzeichnungen, Zeitungsausschnitte, Bilder sowie Zeichnungen die Stützen der Erinnerung und damit Rekonstruktionshilfen für Vergangenes.

Wichtiger als eine letztlich fruchtlose Systematisierung scheint die Umschreibung jener Erkenntnismöglichkeiten, welche sich bei der Lektüre der vorliegenden Erinnerungen anbieten. Diese autobiographischen Skizzen sollen zunächst den Zugang zu einem noch viel zuwenig bekannten und facettenreichen Kapitel eröffnen, das im Brennpunkt fächerübergreifender Interessen steht: der Lebenswelt von Bürgerkindern im späten 19. und frühen 20. Jahrhundert. Mögen sich die Erinnerungen auch abschwächen oder verzerren, mögen die Autoren stets nur einen Teil der sozialen Wirklichkeit erfahren haben – ihre unverwechselbaren Erlebnisse besitzen wichtigen Informationswert für die Beschreibung von Kindheit in verschiedenen bürgerlichen Milieus. Wie Interviews nach den Methoden der „Oral History“[6]) erschließen auch autobiographische Aufzeichnungen wichtige Dimensionen des Alltags – zum Beispiel innerfamiliale Beziehungen, Wohnerfahrungen, Freizeitverhalten –, über die andere Quellengruppen nur unzureichend Auskunft geben. Die Berücksichtigung des „Subjektiven“ kann übereilten Verallgemeinerungen und Klischeebildungen vorbeugen, wie sie gerade bei Forschungsarbeiten zum Thema „Bürgertum“ keineswegs selten sind. Andererseits ermöglicht es der Vergleich analoger Lebenssituationen oder thematischer Schwerpunkte, strukturelle Gemeinsamkeiten im Denken und Handeln von Mitgliedern der „bürgerlichen Gesellschaft“ aufzuzeigen. Diese Aussagen sind anhand von anderem Quellenmaterial oder von gesicherten Forschungsergebnissen zu überprüfen.

Auch zahlreiche autobiographische Dichtungen, welche als Suche nach Selbst- und Welterkenntnis angesehen wurden, konzentrierten sich auf die Lebensphase der Kindheit. Diese Beschränkung schien von der Einsicht bestimmt, daß in „ihrer Kindheit die Person durch Gesellschaft, Erziehung, Beruf noch kaum geformt und verformt, durch Bewußtsein noch nicht sich selbst gegenüber im Zweifel, sich am reinsten darstellt und in ihrer Unverfälschtheit darstellen läßt“.[7]) Allerdings sind die Wahrnehmungs- und Verarbeitungsformen einer kritischen Betrachtung zu unterziehen. Schon in älteren Veröffentlichungen wurde darauf hingewiesen, „daß der Vorgang des Erinnerns Gesetzlichkeiten unterliegt, die eine adäquate Reproduktion vergangenen Lebens grundsätzlich unmöglich machen“.[8]) Durch die Selektivität des Erinnerns und den weiteren Aussonderungsprozeß bei der Niederschrift geben die Texte keinesfalls die Fülle und Wirklichkeit aller bürgerlichen Lebensvollzüge wieder. Individuelle Lebensgeschichten sind immer „strukturierte Selbstbilder“[9]); in sie gehen immer auch schicht- oder klassenspezifische Denk- und Wertmuster, Normen und Artikulationsformen ein. So bilden Autobiographien auch eine Grundlage für Aussagen über Selbstverständnis,

Perspektiven und Deutungssysteme bürgerlicher Lebenskonzepte. Der zeitliche Rahmen der Schriften – mit dem Einschnitt des Ersten Weltkriegs – ermöglicht es, Brüche wie Kontinuitäten zu verfolgen.

## Schreibmotivationen

Für Ordnung, Gestaltung und Sinngebung der eigenen Lebenserfahrung ist die Schreibmotivation des Verfassers von großer Bedeutung. Man begegnet bei der Durchsicht von lebensgeschichtlichen Erzählungen einem breiten Spektrum von Zielsetzungen. Der vielseitige Gelehrte Felix Somary, nach seinen eigenen Worten „Fachmann für Krieg und Krise" in „zwei Kaiserreichen und zwei Demokratien", strebte eine „Eigencharakteristik" an und wies jedes Motiv einer Rechtfertigung seiner unterschiedlich beurteilten Persönlichkeit von sich.[10])

Wie Staatsmänner sahen sich auch prominente Künstler bewogen, Handlungs- und Lebenszusammenhänge aus eigener Perspektive zu beschreiben. Eduard Strauß, Mitglied der berühmten Musikerdynastie, wollte mit seinen „Erinnerungen" Unkorrektheiten in mehreren biographischen Veröffentlichungen richtigstellen:[11])

*Was mich heute dazu veranlaßt, ist die Wahrnehmung, welche ich anläßlich der vor zwei Jahren stattgehabten Centenarfeier der Geburt meines Vaters und der Feier meines eigenen 70. Geburtstages gemacht habe: wie sehr man im unklaren über die Verhältnisse meiner Familie im allgemeinen und über die ihrer Mitglieder im besonderen ist, so daß bei gelegentlichen Besprechungen darüber allerhand Unrichtigkeiten für bare Münze durchrollen . . .*

. . . . .

*Der Inhalt der Biographien aber hat mich bestimmt, diese „Erinnerungen", Verhältnisse meiner Familie und den Werdegang eines jeden von uns drei Brüdern, den Tatsachen entsprechend, ohne Beschönigung, jedoch auch ohne Entstellung darzulegen.*

Die Betonung von „Familie“ und von „Familienehre“ verweist auf einen wichtigen Inhalt des bürgerlichen Wertekanons. Die Familie ist aber nicht nur Gegenstand, sondern auch Adressat autobiographischer Schriften. „Mein liebes Kind!“ – so lautet die Überschrift der Lebensgeschichte von Ing. Weber, welche im vorliegenden Band enthalten ist. Das eigene Leben wird zum Lerngegenstand, zum Beispiel für die Angehörigen. Solche Überlegungen haben auch Lorle Schinnerer-Kamler zur Abfassung ihrer Kindheitserinnerungen bewogen, welche für diese Sammlung zur Verfügung gestellt wurden:

*Ich schreibe meine Erinnerungen nicht deshalb, weil es modern ist, dies zu tun. „Alle Welt“ schreibt Autobiographien – oder über „Alle“ wird geschrieben. Ich schreibe sie, weil „etwas“ mich dazu drängt und weil solche „Stimmen“ in meinem Leben immer einen Sinn hatten. Ich tue es auch bewußt meiner Kinder und Kindeskinder wegen. ... Denn das Vergangene ist nicht „vergangen“, sondern es lebt unbewußt – vielleicht eher als bewußt – in uns weiter. Es leitet, es formt, es prägt uns.*

Solchen Aufzeichnungen liegt gewöhnlich die Überzeugung zugrunde, auf einen „geglückten“ Lebenslauf verweisen zu können. Schwierigkeiten und Krisen werden im Rückblick nicht als Situationen gesehen, denen man machtlos und ausgeliefert gegenüberstand, sondern als Entwicklungschancen interpretiert. Beim Literaturwissenschafter Oskar Walzel, einem gebürtigen Wiener, beruhte die Sinndeutung von Rückschlägen und Leid auf einer tiefen Gläubigkeit:[12])

*Als vor Jahren ich aufgefordert wurde, in wenigen Worten auszusagen, was mir ein besonders wichtiges Ergebnis meiner Lebenserfahrungen sei, bot ich eine Umschreibung bekannter Worte des Briefes an die Römer (8,28). Nach wie vor bin ich überzeugt, daß denen, die Gott lieben, alle Dinge zum Guten dienen. Der ganze Vers des Römerbriefes ließe sich auch ausdrücken: Wer den Sinn seines Daseins erkannt hat, weiß auch, daß noch das Übel und das Schwererträgliche dem Sinne des Ganzen dient, notwendiges Glied im Ablauf seines Daseins ist.*

Oft aber dominiert – wieder ein typisches Kennzeichen bürgerlicher Mentalität – ein entschiedener Individualismus. Dabei betrachten es die Autoren als Verpflichtung, ihre Erkenntnisse und Erfahrungen weiterzugeben. So überwand der Komponist Wilhelm Kienzl[13]) Bedenken einer möglichen Egozentrik aus der Erwägung,

*... daß es nicht nur das Recht, sondern auch die Pflicht eines in der Öffentlichkeit und für sie Wirkenden ist, seine Erfahrungen der Allgemeinheit mitzuteilen und ihr nutzbar zu machen, die von ihm empfangenen Eindrücke zu schildern und deren Zusammenhänge mit seiner Kunst darzulegen, wodurch diese der Welt nähergebracht wird. In diesem Buch kann es sich also weniger um objektive Tatsachen als um ein subjektives Bekenntnis handeln, um ein ganz aus dem fühlenden und schauenden Ich hervorgegangenes Werk.*

Dieses Sendungsbewußtsein ist auch in Schriften anzutreffen, deren Verfasser bloß Randfiguren im Umfeld kulturell prägender Persönlichkeiten waren. Friderike Maria Zweig zum Beispiel bewegte sich in ihren „Spiegelungen des Lebens" an der Seite eines bekannten Literaten innerhalb eines solchen schöpferischen Kreises von Menschen:[14])

*Mancher von ihnen hat mitgeholfen, das geistige und künstlerische Bild unseres Jahrhunderts mitzuformen, und so glaube ich denn über mein eigenes Selbst hinaus Aussage über die inneren und äußeren Geschehnisse unserer bewegten Tage erbracht zu haben, die bei aller Betrübnis Erhebendes und Aufbauendes geschenkt haben.*

In dieser Aussage klingt eine eigentümliche Ambivalenz bürgerlicher Denkmuster an. Bei den großen historischen Ereignissen mochte der Bürger vielfach nur in der Rolle eines „apolitischen Zaungastes" anzutreffen sein, wie dies Peter Sloterdijk formuliert hat.[15]) Man wußte sich von makrohistorischen Entwicklungen geprägt; dennoch lebte der Glaube an individuelle Einflußmöglichkeiten weiter, wie auch Ing. Weber in seinem Beitrag zu diesem Buch schreibt:

*Eines habe ich erkannt, nämlich, daß unser Schicksal ständig Veränderungen unterworfen ist. Was liegt näher, als daß wir selbst bemüht sein müssen, auf diese Änderungen Einfluß zu nehmen, soweit es in unseren Kräften steht!*

Wo jedoch Brüche – wie zum Beispiel der Erste Weltkrieg – tiefgreifende Wandlungen im politischen, wirtschaftlichen und gesellschaftlichen Bereich herbeiführten, wandelt sich gestalterische Aktivität zur historischen Berichterstattung. In der Art eines Chronisten wird versucht, Wissen über diese Zeit den Nachfahren weiterzugeben. Wenn auch Stefan Zweigs „Welt von gestern" teilweise eine Wunschprojektion darstellen mag,[16]) so macht sie die Veränderungen in der ersten Hälfte des 20. Jahrhunderts in atmosphärischer Dichte spürbar:[17])

*Wenn ich versuche, für die Zeit vor dem Ersten Weltkrieg, in der ich aufgewachsen bin, eine handliche Formel zu finden, so hoffe ich am prägnantesten zu sein, wenn ich sage: es war das goldene Zeitalter der Sicherheit. Alles in unserer fast tausendjährigen österreichischen Monarchie schien auf Dauer gegründet und der Staat selbst der oberste Garant dieser Beständigkeit.*

Das Wissen um Verlust und Vergänglichkeit kann mit ein Motiv sein, aus seinem Leben zu erzählen. Therese Schobloch hat in der Einleitung zu ihren „Hinterlegten Zeichen", die in diesem Sammelband nur auszugsweise wiedergegeben sind, diese Absicht ausdrücklich betont; sie hat aber damit auch das Bestreben verbunden, das Ergebnis von Sozialisationsbedingungen früherer Zeiten verständlich zu machen:[18])

*Wenn es mir ... gelingen könnte, das Paradies der Kindheit, wie es in mir so beglückend bewahrt ist, auch anderen Menschen zu schauen zu geben und damit Freude zu machen, so wäre mir ein . . . Wunsch erfüllt. Auch hat es mich ständig gedrängt, geliebte Gestalten und Örtlichkeiten noch für eine Weile der Vergessenheit zu entreißen. Dabei aber gelangte ich im Drange des Nachgestaltens zu dem Versuch, ein Bild aus jener Zeit um die Jahrhundertwende zu zeichnen, in der Widersprüche seltsam miteinander rangen und Neues nur mühsam sich aus dem Alten zu lösen begann.*

. . . . .

*So möchten diese Erinnerungen auch ein wenig um Verständnis werben für die, deren Leben von solchen einander widerstrebenden Kräften geformt und geprägt wurde und so mitunter etwas eigenwillige Formen annahm.*

Solche Rückblicke beginnen nicht selten die Funktion des „Wieder-aufleben-Lassens" zu übernehmen. In einer veränderten Umwelt, bei einem nicht kontinuierlich als „aufsteigend" empfundenen Lebenslauf[19]) und gerade im Alter kann der Prozeß erinnernden Schreibens geradezu eine therapeutische Funktion erfüllen. Der Schriftsteller Walter von Molo, welcher in Mähren und Wien aufgewachsen war, beginnt seinen Lebensrückblick mit ähnlichen Gedanken:[20])

*Im Altsein, wenn immer mehr Zeitgenossen aus der Sichtbarkeit verschwinden und die nachkommenden Generationen ihre Wege in dem Glauben gehen, der uns auch seinerzeit erfüllte, nämlich alles besser zu wissen, beginnt der Mensch in der Vergangenheit mehr als in der Gegenwart zu leben. Das ist Ausgleich, Hilfe, Ersatzbeschäftigung.*

*Erinnerungen steigen im Inneren auf und werden wieder zu lebendiger Gegenwart.*

Das Bedürfnis nach „sinngebender Rekapitulation" des eigenen Lebenslaufes[21]) kann also auf verschiedene Wurzeln zurückgreifen. Bei diesem Vorgang handelt es sich stets um eine Form der Identitätssicherung. Indem Vergangenheit aus dem Heute rekonstruiert wird, indem man Situationen, Zusammenhänge, Erkenntnisse, Erfahrungen vergegenwärtigt, entsteht das „Ich" des Erzählers immer wieder neu, wird der gegenwärtige Standort, die persönliche Entwicklung klarer bewußt.

## Aufbau und Sprache

Dieser Prozeß spiegelt sich auch in der Komposition von Kindheitserinnerungen wider. Das Bewußtsein, ein Glied in der langen Kette der Menschheits- und Weltentwicklung zu bilden, kommt in bürgerlichen Autobiographien nicht selten zum Ausdruck. Die inhaltlichen Anknüpfungspunkte und die sprachliche Gestaltung sind freilich unterschiedlich:

*Wir kommen zu einer Welt, die vor uns war. Der Gedanke, daß alles, an dem wir nunmehr Anteil nehmen, seit je im Licht der Sonne, der Augen und der Seelen vorbestanden, hat etwas Erschütterndes.*

. . . . .

*Unendend ist das Vergehende, unendend das Zukünftige: Aber, was in der Gegenwart geboren wird, hat sogleich Teil an beiden, und indem es beiden durch das Verfließen der Zeit angehört, verliert es die anfang- und endlose Reihe von Gegenwarten . . .*

Diesen Gedanken des Schriftstellers Felix Braun[22]) seien die Einleitungsworte der Erinnerungen von Friedrich Eckstein gegenübergestellt:[23])

*Zur Welt gekommen bin ich auf dem Grunde eines tiefen, weiten Meeres, dessen blaue Fluten sich vom Fuße der Alpen bis nach Zentralasien hin erstreckt haben.*

*Allerdings, das muß gleich gesagt werden: dieser ganze Ozean ist seither längst ausgetrocknet . . . Hoch oben aber ragen noch die steilen Ufer, an denen einst die Brandung gedonnert . . .*

*Und am Fuße dieser Kalkriffe, auf einer Terrasse des Meeresgrundes, haben vor etwa tausend Jahren die Menschen . . . eine kleine, befestigte Ortschaft erbaut, die . . . den Namen Perchtoldsdorf führt; und dort, in diesem Orte, auf der alten Ozeanterrasse, bin ich geboren worden.*

Weit häufiger als solche Zeichen tiefer Religiosität beziehungsweise weitreichender Bildung findet sich in bürgerlichen Autobiographien jedoch die Einbettung des Erzählers in die Geschichte der Familie. Durch lang gepflogene Familientraditionen und sorgfältig gehütete Dokumente ist es für die Autoren meist einfach, die Geschichte ihrer Vorfahren zu verfolgen. Nicht jeder konnte seine Lebenserinnerungen mit einer „Familienchronik" beginnen wie die Sängerin Lilli Lehmann[24]) oder auf so weit zurückreichende Daten verweisen wie Eduard Sueß, der als typischer Liberaler des 19. Jahrhunderts damit unverfälschten Fortschrittsglauben und das Lob individueller Leistungsfähigkeit verband:[25])

*Wir dürfen es als einen Glücksfall ansehen, daß seine (seines Vaters, d. Verf.) Familie aus den ringenden Schichten der Nation hervorgegangen ist, alle Beschwernisse des Lebens gekostet und nur schrittweise durch eigene Tüchtigkeit im Lauf der Generationen einen etwas weiteren Wirkungskreis errungen hat.*

Oft findet nur die Eltern- und Großelterngeneration Erwähnung. Auch darin zeigt sich die Bedeutsamkeit, welche das Wissen um Herkunft und Gewordensein für die persönliche Identität besitzt. Auf die starke Prägung durch die Sozialisationsinstanz „Familie" hat auch Ing. Weber in seinem Beitrag hingewiesen.

Der eigentliche Einstieg in die Kindheitsschilderungen ist von kulturellen Ambitionen und vom Stil des Autors geprägt. Zitate bekannter Persönlichkeiten oder aus wissenschaftlichen und literarischen Werken dokumentieren Bildungsgrad und -anspruch. So auch in den Artikeln dieses Bandes: Dr. Rudolf Seeger beginnt seine Kindheitserinnerungen mit einem „naiv-einprägsamen" Vers von Wilhelm Busch („Kaum, eh man sich's recht bedacht, / Schlupp! ist man zur Welt gebracht."); Claire Mollik mit Worten des Figaro aus dem Barbier von Sevilla, die sie auf ihr eigenes Leben bezieht („Vous vous êtes donné la peine de naître!"); Lorle Schinnerer-Kamler mit dem Satz der Schauspielerin Maria Eis, deren Biographie sie schrieb („Mein Leben? Ich möchte es nicht noch einmal leben.") und um den sich Gedanken über ihren eigenen Weg ranken.

Die Möglichkeiten für eine lückenlose und wirklichkeitsgetreue Darstellung der ersten Lebensjahre sind von verschiedenen Fachwissenschaftern negativ beurteilt worden. Maurice Halbwachs hielt eine Zurückversetzung in die Kindheit aus gedächtnisevolutionären Gründen für ausgeschlossen. Es sei unmöglich, sich ausschließlich das Wissen dieser Lebensphase in Erinnerung zu rufen und gleichzeitig alles Hinzugelernte und Uminterpretierte zu vergessen. Am Beispiel deutscher Autobiographien der 1920er Jahre wurde gezeigt, wie in literarischen Formulierungen Erwachsenensprache und -bewußtsein unterlaufen werden konnten.[26]) Eine eindringliche „Kindheitsbeschwörung" gelingt auch Charlotte Herder (geb. Willmann), als sie aus der Atmosphäre eines wohlgeordneten Prager Professorenhaushalts um 1870 schildert:[27])

*So gehorsam waren wir, daß wir, als eines Tages die Mondessichel am Himmel stand, ganz aufgeregt zu unseren Eltern stürzten, ob wir sie aufheben dürften, wenn sie zur Erde fiele – denn ohne besondere Erlaubnis hätten wir das ganz sicher nicht getan!*

Solche geglückten Rückversetzungen, bei denen der Vergegenwärtigungseffekt ziemlich groß ist, begegnen wir auch im vorliegenden Band mehrfach: Etwa wenn Christine Schleifer von den Weihnachtsvorbereitungen erzählt, Claire Mollik die enge Bindung an ihr Kindermädchen schildert, Dr. Seeger vom Besuch des Kaiserpanoramas berichtet, Ing. Weber sich seiner Kinderstreiche und Hertha Sprung sich ihrer Ideale, der Indianer, entsinnt. In diesen farbigen Anekdoten blitzen auch immer wieder Sprachformen des kindlichen Bewußtseins auf. Derart ausführlichen Darstellungen steht die Neigung gegenüber, nur jene Erfahrungen auszuwählen, die eine spätere Entwicklung andeuten. Dies ist vor allem in

Veröffentlichungen der Fall, welche Kindheit nur als Vorspiel zur Darstellung der reifen Persönlichkeit auffassen.[28]) Auch in bürgerlichen Autobiographien lassen bloße Hinweise oder Andeutungen auf das Phänomen der Kindheitsamnesie schließen, die als Folge von Sozialisationsleiden und ihrer psychischen Konsequenzen erklärt wurde.[29])

Der Komplex der Ersterinnerungen wirft Schwierigkeiten besonderer Art auf. Teils handelt es sich um zusammenhanglose Bilder, oft aber auch um traumatische Ereignisse, welche den Auftakt einer Lebensgeschichte bilden: Emilie Deutelmoser-Molnar beginnt ihre kurzgefaßte Erzählung für diesen Band mit dem Tod ihrer Mutter, der sie als Neunjährige traf. Für den Romancier und Regisseur Ernst Lothar machten „aufgepflanzte Bajonette" bei nationalen Demonstrationen in Brünn eine seiner ersten Erinnerungen aus.[30]) Und auch vor einer behüteten Kinderwelt wie der Charlotte Herders am Stadtrand von Prag machten Ängste nicht halt: Da waren die steile Treppe in den ersten Stock des Vorstadthauses, der bellende und zähnefletschende Kettenhund, ständige Kälteempfindungen, die Angst vor einem allwissenden und strafenden Gott, welche im Rückblick zur Feststellung führten:[31])

*Meine ersten Erinnerungen sind alle „von Tränen ganz betaut". Mir schien die Welt damals ein einziges Jammertal zu sein, erfüllt von Angst und Schrecken, und ich mitten darin so einsam, wie wenn ich mich von einem andern Stern auf diese Erde verirrt hätte.*

Nach den ersten Erinnerungen öffnet sich ein weites Erzählfeld für stärker strukturierte Episoden und Geschehnisse. Die Theorie der Autobiographie unterscheidet dabei zwischen einer „Schicht der objektiven Gegebenheiten" und einer „Schicht der subjekiven Erfahrungen".[32]) Zur ersteren zählen die nachprüfbaren Angaben über den „äußeren Lebenslauf": Geburtsdaten, Wohnorte, materielle Lebensbedingungen, Erstkommunion,

Schuleintritt, Krankheiten u. a. m. Josef Leb hat seine Lebensgeschichte in diesem Sammelwerk nach derartigen Strukturvorgaben zusammengestellt. Doch auch in stark formalisierten Lebensläufen kreuzen einander individueller Lebensverlauf und kollektive Ordnung. Schnittpunkte – wie etwa der erste Schultag – können höchst unterschiedlich empfunden und beschrieben werden.

Schon bei den „objektiven" Informationen nimmt der Erzähler eine gewisse Auswahl vor. Noch häufiger ist dies bei der Reflexion „subjektiver" Erfahrungen der Fall. Bei der Selektion treten gefühlsmäßig sowohl positiv als auch negativ besetzte Ereignisse in den Vordergrund. Besonders fühlbare Veränderungen in der kindlichen Erlebniswelt (zum Beispiel Wohnungswechsel, Aufnahme eines Kindermädchens, neue Freundschaften, einprägsame Ferienaufenthalte u. ä.) dienen als Ordnungs- und Orientierungsgerüst. Stilistisch herrscht dabei meist die typische Reihenstruktur autobiographischer Episodik vor. Der tatsächliche chronologische Ablauf wird selten genau eingehalten; die Verfasser greifen vor oder blicken zurück, manchmal geringfügig, manchmal weit.

In den meisten Autobiographien finden sich Schilderungen, die schon stilistisch aus dem üblichen Erzählrahmen heraustreten. Häufig werden sie durch eine präzise Zeitangabe eingeleitet. Die Darstellung wechselt vom Epischen ins Dramatische, Einzelheiten werden genau beschrieben. Gefühle und Betroffenheit werden geäußert. Teilweise handelt es sich wieder um schockartige Wirkungen von Ereignissen auf die Person des Autors. Dazu einige Beispiele aus diesem Band: Als Claire Molliks Mutter ihre Koffer packt und die Wohnung verläßt; als Christine Schleifer bei ihrer ersten Lüge ertappt wird; als Lorle Schinnerer-Kamler während der Kriegsereignisse in Istanbul Sorgen um ihre Eltern ausstehen muß. Besonders lebendige Erinnerungen knüpfen sich an die Begegnung mit Neuartigem: Eindrucksvoll schildert Dr. Seeger sein plötzliches Unbehagen bei seiner ersten Autofahrt. Und schließlich gibt es auch Erinnerungen, die sich durch ihre symbolische Bedeutung dem Verfasser einprägen. Kindliche Handlungen werden als protopolitische Erfahrungen interpretiert, welche in der weiteren Lebensgeschichte fortwirken. Ing. Weber stellt eine solche Verbindung mit seinen späteren Lebenszielen her, als er unerlaubterweise Süßigkeiten aus der Konditorei seines Großvaters verteilt:

*„Erlaubt waren derartige Attentate der Dorfjugend auf unsere Konditorei nicht, aber ich war in meiner sozialen Umverteilungsideologie nicht zu bremsen. Und das ist mir bis heute Lebensinhalt geblieben."*

Die Beiträge zu dieser Autobiographiensammlung sind in der „Ich-Form" abgefaßt. Das seltener verwendete „Wir" dient der Kennzeichnung deutlich empfundener Gemeinsamkeit. Literarisierte Lebensgeschichten hingegen verwenden nicht selten die dritte Person. Der Essayist, Lyriker und Erzähler Richard Schaukal selbst ist „der Knabe" in dem „Märchen von Hans Bürgers Kindheit";[33]) auch Anton Wildgans verwendete ähnliche Formulierungen.[34])

Literarische Vorbilder prägen die Organisationsformen des Erzählens mit.[35]) Fast allen bürgerlichen Autobiographien liegt ein gemeinsames Gesamtkonzept des Lebenslaufs zugrunde. Die einzelnen Abschnitte werden mit bestimmten Entwicklungsstufen verbunden: In Kindheit und früher Jugend erfolgt die Entwicklung von Anlagen, in der Adoleszenz gelangt die Identitätsbildung zum Abschluß, der Erwachsene ist nach dem Berufseinstieg „das in der Gesellschaft zu sich selbst gekommene Individuum".[36]) Solche „aufsteigenden" Lebensläufe, welche das Moment der Weiterbildung, einer individuellen Dynamik und personellen Wandels betonen, sind auch in diesem Band enthalten. Das Ende der Kindheit wird allerdings subjektiv empfunden: am Ende der Schulzeit (der Volksschule bei Josef Leb, der Bürgerschule bei Emilie Deutelmoser-Molnar, der Unterstufe des Gymnasiums bei Claire Mollik), mit dem Ausbruch des Ersten Weltkriegs (den Lorle Schinnerer-Kamler als Neunjährige, Christine Schleifer als Vierzehnjährige erlebte), durch den Tod Franz Josephs (Prof. Wolfram war damals sechzehn Jahre alt), durch ein als zukunftsweisend empfundenes Ereignis bei Ing. Weber. Es sind also nur zum Teil gesellschaftliche Organisationsformen, die zur „historisch-sozialstrukturellen Produktion von Lebensabschnitten" beitragen.[37]) Dies bedeutet aber keineswegs, daß die Sichtweisen der berichtenden Personen über ihre Kindheit grundlegende Unterschiede aufweisen.

## Idealisierung der Kindheit?

Kindheitserinnerungen neigen leicht zur Bildung von Stereotypen. Ernst Hanisch hat gezeigt, daß in Autobiographien ehemaliger Arbeiterkinder das Klischee der „schwarzen Kindheit" weit verbreitet ist. Armut und Elend der ersten Lebensjahre werden in scharfen Kontrast zu Aufstieg und Erfolgen der Arbeiterbewegung gesetzt.[38]) Lebensgeschichtliche Erzählungen von Wiener Arbeitern, welche am Beginn des 20. Jahrhunderts geboren wurden, vermitteln allerdings ein differenzierteres Bild. Starker Unterdrückung und Anpassungszwängen innerhalb der Familie stehen eine geringe Verinnerlichung der Normen und die Bildung informeller Kinder- und Jugendgruppen „auf der Gasse" gegenüber, welche die Enge der Herkunftsfamilie überwinden halfen.[39])

Im Gegensatz dazu zeigen bürgerliche Kindheitserinnerungen seit dem 19. Jahrhundert nostalgische und idealisierende Tendenzen. Max Brods „Streitbares Leben" ist ein Beispiel für viele:[40])

*1914, einschneidende Lebenswende. Eine Paßhöhe. Von hier aus, ehe ich weitergehe, einen Rückblick auf das Tal meiner Jugend zu werfen, scheint mir durch eine geradezu topographische Notwendigkeit geboten – nochmals muß ich sie wie in Übersicht vor mir haben, die Kindheit vor allem, die wohl auch leidend und leidenschaftlich genug (Brod spielt hier offenbar auf seine Rückgratverkrümmung an, d. Verf.), aber im Verhältnis zu dem, was folgte, eigentlich ein Meer der Ruhe gewesen war. Glücklich und geschützt.*

Zu den hier angedeuteten Kriterien einer glücklichen Kindheit traten andere Metaphern: Geborgenheit, Zuwendung, Obhut, Liebe. Ihnen entsprachen Attribute wie: der tüchtige Vater, die liebende Mutter, die herrlichen Ferien, das traute Weihnachtsfest u. ä.[41]) Manès Sperber hat eine Erklärung dafür in der kindlichen Erfahrungs- und Erlebnisstruktur gesehen:[42])

*Man weiß, daß jedes Kind Glück wie Unglück fast ohne Übergang erleben, mit Überstürzung steigern und ebenso unmittelbar in Gleichgültigkeit verfallen kann. Diese äußerste Erlebnisintensität und der beschleunigte Wechsel erleichtern es später dem fälschenden Gedächtnis, die Erwachsenen an ihre Kindheit wie an ein Paradies oder – seltener – wie an eine Hölle zu erinnern. In Wirklichkeit überschreitet jedes Kind – und häufig fast mühelos – jene Schwelle, die Paradies und Hölle ebensogut trennt wie verbindet.*

Die Idealisierung der Kindheit ist freilich in erster Linie vor dem Hintergrund der Privatisierung der Familie zu sehen, die sich seit dem ausgehenden 18. Jahrhundert innerhalb des Bürgertums vollzog. Dieser Prozeß war das Ergebnis einer immer schärferen Trennung von Arbeitswelt und Reproduktionsbereich und der Rollenteilung zwischen Frau und Mann. Dieses Familienmodell betonte auch die elterliche Verantwortung für die Kindererziehung. Der Lebensraum des Bürgerkindes wurde so zur heilen Welt, zum „Nest“[43]), das durch intensive, gefühlsbetonte Binnenbeziehungen gekennzeichnet war. Die Distanz zu anderen Bevölkerungsschichten und das von materiellen Sorgen freie Leben verstellten den Blick für soziale Probleme oder Konflikte in der Außenwelt. Diese Situation hat auch Christine Schleifer thematisiert:

*Zu Kriegsausbruch war ich zwölf Jahre alt, und die nun kommende Zeit wurde immer ernster und schwerer. Die Lebensverhältnisse vor 1914 sehe ich heute anders, als ich sie damals erlebte, denn da fehlte mir der Blick für die sozialen Unterschiede. Wir hatten keinerlei materielle Sorgen, der Haushalt war tadellos geführt, alles ging seinen geordneten Gang, es waren Dienstleute da, der Vater hatte in Retz und Umgebung eine geachtete Stellung, einen schönen Beruf, gutes Einkommen. Und ebenso war es bei den Familien, in denen wir verkehrten.*

Widersprüchliche Erfahrungen im Verlauf des späteren Lebens ließen die eigene Kindheit umso stärker als Rückzugsraum, als Enklave von Glück und Geborgeneit erscheinen. Bernd Neumann hat in der träumenden Erinnerung an eine Zeit der Erfüllung und des Genießens ein Stück Utopie, eine Auflehnung gegen die vom Leistungsprinzip beherrschte Welt, gesehen.[44])

Doch nicht nur rückwärtsgewandtes Glücksverlangen prägte das Klischee der „goldenen Kindheit". Gerade in der Blütezeit der bürgerlichen Gesellschaft vermittelte neben der Schule das Elternhaus die ersten Kenntnisse und gesellschaftlich verbindlichen Normen. Dazu zählten auch die unbedingte Anerkennung von Autoritäten und Ehrfurcht vor den Eltern. Diese Gebote wurden derart verinnerlicht, daß sich die individuelle Perspektive stets „mit nachträglichen Harmonisierungen von Konflikten, Legitimation von Entscheidungen, Verdrängungen und Rationalisierungen" durchsetzte.[45]) Ein hohes Maß an Identifikation ist somit ein Zeichen dafür, daß die Familie als wirksame Sozialisationsagentur funktionierte.

Der Aufforderung Friedrich Hebbels, nur die guten, schönen und harmonischen Seiten des Lebens zu behandeln und das übrige auf sich beruhen zu lassen,[46]) ist allerdings kaum eine lebensgeschichtliche Erzählung gefolgt. Negativ besetzte Erfahrungen fanden in unterschiedlicher Offenheit und Ausführlichkeit Erwähnung: Der Mangel an Verständnis von Eltern und Erziehungspersonal, geringe Gesprächsbereitschaft, ausgeprägtes Distanzverhalten, Einschränkung der Eigenbestimmung, harte Disziplinarmaßnahmen u. v. a.: „Nur selten haben

Erwachsene ein Verständnis für die ernsten Qualen einer Kinderseele", betont der Sprachphilosoph Fritz Mauthner, als er sich an die Unterbringung in einer verhaßten Privatschule erinnert.[47])

Und der Schriftsteller Arthur Koestler, Sohn eines Budapester Industriellen, klagte nicht nur über den „Despotismus" des Stubenmädchens, sondern auch über die Launen seiner Mutter:[48])

*Wie nicht anders zu erwarten, gestaltete sich die Mutterliebe einer Frau, die in fortgeschrittenen Jahren ein einziges Kind zur Welt bringt und sich außerdem infolge der selbstverhängten Verbannung um das Leben betrogen fühlt, maßlos, fordernd und launisch. Durch ihre ständigen Migränen plötzlichen Stimmungsumschwüngen unterworfen, schwankte sie zwischen überströmender Zärtlichkeit und gereizten Zornesausbrüchen hin und her, so daß das Gefühlsklima meiner ersten Lebensjahre ständig zwischen dem der Tropen und der Polargebiete wechselte.*

Anzeichen für ein Auseinanderklaffen zwischen Ideal und Wirklichkeit finden sich auch in den Beiträgen zu diesem Band. Wo häufig Verschwiegenes thematisiert wird, zeigen sich Tendenzen einer von psychoanalytischen Kenntnissen geprägten Autobiographie, wie sie im 20. Jahrhundert zunehmend an Boden gewann.

## Die Welt des Bürgerkindes

### Familie

Der aus bürgerlichem Milieu stammende englische Historiker Eric Hobsbawm hat in seinem Buch „Die Blütezeit des Kapitals" das Heim als „Quintessenz" der Welt des Bourgeois bezeichnet: nur hier „ließen sich die Probleme und Widersprüche der bürgerlichen Gesellschaft vergessen oder künstlich beseitigen ..., nur hier konnte die bürgerliche ... Familie die Illusion harmonischen, hierarchischen Glückes nähren ..."[49]) Das Familienleben – nur ein Traumleben?

Auch autobiographische Schriften sehen über Generationen hinweg das Heim als Refugium, als Ort des Innehaltens, als Kräftezentrum, in dem man Energien für den Lebenskampf sammelte: Auch ein so selbstbewußter Charakter wie Felix Somary bedurfte solch einer Stütze:[50])

*Mich schreckt es nicht, allein zu stehen, da ich daran gewöhnt bin wie jeder, der Gefahren voraussieht, die die träge Menge nicht wahrhaben will. ... Das Gefühl der Isolierung gerade im Augenblick klarster Voraussicht ist nicht leicht zu ertragen. Über Depressionen in solchen Lebensmomenten half mir ein hohes Glück hinweg: Wie in den Jugendjahren die Eltern, so umgaben mich später meine so früh dahingegangene Frau und meine beiden Schwestern mit nie versiegender Liebe. Keinen höheren Segen kann ich meinen Kindern spenden als den eines gleichen Glücks in der Familie.*

Die Institution Familie bildete also offenbar einen Gegenpol zum Profit- und Konkurrenzdenken der Erwerbswelt. Zuneigung, Verständnis, Rücksichtnahme und gemeinsame Interessen waren gewiß nicht nur Ideologie, sondern Realität. Doch diese Bindungen entfalteten sich keineswegs in einer herrschaftsfreien Sphäre. Die ökonomischen Prinzipien der Freiheit und Chancengleichheit änderten auch im Großbürgertum des ausgehenden 19. Jahrhunderts die patriarchalischen Familienstrukturen kaum.

Autoritätsausübung und daraus resultierende Abhängigkeitsverhältnisse wurden schon in den Beziehungen zwischen Eltern- und Großelterngeneration erlebt und anerzogen. Die sozialdemokratische Politikerin Käthe Leichter, Tochter einer wohlhabenden Wiener Anwaltsfamilie, war von dem „splendiden und noblen" Großvater mütterlicherseits sehr beeindruckt:[51])

*Er herrschte als autokratisch-orientaler Patriarch über seine große Familie, steckte seinen Sohn, der als Kind ungezogen war, kurzerhand nach Deutschland in eine Anstalt, verheiratete seine Töchter nach Gutdünken, überhäufte die, die er liebte, vor allem meine Mutter, mit Geschenken und verwöhnte vor allem meine Großmutter, eine freundliche, runde Frau mit schönen blauen Augen, durch Wohlleben und Luxus ...*

Das Begegnungsritual mit diesem reichen rumänischen Privatbankier war von ehrfürchtiger Zurückhaltung geprägt; bei den Wienaufenthalten der Großeltern erschienen die Kinder „zum Handkuß“ im renommierten Hotel Metropol. Derartige Formen der Subordination scheinen besonders in jüdischen Familien verbreitet gewesen zu sein. Joseph Wechsberg entstammte einer Bankiersdynastie in Mährisch-Ostrau. Er beschreibt in seinem literarisierten Lebenslauf die obligatorischen Besuche von Vater und Onkeln im großväterlichen Haus als Anpassungs- und Unterwerfungsakte.[52])

Doch oft waren die Beziehungen zu den Großeltern vertrauter. Für Christine Schleifer war der Großvater der Begleiter auf zahlreichen Spaziergängen; Richard Schaukal hat seiner Großmutter ein ganzes Buch seiner Kindheitserinnerungen gewidmet.[53]) Wenn nicht ein großer Altersabstand oder räumliche Trennung unüberwindliche Schranken aufbauten, bildet die Beschreibung der Großeltern einen festen Bestandteil von Autobiographien: sei es als wichtige Elemente kindlicher Lebenswelt; sei es als Zeichen von „Familiensinn“; sei es als Wegbereiter der Zukunft der Eltern; sei es, weil man sich der Auswirkung ihrer Erziehungsgrundsätze auf Haltung und Einstellung der Eltern mehr oder weniger deutlich bewußt war.

Die Rollenteilung in einem bürgerlichen Haushalt der Jahrhundertwende war unverkennbar von überkommenen Orientierungsmustern geprägt. Sie entsprach noch immer dem Konzept der „Geschlechtscharaktere“, wie es seit dem ausgehenden 18. Jahrhundert ausformuliert wurde. Bestimmung für Arbeit und öffentliches Leben, Aktivität, zielstrebige Selbständigkeit, Rationalität und Würde galten danach als „wesenhafte“ Merkmale des Mannes.[54]) Seine Rolle als Alleinerhalter und damit die Verfügung über das Familieneinkommen verstärkte die väterliche Autorität. Der Familienvater schien so dem Historiker Heinrich Benedikt als „Abgott“, als „der unfehlbare, allwissende, gütigste und weiseste aller Menschen“.[55]) Auch Wilhelm Kienzl hat in seinen „Lebenswanderungen“ den Vater zum Inbegriff aller positiven männlichen Eigenschaften hochstilisiert:[56])

*Er war ein geradezu verehrungswürdiger Charakter; ein stark ausgebildetes Rechtsgefühl war ihm eigen, das ihn im Verein mit seinem scharfen Verstand und großen allgemeinen Wissen zu einem hervorragenden Juristen qualifizierte ... Sein Wesen war ernst, ziemlich verschlossen, stolz-bescheiden, von großer Schlichtheit und unverkennbar tiefem Gemüt ... Bei aller Weichheit des Herzens und Nachgiebigkeit in kleinen Dingen war er von unbeugsamer Überzeugungstreue und mannhafter Haltung in allen Angelegenheiten, in denen es galt, seine politische oder nationale Gesinnung oder sein Gerechtigkeitsgefühl zu betätigen.*

Diese rückblickende Ehrerbietung war schon im kindlichen Erleben geprägt worden. Die Gewohnheiten und Wünsche des Vaters bestimmten vielfach Lebensrhythmus und Lebensgestaltung der gesamten Familie. Wie die Schilderung von Ing. Weber sehr anschaulich zeigt, versuchten ehemalige Offiziere nach dem Zerfall der Monarchie ihren Positionsverlust durch autoritäres Gehabe in der Familie wettzumachen. In einem solchen Erziehungsstil war auch körperliche Züchtigung durchaus verbreitet. Sie scheint in einem Ritual der Machtausübung überall dort rational begründet worden zu sein, wo sie in der Retrospektive auf Liebe und Obsorge zurückgeführt wurde.[57])

Die Vater-Kind-Beziehung in einer bürgerlichen Familie der Jahrhundertwende läßt sich jedoch nicht in starre

Regeln pressen. Ein „Tröster und Verteidiger“ war für Dr. Seeger der Vater, der „Inbegriff der Furchtlosigkeit und Unerschrockenheit“ sowie „der Schutz nach außen“ für Christine Schleifer, das „Beispiel“ für Josef Leb. Der selbstverantwortliche, innengeleitete Mensch mochte das Ziel eines auf Zuwendung aufbauenden Erziehungsstils sein.

Franz Karl Ginzkey hat am Beispiel zweier „Prüfungen“ seiner Jugend den sublimen Methoden seines Vaters ein verklärendes literarisches Denkmal gesetzt.[58]) Der Schulversager, dessen Traum der Offiziersberuf ist, wird für einen Tag in eine Fabrik gesteckt und dann vor eine endgültige Entscheidung gestellt:

*Junge, willst du es nicht nochmals mit dem Studium versuchen? ... Ich war dem Willen des Vaters zufolge untergetaucht in die tiefere soziale Schicht, nun sollte ich im Augenblick wieder empor. Ich wußte vorerst vor Überraschung nichts zu sagen ... Dann aber ward ich beschämt und gerührt der Güte meines Vaters inne. Am liebsten wäre ich ihm um den Hals gefallen, aber das schien sich nicht zu schicken zwischen Männern, wie wir es waren. Und so vermochte ich nur zu sagen: Wenn du es für gut hältst, lieber Vater, so wollen wir es nochmals versuchen.*

Neben einfühlsamer, psychologisch geschickter Lenkung (die individuelle Freiräume allerdings einschränkte) gab es freilich Extreme. Wenn Max Brods engste Freunde ihren Vater beim Vornamen rufen durften, dann war dies sicher ein Einzelfall. Schon häufiger dürfte eine große Distanz zwischen Vätern und Söhnen bestanden haben, welche sich auch in der Anrede mit „Sie“ ausdrückte. Arthur Köstler hat zu seinem Vater nur eine „höfliche Beziehung“ gepflogen. Von „gegenseitiger Scheu“, von fehlendem „geistigen Kontakt“, aber auch von keinerlei Streit ist hier die Rede; sie begegneten einander „mit jener vorsichtigen Zurückhaltung, die sich Fremde bei einer gemeinsamen Bahnfahrt bezeigen“.[59]) Dabei blieb auch – was nicht nur für diese Familie charakteristisch ist – die

Beschäftigung mit allen Erziehungsfragen der Mutter überlassen.

Ähnliche Unterschiede sind auch bei der Beschreibung des Mutter-Kind-Verhältnisses festzustellen. Die „Domestizierung“ der Frau hatte seit dem 18. Jahrhundert zur Betonung ihrer Aufgaben als Erzieherin geführt. Ging nun die bürgerliche Frau in ihrer Mutterrolle voll und ganz auf, so entstanden enge Gefühlsbindungen von seltener Dichte:

*Auch um unsere liebe Mama spinnen sich aus jener Zeit die schönsten Erinnerungen. Sie war liebreizend, anmutig, immer fleißig und fröhlich ... Ich hing unbeschreiblich an der Mama, und wenn sie nur für ein paar Stunden von zu Hause fort war, wurde mir weh und bange; war sie aber gar einmal verreist, so verzehrte mich unsägliches Heimweh nach ihr ... Deshalb war ich auch, da ich sie um nichts in der Welt hätte betrüben können, sehr leicht von ihr zu leiten.*

Diese Äußerung Charlotte Herders[60]) zeigt aber gleichzeitig in aller Deutlichkeit, wie leicht Mädchen in traditionell weibliche Erziehungsprogramme eingegliedert werden konnten. Dazu zählte auch die Organisierung des Haushaltes. Vor allem in mittelbürgerlichen und kleinstädtischen Bereichen blieben Züge einer traditionellen Vorratswirtschaft und Selbstversorgung noch lange erhalten; dabei hatte die Hausfrau selbst Hand anzulegen. Auch in weniger wohlhabenden Familien legte man notgedrungen auf sparsames Haushalten (und damit auf eine Entlastung der Familienbudgets durch Arbeitsverrichtungen der Frau) Wert. Hier war die Frau oft auch für die Verwaltung des Familienbudgets (mit-)verantwortlich. Sehr anschaulich schildert Hertha Sprung die finanziellen Schwierigkeiten nach der Pensionierung ihres Vaters und die Strategien ihrer Mutter, diese Probleme zu bewältigen.

In großbürgerlichen Kreisen blieb die „Dame des Hauses“ von Arbeitsverpflichtungen überwiegend frei. Es herrschten repräsentative Aufgaben vor, denen die Hausfrau in ihrem eigenen Salon oder bei Einladungen nachkam. Lorle Schinnerer-Kamler erinnert sich deutlich an den Abschied vor solchen Abendgesellschaften:

*Dann beugte sich eine schön gekleidete und wunderbar duftende Mama nach dem Abendgebet noch einmal über uns zum letzten Gutenachtkuß, Papa im Frack, und mit den Jahren sahen wir immer um einen Orden mehr an seiner Brust.*

Dabei wurde die Mutter aber häufig zur zwar geliebten, aber distanzierten „Respektsperson", die Verhätscheln, Zärtlichkeiten, spontane Gesten der Zuneigung ablehnte. Therese Schobloch erinnert sich bedauernd, daß „eine stürmisch-zärtliche Umarmung mit einem spöttisch-strafenden ‚Schäme dich, so liebebedürftig zu sein!' zurückgewiesen" wurde. Auch zu Aussprachen über Probleme, welche die Heranwachsenden bewegte, kam es selten. Emotionalität bedeutete in vielen bürgerlichen Familien um die Wende zum 20. Jahrhundert eher Sentimentalität als persönliche Offenheit und tiefe zwischenmenschliche Beziehungen.

Die Verehrung der Mutter blieb auch von großen Spannungen innerhalb der Familie oft unberührt; so auch im Fall von Max Brod, der seine Mutter als „aufbauendes und zerstörendes Element" einschätzte:[61])

*Und dennoch (trotz pathologischer Züge, d. Verf.) bleibt mir meine Mutter eine verehrungswürdige Erscheinung, sosehr ich mich zuweilen vor ihr ängstigte und so deutlich mir später bewußt wurde, daß ihr aggressiver Dynamismus, ihr Eigensinn und ihre Genauigkeit, die an Pedanterie grenzte und die zuletzt die Erscheinungsformen einer wahnhaften Strenge annahm, unser Familien-Zusammenleben mehr und mehr vernichtete.*

Die bürgerliche Familienideologie, charakterisiert durch Anpassungs- und Identifikationszwänge der Frau an den Beruf und die Interessen des Mannes, erzeugte zu einem guten Teil jene Neurosen, die Wien zur Geburtsstätte der Psychiatrie werden ließen. Die Überbürdung mit Rollenanforderungen mündete aber auch in den Kampf um gesellschaftliche und politische Emanzipation, wie ihn die ersten Frauenrechtlerinnen führten.[62]) Es ist allerdings für die Verinnerlichung innerfamilialer Abhängigkeitsmuster bezeichnend, daß Kinder die Verselbständigung ihrer Mütter eher negativ einschätzten. Der Historiker Friedrich Engel-Janosi, Sohn eines Wiener Parkettenfabrikanten, stand der mütterlichen Dynamik und Tatkraft kritisch gegenüber; ähnlich beurteilte Käthe Leichter den – offenbar Enttäuschungen kompensierenden – verschwenderischen Lebensstil ihrer Mutter.[63])

Konnten Zerwürfnisse im Erwachsenenalter das Bild der Mutter in Autobiographien verändern, so trifft dies auch auf die Darstellung der Geschwister zu. Ein häufig verwendetes „Wir“ läßt auf enge Verbindungen und große Übereinstimmung schließen. Doch vor allem zu den älteren Geschwistern bestanden oft heftige Spannungen: Therese Schobloch beschreibt die Rivalität zwischen ihren bedeutend älteren Brüdern, welche in unterschiedlichen Schulleistungen und deren hoher sozialer Wertschätzung wurzelten; Ing. Weber erzählt von der ihm unerklärlichen Bevorzugung seines älteren Bruders, auf die er mit verschiedensten Neckereien reagierte; Lorle Schinnerer-Kamler stand unter dem Druck von Lenkungsversuchen ihres größeren Bruders; Käthe Leichter zeichnete ein ausnehmend negatives Bild ihrer älteren Schwester.[64]) Trotz aller Auseinandersetzungen sind jedoch „Zuneigung“ und „Liebe“ der Grundtenor vieler Beziehungen. Mag es sich dabei auch mitunter um nachträgliche Harmonisierungen handeln – solche Äußerungen sind stets auch ein Zeichen, daß das familiale Ideal der Einheit einen positiven Ausgleich von Gegensätzen herbeiführen konnte.

Einen wichtigen Faktor im innerfamilialen Beziehungsgeflecht bürgerlicher Familien bildeten die Hausangestellten. Wo die Eltern voll in ihren beruflichen oder gesellschaftlichen Verpflichtungen aufgingen, bildeten die Dienstmädchen oder Kinderfräulein die unmittelbaren Bezugspersonen der Kinder. Als teilweiser „Elternersatz“ haben sie in Kindheitserinnerungen eine unterschiedliche Beurteilung erfahren. Therese Schoblochs geliebter „Tatta“ oder Claire Molliks unvergeßlicher Emma steht Arthur Koestlers Bertha als „neurosenformender Faktor“ gegenüber.[65]) Die Position dieser meist jungen Mädchen und Frauen – 1910 waren rund drei Viertel der weiblichen Dienstboten in Wien jünger als dreißig Jahre – war doppelgesichtig. Einerseits erhielten sie von ihrer „Herrschaft“ eine weitreichende Erziehungs- und Aufsichtsgewalt übertragen, andererseits waren sie selbst den strengen Abhängigkeitsverhältnissen der Gesindeordnung unterworfen.[66]) Ihre Arbeits- und Lebensbedingungen gestalteten sich daher in den einzelnen Haushalten unterschiedlich. Engerem Familienanschluß standen – wie bei der „tyrannischen“ Mutter Max Brods – ständige Diskriminierung und Auseinandersetzungen gegenüber:[67])

*In den ersten Jahren der Ehe hatte es bei uns noch brave Dienstboten gegeben, in zunehmendem Maße verwandelte sich das ganze Dienstbotengeschlecht in „Ludern“, die es darauf abgesehen hatten, die Anordnungen der Mutter nicht zu befolgen und ihr „das Herz abzustoßen“, wie sie es nannte. Es war ein ewiger Kampf, der die Einigkeit des Hauses untergrub ...*

Die Erfahrungen, welche Kinder aus bürgerlichem Milieu im Umgang mit ihren Kindermädchen machten, konnten unterschiedlich sein: Man erlebte, daß die frühkindliche Sozialisation nicht nur der Mutter zufiel, daß sich Gefühlsbindungen verzweigten, daß „Mutterliebe“ nicht unteilbar war; man schnupperte in eine Lebenswelt, die einem ansonsten verschlossen blieb; man machte durch die Konfrontation mit den Existenzbedingungen von Dienstboten möglicherweise erst protopolitische Erfahrungen; man wurde schon früh an die Entlastung von bestimmten Aufgaben durch bezahlte Arbeitskräfte gewöhnt; man wurde sich – wie der Dichter Felix Braun – erster erotischer Regungen bewußt:[63])

*Dem zwölfjährigen Knaben schien sie (das Kindermädchen, d. Verf.) von vollkommener Schönheit. Seine Arme verlangten nach ihrer liebevollen Gestalt; und wenn sie abends an unsere Betten trat, Abschied von uns zu nehmen, war es die noch unerwachsene, darum keineswegs schwächer begehrende Sehnsucht, die wünschte, daß sie die ganze Nacht bei mir bleiben möge. Aus dem Nebenzimmer rief meine Schwester nach ihr; sie hatte nach meinem kleinen Bruder zu sehen; und so mußte ich warten, bis die Vielbeschäftigte einen freien Augenblick für mich aufbrachte. Lächelnd kam sie dann, verwies zur Geduld, zur Ruhe, zum Schlaf, aber doch ließ sie sich von meinen Händen näher- und auf mein Bett ziehen und duldete meine Wange an ihrer Brust ... Warum meine Mutter sie plötzlich fortschickte, wurde nie erklärt.*

Diese behutsame Schilderung gibt schon durch ihre zurückhaltende Stilisierung einen Hinweis darauf, welche langfristigen Auswirkungen die Tabuisierung von Sexualität in bürgerlichen Kreisen besaß. Daher ist es auch nicht verwunderlich, daß nur in wenigen Autobiographien von Körperlichkeit die Rede ist. Therese Schobloch ist eine der wenigen Autorinnen, welche die Unterdrückungsmechanismen der Erwachsenen genau beschrieben hat. Als ein knapp zwölfjähriger Knabe das etwas jüngere Mädchen im Park zu küssen versuchte und der „Vorfall“ der Mutter zu Ohren kam, reagierte diese zuerst mit Liebesentzug und dann mit einer Strafpredigt.

Auch bei Heranwachsenden vermied man lange jegliche sexuelle Aufklärung, ja sogar den Gebrauch „anstößiger“ Begriffe wie Schwangerschaft, Syphilis, Prostitution u. ä. Dies entsprach durchaus der herrschenden Doppelmoral, die im ausgehenden 19. Jahrhundert noch wissenschaftlich untermauert wurde. Während sich junge Bürgersöhne bei einem „süßen Mädel“ oder beim Dienstpersonal „die Hörner abstoßen“ durften und Seitensprünge

Verheirateter „mit Augenzwinkern" toleriert wurden, galt für die „asexuellen" Frauen Keuschheit und Enthaltsamkeit als oberstes Gebot.

Triebunterdrückung und Triebverzicht waren aber nur ein Teil jenes umfangreichen Verhaltenskodex, den ein Kind aus bürgerlichen Kreisen von klein auf zu verinnerlichen hatte. Dazu zählten auch alle Facetten des „guten Benehmens", welche Selbstvergewisserung und soziale Abgrenzung im gesellschaftlichen Bereich ermöglichten. Auf die Unterdrückung von Gefühlsäußerungen wurde bereits hingewiesen, Ähnliches galt für Launen, Stimmungen oder Spontaneität. Gepflegtes Sprechen, korrektes Grüßen, beherrschte Mimik und Gestik, Sauberkeitsregeln, Tischsitten u. v. a. wurden in einem überaus langwierigen Prozeß anerzogen. Ing. Weber hat die damit verbundenen Unlusterlebnisse ebenso drastisch beschrieben wie die Demütigungen, welche Verstöße gegen gesellschaftliche Konventionen nach sich zogen. Distinguiertes Verhalten war jedoch das Eintrittsbillet in „die Gesellschaft" und so unverzichtbarer Bestandteil eines jeden Erziehungsprogramms.

## Bildung in Elternhaus und Schule

In der Sozialisation von Bürgerkindern lassen sich ungeachtet mehrerer Parallelen starke geschlechtsspezifische Unterschiede feststellen. Diese setzten bereits im Vorschulalter an. Schon das erste Spielzeug bereitete auf unterschiedliche Lebenssphären vor: Kaum irgendwo fehlten Puppen und Puppenhaus für die Mädchen beziehungsweise Eisenbahn und Ankerbaukasten für die Buben. Aber nicht nur Ansätze von Rollenverhalten galt es in der frühen Kindheit zu erlernen. Vorrangiges Erziehungsziel bildeten bereits damals die teils spielerische, teils systematische Aneignung schulvorbereitender Kenntnisse sowie der Erwerb traditionellen Bildungsgutes. Käthe Leichter erinnerte sich, daß ihr Vater seinen etwa drei- bis vierjährigen Töchtern vor dem Schlafengehen Gedichte von Goethe, Schiller und Uhland vorlas, bis die Mädchen sie auswendig „nachplappern“ konnten. Aus diesem „selbstverständlichen Aufwachsen mit den Meistern der deutschen Sprache“ leitete die später politisch aktive Frau ihre Identifikation mit humanistischem Bildungsgut her: „Das Gefühl für das, was echt und ganz wahrhaft schön ist, ist in mir sehr früh geweckt worden.“[69])

Ähnlichen Wert legte man in einer bürgerlichen Familie auch auf das Erlernen von Fremdsprachen. Dies betraf sowohl Knaben als auch Mädchen. Die nationale Herkunft der Eltern konnte – wie im Fall von Lorle Schinnerer-Kamler – dazu führen, daß die Kinder mehrsprachig aufwuchsen. Sprachunterricht wurde aber nicht nur als Lebensvorbereitung, sondern auch als gesellschaftlicher Zwang aufgefaßt. Dem Schriftsteller Siegfried Trebitsch, der am Brillantengrund (einem von reichen Seidenfabrikanten bewohnten Teil des siebenten Wiener Gemeindebezirkes) aufwuchs, ist dieser Umstand klar bewußt geworden:[70])

*Von meinem fünften Lebensjahr an wurde mir mit der lebhaften Zustimmung meiner Mutter und zu meinem späteren Glück zugemutet, fremde Sprachen fast so gut zu erlernen wie die Muttersprache . . . Die Kinder des Brillantengrundes sprachen nun alle ziemlich geläufig französisch, und meine ehrgeizigen Eltern hätten es nicht verwunden, wenn ich hinter denen zurückgestanden wäre.*

Wo „Kultur“ gleichermaßen als Überhöhung wie fixer Bestandteil bürgerlicher Lebensformen aufgefaßt wurde, durfte auch einführender Musikunterricht nicht fehlen. Klavier- oder Violinlehrer rundeten so ein Lernprogramm ab, dessen Qualität durch die Prüfung an einer öffentlichen Schule gewissermaßen eine öffentlich-rechtliche Sanktionierung erhielt. Der häusliche Unterricht war besonders im Volksschulalter verbreitet. Er mochte sich von Fall zu Fall recht unterschiedlich gestaltet haben. Im

Elternhaus des späteren Sprachphilosophen Fritz Mauthner wurde in die sechs Kinder und in drei Verwandte „von früh bis abends hineingepaukt und hineingeprügelt ..., was irgend hineinging".

Zu engeren Lehrer-Schüler-Beziehungen oder zu einer Charakterbildung konnte es unter solchen Bedingungen nicht kommen.[71]) Anders waren die Verhältnisse im Hause Willmann. Charlotte Herder hat die gesamte Gymnasialausbildung als „Privatistin" absolviert und ihren Lehrerinnen und Lehrern ein nicht unkritisches, aber wohlwollendes Kapitel ihrer Lebenserinnerungen gewidmet.[72])

Den Vorteilen der häuslichen Erziehung – hohe Qualität, individuelle Betreuung, Vielseitigkeit – standen auch Nachteile gegenüber: Strenge, Gleichgültigkeit, Oberflächlichkeit. Große Probleme bereitete manchem Bürgerkind der Übertritt in eine öffentliche Schule: „Mit acht Jahren tauchte ich in der öffentlichen Volks-Schule als Fremdling auf. Die Klasse erkannte mich nicht an", vermerkte der Schriftsteller Arnolt Bronnen in seinem „Protokoll".[73]) Die Distanz gegenüber Kindern aus anderen Bevölkerungsgruppen barg die Gefahr frühen Standesdünkels in sich – wobei Bildung überhaupt zu kindlicher Überheblichkeit veranlassen konnte, wie sich Dr. Seeger rückblickend eingestand. Die Betonung humanistischer Bildung verschloß jedoch auch den Blick für viele Probleme des Alltags- und Gefühlslebens. Als Charlotte Herder einmal zufällig ein Novellenband von Paul Heyse in die Hände fiel, begann sie unerlaubterweise darin zu lesen:[74])

*Wie ein Feuerbrand fiel diese Lektüre in meine kühle, nur durch hehre klassische Gebilde erfüllte Seele. Mit hämmernden Pulsen und fliegendem Atem las ich die drei Novellen wieder und wieder, bis ich sie fast auswendig wußte. Eine neue Welt hatte sich mir erschlossen, ich hatte den ersten Blick in das wirkliche Leben getan, ich hatte eine dunkle Ahnung bekommen, was Liebe und Leidenschaft ist, und der Friede meiner zwischen Puppen und homerischen Helden geteilten Seele war schwer erschüttert worden.*

Eine höhere Schulbildung wie im Fall von Charlotte Herder bildete für Mädchen jedoch die Ausnahme. Gezielte Berufsvorbereitung für Töchter galt in großbürgerlichen Kreisen lange als unstandesgemäß. Das insgesamt wachsende Bildungsangebot wurde daher nur zögernd genützt. Vielfach hielt man den Besuch eines Lyzeums für ausreichend. Dieses konzentrierte sich aber auf klassische Bildungsinhalte und vernachlässigte naturwissenschaftliche Kenntnisse, welche dem „weiblichen Wesen nicht adäquat" erschienen.[75]) Auch praktische Fähigkeiten für die Haushaltsführung besaßen nur geringen Stellenwert. Hertha Sprung hat diese Mängel sehr unliebsam empfunden und so in ihrer späteren Berufslaufbahn versucht, in den Gewerbeschulen praxisbezogene und lebensnahe Ausbildungsziele anzusteuern.

Völlig andere Vorstellungen bestanden über den Lebensweg von Söhnen aus bürgerlichem Haus, so auch von Stefan Zweig:[76])

*Daß ich nach der Volksschule auf das Gymnasium gesandt wurde, war nur eine Selbstverständlichkeit. Man hielt in jeder begüterten Familie schon um des Gesellschaftlichen willen sorglich darauf, „gebildete" Söhne zu haben.*

. . . . .

*Aber nur die sogenannte „akademische" Bildung, die zur Universität führte, verlieh in jenen Zeiten des „aufgeklärten" Liberalismus vollen Wert; darum gehörte es zum Ehrgeiz jeder „guten" Familie, daß wenigstens einer ihrer Söhne vor dem Namen irgendeinen Doktortitel trug.*

Höhere Schulbildung und Abschluß eines Universitätsstudiums sind indessen nicht nur als Statussymbole oder als Mittel sozialer Abgrenzung zu betrachten. Man war sich vielmehr der Bedeutung institutionalisierter Ausbildung als Instrument bürgerlichen Aufstiegs in vergangenen Epochen voll bewußt und erachtete es demnach als Voraussetzung für eine auch lukrative individuelle Karriere. Der zunehmende Bedarf höherer Qualifikationen in sämtlichen Bereichen der Wirtschaft machte solch eine Laufbahn außerdem unabdingbar.

Bildung bürgerlichen Zuschnitts erschöpfte sich jedoch nicht in der Aneignung schulischer Lerninhalte. Die Eltern förderten den Aufbau verschiedenster Sammlungen wohl auch aufgrund ihres Informationswertes. In manchen Häusern bemühte man sich – allerdings mit sinkender Bedeutung sowohl bei christlichen wie jüdischen Familien – um eine gezielte religiöse Erziehung. Eine derart intensiv gepflogene Gebetsgemeinschaft wie im Hause Leb dürfte es nicht allzuoft gegeben haben. Viel häufiger bildete der Besuch von Oper und Theater einen fixen Bestandteil bürgerlicher Jugend:[77])

*Von unserem zehnten Jahr an waren wir drei Geschwister mindestens dreimal in der Woche „angestellt" – das heißt um eine Stehplatzkarte in einem der beiden Theater (Oper und Burgtheater, d. Verf.) – und sahen die Meisterwerke aller Nationen in hervorragenden Aufführungen an uns vorbeiziehen. Nie wieder habe ich ein begeisterteres, aber auch kritischeres Publikum gefunden.*

Darüber hinaus vermittelte der Kontakt mit namhaften Vertretern von Kunst, Politik oder Wissenschaft bereits früh wertvolle Anregungen. Bei Wilhelm Kienzls Vater, der Bürgermeister von Graz war, verkehrten „hervorragende Persönlichkeiten" wie der Physiker Ludwig Boltzmann, der Zoologe Alfred Brehm, der Nordpolfahrer Karl Weyprecht, der Dichter Peter Rosegger u. v. a., deren „Reden und Wesen" den Heranwachsenden „innerlich bereicherte".[78]) Dabei wurde man auch der Bedeutung von Beziehungen und guten Verbindungen, aber auch von individueller Leistung bewußt, was für den weiteren Lebensweg von oft einschneidender Bedeutung war.

Der bürgerliche Sozialisationsprozeß besaß aber auch Lücken, welche die Kinder je nach Eigenständigkeit und Neigung zu nützen verstanden. In Autobiographien, welche Bildung als Aufstiegskriterium betonen, werden solche versteckten Protestformen kaum artikuliert. Während manche Autoren mit Stolz darauf verweisen, nie „seichte Literatur“ angerührt zu haben, gesteht zum Beispiel Ing. Weber den Besitz von „Schundheften“ völlig unverblümt ein. Gerade das Verschweigen der Abweichungen von einer idealen Lebenslinie erschwert es, Reservate kindlicher Selbstgestaltung aufzuspüren.

## Lebensräume

Während Kindheit im Arbeitermilieu durch räumliche Enge gekennzeichnet war, lebte das Kind bürgerlicher Kreise schon von den ersten Lebensjahren an in einer großzügig dimensionierten Wohnwelt. Im Kinderzimmer lernte es – wie etwa Ing. Weber ausführt – den Wert eines Privatraums schätzen und verteidigen. Wenn die Erwachsenen auf die Gestaltungswünsche des Kindes Rücksicht nahmen, konnten Selbstbestimmung und Individualismus hier erste Wurzeln schlagen. Dies galt freilich nur für das Kinderzimmer; die Benützung der anderen, funktional stark differenzierten Wohnungsbestandteile war Beschränkungen unterworfen. Und vielleicht gerade deshalb übten diese Tabubezirke ungeheure Anziehungskraft aus: allen voran der Salon, welcher aus der Sicht des Kindes eine fast weihevolle Atmosphäre ausstrahlte. Therese Schobloch zum Beispiel hat so das Weihnachtsfest nicht nur wegen seiner Gefühlsbetontheit und Erlebnisdichte geliebt, sondern auch aufgrund der Tatsache, daß es aus diesem Anlaß den Kindern erlaubt war, im Salon zu spielen.

Eine völlig ungezwungene Nutzung der gesamten Wohnung durch Kinder hat Max Brod bei einer befreundeten Familie als „Merkwürdigkeit“ registriert, rasch aber begeistert akzeptiert:[79])

*Spiel, immer nur herrlich reiches, manchmal tolles Spiel, bis die Wangen feuerglühten ... Lebte man hier in diesem glückseligen Lande, ... so konnte man sich nicht vorstellen, daß es irgendetwas Wichtigeres auf der Welt gab als Spiel ... Spiel, göttlich freies, an keine Zwecke gebundenes Spiel der Kinder ... Nicht nur in der Wohnung ... regierte das Spiel ... So zogen wir manchmal auf den Exerzierplatz am Invalidenhaus hinaus, teilten eine Ecke der riesigen Fläche ab und etablierten uns mit ein paar Gleichgesinnten als Fußballmannschaft.*

Derart große Freiräume eröffneten sich einem Großstadtkind aus dem Bürgertum jedoch nur in Ausnahmefällen. In kleineren Orten war es offenbar leichter, sich einer ständigen Aufsicht zu entziehen. Hier war auch der Reglementierungsdruck schwächer: Wie sonst hätte Christine Schleifers Schwester trotz elterlichen Verbots den Gartenzaun zu überklettern gewagt, um zu ihren Spielgefährten zu gelangen; wie hätte Franz Karl Ginzkey mit italienischen Buben seinen „siebenjährigen Krieg" ausfechten können, in dem sich nationale Gegensätze spiegelten?[80])

In den Großstädten bot meist nur das Spiel im Park Möglichkeiten zur spontanen Bildung von Spielgruppen, welche jedoch der mehr oder weniger lockeren Aufsicht der Kindermädchen sowie der Kontrolle durch den Parkwächter unterworfen waren. Ständige Spielgefährten hingegen mußten nach Auffassung vieler Eltern aus standesgemäßen Kreisen stammen. Daher übernahmen sie auch persönlich die Initiative, Kontakte mit gleichaltrigen Kindern befreundeter Familien herzustellen. Mitunter hat man – wie im Fall von Therese Schobloch – eine strikte Geschlechtertrennung eingehalten, was für die weitere Persönlichkeitsentwicklung nicht ohne Folgen blieb. So beschränkte sich der „gesellschaftliche Verkehr" vieler Bürgerkinder auf Verwandte oder auf den organisierten und formalisierten Rahmen von Kinderjausen, Kinderbällen o. ä. Nur manchmal schimmert in Autobiographien der Wunsch nach mehr Freiheit durch, was auch Befreiung von sauberen Kleidern, Schnürschuhen und elterlichen Ermahnungen bedeutete: „... mit den sicher lustigeren barfüßigen Kindern, die auf dem kleinen

Fußweg hinter dem Haus aus dem Helenental kommen, wo sie Beeren und Holz geklaubt haben, darf man natürlich nicht spielen", meint Käthe Leichter anläßlich eines Aufenthaltes in Baden (wobei sie aber auch die sicher harten Lebensbedingungen der Bauernkinder idealisierte).[81]) Völlige Vereinsamung konnte das Endergebnis solcher Isolation bilden. Ernst Lothar, ständig kränkelndes und „spät geborenes Kind alternder Eltern" schienen es „Jahre . . ., da ich außer mit meinen Eltern mit niemandem sprach" – er, der Kinderspiele „kaum" kannte, flüchtete sich in die Einsamkeit und „grenzenlose Freiheit" des Gartens, wo er seine kindliche Traumwelt aufbaute.[82])

Das Alltagsleben eines Kindes aus einer bürgerlichen Familie läßt sich nicht in gängige Klischees pressen: Finanzielle Lage, Wohnort, Beruf und gesellschaftliche Kontakte des Elternhauses, Verwandtschaftsbeziehungen u. ä. prägten unterschiedliche Standards und erschlossen neue Lebenswelten. Das Kind eines Kleinbürgers – man denke etwa an Anton Wildgans – bezog seine frühesten Eindrücke aus der unmittelbaren Umgebung seines Wohnbereichs: Die Angehörigen, das Haus, der Hof, die Gasse, die Geschäfte, die Schulkameraden, kirchliche Feiern, die Obrigkeit mit ihren Vertretern prägten eine vorerst eingeengte Perspektive. In kleineren Landstädten wiederum kam man, wie Erzählpassagen von Christine Schleifer zeigen, mit den Erwerbs- und Lebensformen der landwirtschaftlichen Bevölkerung in Berührung.

In wohlhabenden Familien öffneten sich weitere räumliche und soziale Bezugsfelder. Bei Abendgesellschaften (deren Vorbereitung Claire Mollik deutlich in Erinnerung geblieben ist) begegneten die Kinder nicht selten prominenten Persönlichkeiten; anläßlich der Visiten der Eltern wuchs man von klein auf in ein weiträumiges gesellschaftliches Kontaktnetz hinein; bei der Ausbildung in Internaten erschlossen sich neue Gegenden und Menschen – es erwuchsen dabei aber auch seelische Probleme, welche bei

Emilia Deutelmoser-Molnar den spontanen Entschluß zur Flucht ins Vaterhaus auslösten.

Vielen Menschen aus der „Provinz“ bedeutete es stets ein herausragendes Ereignis, die Metropole Wien zu besuchen. Für Joseph Wechsbergs Mutter war Wien der Inbegriff aller Sehnsüchte; der Aufenthalt in der Residenz wirkte als wahres Lebenselixier.[83]) Auch die Beiträge zu diesem Band spiegeln die Ausstrahlungskraft der Hauptstadt wider: Dr. Seeger, der in Linz aufwuchs, empfand eine Fahrt nach Wien als „Höhepunkt der Glückseligkeit“, Christine Schleifer bildeten die herbstlichen Einkaufsreisen ein wahres „Vergnügen“.

Anders wieder die Großstädter: sie zog es an die Peripherie, in die Sommerfrischen auf dem Land oder zu Urlaubsreisen in renommierte Badeorte am Mittelmeer sowie an der Nord- und Ostsee. Die oft recht umständlichen Reisevorbereitungen wurden von mehreren Autoren dieses Bandes ausführlich beschrieben. Vielfach nahmen sportliche Aktivitäten wie Tennis, Schwimmen, Radfahren und Bergsteigen breiten Raum ein. Die sonst strenge Aufsicht wurde dabei nicht selten gelockert. Prof. Richard Wolfram erzählt von der kindlichen „Romantik“ der Sommertage; Josef Leb von den engen Verbindungen mit dem Landleben „in Wald und Feld, in Stube und Stall“; im Hause Kamler fiel während der Ferien in Osttirol „jede Konvention, jede Pflicht weg“, es waren „Ferien zum Ich“ mit „neuen, naiven Freunden“.

Doch die Kindheitserinnerungen dieses Bandes sprechen auch von unverändertem Distanzverhalten, welches Beziehungen zu Kindern aus anderen Bevölkerungsschichten erst gar nicht entstehen ließ. Standesrücksichten wurden auch während der Ferienzeit gewahrt: Die Brüder Weber durften während der Sommeraufenthalte am Mondsee nur mit dem Förstersohn, niemals aber mit Bauernkindern spielen; Dr. Seegers Eltern beschränkten ihre Kontakte im Sommerdomizil Steinhaus am Semmering auf Verwandte und andere renommierte Gäste. Auch das ungezwungene Leben stieß keineswegs auf ungeteilte

Zustimmung, wie Charlotte Herder von ihren Sommertagen im oberösterreichischen Prägarten zu berichten wußte:[84])

*Mama war erholt und erfrischt aus Gastein zurückgekehrt, jedoch ihre vier Kinder, die nur noch in Kühen und Katzen, in Hirtenfeuern und Peitschenknallen lebten, flößten ihr gelindes Entsetzen ein.*

Vornehme Zurückhaltung mußte die Freiräume der Kinder erheblich einschränken. Therese Schobloch berichtete wehmütig von unvorteilhafter Kleidung, Kontaktarmut sowie brüsken Verboten bei „Lustigsein" und „übertriebenem Herumspringen". Das Mädchen wurde so zur beherrschten, selbstgenügsamen „kleinen Erwachsenen" herangebildet, deren Verzärtelung und Ängstlichkeit („Glassturzprinzip" nannte es Therese Schobloch) zu großen Problemen bei der Persönlichkeits- und Identitätsbildung führte.

Bürgerliche Kindheit wird hier in ihrer ganzen Vielgestaltigkeit und Widersprüchlichkeit deutlich: als Phase umfassender individueller Förderung, aber auch konsequenter Fixierung auf traditionelle Rollen, als Zeit emotionaler Zuwendung, aber auch unbedingter Autoritätsbindung, als Erfahrung von Weiträumigkeit, von kosmopolitischem Geist, aber auch von rigider sozialer Abgrenzung. Vor allem zwei Faktoren konnten diese Gegensätze mildern, ja sogar aufheben: erstens die Bereitschaft, der Familie ungeachet kritischer Bemerkungen letztlich doch Verständnis, Loyalität und Dankbarkeit entgegenzubringen; und zweitens die Fähigkeit, angenehme wie unerfreuliche Erlebnisse als Chancen zur Vervollkommnung der Persönlichkeit zu betrachten. Denn wer würde nicht gerne auf ein geglücktes Leben zurückblicken können?

## Anmerkungen

1 Arthur Schnitzler, Jugend in Wien. Eine Autobiographie, Frankfurt/Main 1981, 317f.
2 Peter Sloterdijk, Literatur und Lebenserfahrung. Autobiographien der zwanziger Jahre, München 1978, 6.
3 Theodor Schulze, Autobiographie und Lebensgeschichte, in: Dieter Baacke–Theodor Schulze (Hg.), Aus Geschichten lernen. Zur Einübung pädagogischen Verstehens, 2. Aufl., München 1984, 53.
4 Werner Fuchs, Biographische Forschung. Eine Einführung in Praxis und Methoden, Opladen 1984, 35ff.
5 Bernd Neumann, Identität und Rollenzwang. Zur Theorie der Autobiographie, Frankfurt/Main 1970, 60.
6 Dazu etwa Lutz Niethammer (Hg.), Lebenserfahrung und kollektives Gedächtnis. Die Praxis der „Oral History", Frankfurt/Main 1985.
7 Werner Brettschneider, Kindheitsmuster. Kindheit als Thema autobiographischer Dichtung, Berlin 1982, 10.
8 Hans Richard Günther, Das Problem des Sichselbstverstehens, Berlin 1934.
9 Wolfram Fischer, Struktur und Funktion erzählter Lebensgeschichten, in: Martin Kohli (Hg.), Soziologie des Lebenslaufs, Darmstadt-Neuwied 1978, 319.
10 Felix Somary, Erinnerungen aus meinem Leben, Zürich 1956, 8.
11 Eduard Strauß, „Erinnerungen", Leipzig-Wien 1906, 3f.
12 Oskar Walzel, Wachstum und Wandel. Lebenserinnerungen, hg. v. Carl Enders, Berlin 1956, 8.
13 Wilhelm Kienzl, Meine Lebenswanderung. Erlebtes und Erschautes, Stuttgart 1926, 9.
14 Friderike Maria Zweig, Spiegelungen des Lebens, Wien-Stuttgart-Zürich 1964, 7.
15 Sloterdijk, Literatur und Lebenserfahrung, 65.
16 William Johnston, Österreichische Kultur- und Geistesgeschichte. Gesellschaft und Ideen im Donauraum 1848 bis 1938, Wien-Graz 1972, 46.
17 Stefan Zweig, Die Welt von Gestern. Erinnerungen eines Europäers, Frankfurt/Main 1970, 14.
18 Therese Schobloch, „Hinterlegte Zeichen". Kindheits- und Jugenderinnerungen aus den Jahren 1898–1914, 1. Teil 1898–1905, Wien 1971, 5.

19 Eckhard Dittrich – Juliane Dittrich-Jacobi, Die Autobiographie als Quelle zur Sozialgeschichte der Erziehung, in: Baacke – Schulze (Hg.), Aus Geschichten lernen, 102.

20 Walter von Molo, So wunderbar ist das Leben. Erinnerungen und Begegnungen, Stuttgart 1957, 9.

21 Hans Paul Bahrdt, Identität und biographisches Bewußtsein. Soziologische Überlegungen zur Funktion des Erzählens aus dem eigenen Leben für die Gewinnung von Reproduktion von Identität, in: Lebenslauf und Lebenszusammenhang. Autobiographische Materialien in der volkskundlichen Forschung, hg. v. Rudolf Wilhelm Brednich u. a., Freiburg i. Br. 1982, 25.

22 Felix Braun, Das Licht der Welt. Geschichte eines Versuches als Dichter zu leben, Wien 1949, 123.

23 Friedrich Eckstein, „Alte unnennbare Tage!“ Erinnerungen aus siebzig Lehr- und Wanderjahren, Wien-Leipzig-Zürich 1936, 11.

24 Lilli Lehmann, Mein Weg, Bd. 1, Leipzig 1913, 1 ff.

25 Eduard Sueß, Erinnerungen, Leipzig 1916, 5.

26 Eine Auseinandersetzung der Thesen von Maurice Halbwachs, Das Gedächtnis und seine sozialen Bedingungen, Berlin-Neuwied 1966 bei Sloterdijk, Literatur und Lebenserfahrung, 134 f.

27 Charlotte Herder, . . . schaut durch ein farbiges Glas auf die aschfarbene Welt. Kindheit und Jugend im alten Prag, Freiburg 1954, 9.

28 Roy Pascal, Die Autobiographie, dt. Stuttgart 1965, 104 ff.

29 Sloterdijk, Literatur und Lebenserfahrung, 79.

30 Ernst Lothar, Das Wunder des Überlebens. Erinnerungen und Erlebnisse, Hamburg-Wien 1960, 11.

31 Herder, . . . schaut durch ein farbiges Glas . . ., 13.

32 Schulze, Autobiographie und Lebensgeschichte, 54 ff.

33 Richard von Schaukal, Kindheit und Jugend, München-Wien 1965, 7 ff.

34 Anton Wildgans, Musik der Kindheit und andere autobiographische Skizzen, Wien 1953.

35 Zuletzt Jochen Rehbein, Biographisches Erzählen, in: Erzählforschung. Ein Symposion. Hg. v. Eberhart Lämmert, Stuttgart 1982, 51 ff; Fritz Schütze, Kognitive Figuren in autobiographischen Stegreiferzählungen, in: Martin Kohli –

Günther Robert (Hg.), Biographie und soziale Wirklichkeit. Neue Beiträge und Forschungsperspektiven, Stuttgart 1984.

36 Dittrich – Dittrich-Jacobi, Autobiographie, 100.

37 Leopold Rosenmayr, Lebensalter, Lebenslauf und Biographie, in: Biographie und Geschichtswissenschaft. Aufsätze zur Theorie und Praxis biographischer Arbeit, hg. v. Grete Klingenstein u. a., Wien 1979, bes. 52 ff.

38 Ernst Hanisch, Arbeiterkindheit in Österreich vor dem Ersten Weltkrieg, in: Internationales Archiv für Sozialgeschichte der deutschen Literatur 7 (1982), 109 ff.

39 Reinhard Sieder, „Vata, derf i aufstehn?" Kindheitserfahrungen in Wiener Arbeiterfamilien um 1900, in: Hubert Ch. Ehalt – Gernot Heiß – Hannes Stekl (Hg.), Glücklich ist, wer vergißt ...? Das andere Wien um 1900, Wien 1986, 39 ff.

40 Max Brod, Streitbares Leben. Autobiographie 1884–1968, Frankfurt/Main 1979, 111.

41 Irene Hardach-Pinke – Gerd Hardach (Hg.), Kinderalltag. Deutsche Kindheiten in Selbstzeugnissen 1700–1900, Reinbek bei Hamburg 1981, 63 ff.

42 Manès Sperber, Die Wasserträger Gottes. All das Vergangene, Wien 1974, 41.

43 Priscilla Robertson, Das Heim als Nest: Mittelschichten-Kindheiten in Europa im 19. Jahrhundert, in: Lloyd de Mause (Hg.), Hört ihr die Kinder weinen? Eine psychogenetische Geschichte der Kindheit, Frankfurt/Main 1980, 565 ff.

44 Neumann, Identität und Rollenzwang, 61 ff., 191 f.

45 Martin Osterland, Lebensgeschichtliche Erfahrung und gesellschaftliches Bewußtsein, Anmerkungen zur sozio-biographischen Methode, in: Soziale Welt 4 (1973), 413.

46 Dittrich – Dittrich-Jacobi, Autobiographie, 103.

47 Fritz Mauthner, Prager Jugendjahre, Frankfurt/Main 1969, 21.

48 Arthur Koestler, Frühe Empörung (Gesammelte autobiographische Schriften, Bd. 1), Wien-München-Zürich 1970, 38.

49 Eric J. Hobsbawm, Die Blütezeit des Kapitals. Eine Kulturgeschichte der Jahre 1848–1875, München 1975, 284 f.

50 Somary, Erinnerungen, 10.

51 Käthe Leichter, Leben und Werk, hg. v. Herbert Steiner, Wien 1973, 245 f.

52 Joseph Wechsberg, Die Manschettenknöpfe meines Vaters, dt. München 1982, 24 f.
53 Richard Schaukal, Großmutter, in: Kindheit und Jugend, 112 ff.
54 Karin Hausen, Die Polarisierung der „Geschlechtscharaktere" – Eine Spiegelung der Dissoziation von Erwerbs- und Familienleben, in: Werner Conze (Hg.), Sozialgeschichte der Familie in der Neuzeit Europas, Stuttgart 1976, 363 ff.
55 Heinrich Benedikt, Damals im alten Österreich. Erinnerungen, Wien-München 1979, 9.
56 Kienzl, Lebenswanderung, 15.
57 Hannes Stekl, „Sei es wie es wolle, es war doch so schön". Bürgerliche Kindheit um 1900 in Autobiographien, in: Ehalt–Heiß–Stekl (Hg.), Glücklich ist . . ., 17 ff.
58 Franz Karl Ginzkey, Zeit und Menschen meiner Jugend, Wien 1942, 64 ff. (das Zitat 68 f.).
59 Koestler, Frühe Empörung, 41.
60 Herder, . . . schaut durch ein farbiges Glas . . ., 36 f.
61 Brod, Streitbares Leben, 116 f.
62 Reinhard Sieder, Geschichte der Familie, Frankfurt/Main 1986, 140 ff.
63 Stekl, Sei es wie es wolle . . ., 21.
64 Leichter, Leben und Werk, 20 f., 289 ff.
65 Koestler, Frühe Empörung, 39.
66 Marina Tichy, Alltag und Traum. Leben und Lektüre der Wiener Dienstmädchen um die Jahrhundertwende, Wien-Graz-Köln 1984.
67 Brod, Streitbares Leben, 116.
68 Braun, Licht der Welt, 151.
69 Leichter, Leben und Werk, 259 f.
70 Siegfried Trebitsch, Chronik eines Lebens, Zürich-Stuttgart-Wien 1951, 18 f.
71 Mauthner, Prager Jugendjahre, 17 f.
72 Herder, . . . schaut durch ein farbiges Glas . . ., 77 ff.
73 Arnolt Bronnen, gibt zu protokoll. beiträge zur geschichte des modernen schriftstellers, Hamburg 1954, 10.
74 Herder, . . . schaut durch ein farbiges Glas . . ., 77 ff., das Zitat 99.
75 Gertrude Langer-Ostrawsky, Wiener Schulwesen um 1900, in: Ehalt–Heiß–Stekl (Hg.), Glücklich ist . . ., 106.
76 Zweig, Welt von Gestern, 44, 52.

77 Somary, Erinnerungen, 17.
78 Kienzl, Lebenswanderung, 23.
79 Brod, Streitbares Leben, 128 f.
80 Ginzkey, Jugend, 28 ff.
81 Leichter, Leben, 237.
82 Lothar, Wunder des Überlebens, 14 f.
83 Wechsberg, Manschettenknöpfe meines Vaters, 70 ff.
84 Herder, . . . schaut durch ein farbiges Glas . . ., 121.

# Emilie Deutelmoser-Molnar

## *Wenn ich nicht strickte, bekam ich Prügel*

Johann Theodor Felix Molnar, als dessen Tochter Emilie Clementine am 16. Mai 1876 in Prag geboren wurde, stammte aus einer alten evangelischen Pfarrersfamilie. Er war am 21. April 1846 in Krilice in Böhmen geboren worden, die Vorfahren dürften allerdings vor einigen Generationen aus Ungarn eingewandert sein. Einer der Ahnen war bei der Schlacht von Mohács in den Ritterstand erhoben worden, doch schon Frau Deutelmoser-Molnars Großvater führte das Adelsprädikat nicht mehr, weil er es für einen Pfarrer mit einundzwanzig Kindern als „unpassend" empfand. Auf Grund dieser großen Geschwisterzahl mußte sich Johann Theodor nach der Matura selbst erhalten und wurde während seines Theologiestudiums Hauslehrer. Er unterrichtete auch die Söhne des Wiener Chemiefabrikanten Hermann Habich. Dabei lernte er seine spätere Frau Emilie (geboren 7. August 1852), die Schwester seiner Zöglinge, kennen. Frau Molnars Mutter starb im Alter von 32 Jahren am 5. Mai 1885 in Pilsen. Dieser Tag, an dem Frau Deutelmoser-Molnar in Erinnerung an den größten Schmerz ihrer Kindheit ihr Leben lang geweint hatte, wurde auch ihr eigener Todestag (5. Mai 1974).

„Obwohl die zweite Frau von Johann Molnar keineswegs eine böse Stiefmutter war, standen ihr die eigenen kleinen Söhne natürlich viel näher als die Kinder ihres Mannes aus erster Ehe. Vor allem um möglichst bald aus dem Haus zu kommen, heiratete Frau Molnar schon mit sechzehn Jahren den weit älteren Offizier Rudolf Patek."

Die Verbindung war jedoch nicht glücklich. Als sie ihren Jugendfreund Ferdinand Deutelmoser nach Beendigung seiner Ausbildung zum Diplomingenieur wieder traf, ließ sich Frau Patek-Molnar scheiden (was damals enormes Aufsehen erregte) und heiratete ihre Jugendliebe.

Nachdem ihr Mann[1]) am 14. Jänner 1941 gestorben war, lebte Frau Deutelmoser-Molnar bis zu ihrem Tode bei ihren Enkelkindern. Sie verfaßte ihre kurzgefaßten Erinnerungen im Alter von neunzig Jahren.

Am 5. Mai 1885 starb meine Mutter – zweiunddreißig Jahre alt, nie krank gewesen – an Lungenentzündung.[2]) Sie hatte schon acht Kinder geboren, vor mir einen Sohn, Theodor getauft, dann starb er. Dann Zwillinge, zwei Buben, Gustav und Fritz, die starben auch nach der Taufe. Alle waren Siebenmonatkinder.

Als Mama krank war, gingen mein Bruder Felix und ich[3]) gleich nach der Schule zu einer befreundeten Familie und kamen erst am Abend wieder nach Hause. Die Familie hieß Müller von Berneck, hatte auch viele Kinder, und die Gusti war schon meine Freundin, ehe ich in die Schule kam. Ich erzähle das so ausführlich, weil die Gusti in dieser „Geschichte" noch einmal eine Rolle spielt.

Als Felix und ich am 5. Mai nach Hause kamen, kam uns im Vorzimmer der Papa entgegen und sagte: „Eure Mutter ist in den Himmel gegangen." Wir wurden an das Bett geführt, und ich sehe heute noch das bleiche Gesicht mit dem blauen Schleier unter den Augenlidern. Und nie,

1 Dipl.-Ing. Deutelmoser hatte nach dem Ersten Weltkrieg den österreichischen Luftverkehr mit aufgebaut und war bis 1938, als er nach dem Anschluß pensioniert wurde, geschäftsführender Vizepräsident der Österreichischen Luftverkehrsgesellschaft. Der Anschluß an Deutschland und das Ende der ÖLAG, die in die Lufthansa überführt wurde, gingen ihm so nahe, daß er einen Herzinfarkt erlitt.

2 Siehe Abb. 1.

3 Siehe Abb. 2.

wenn ich davon spreche – auch jetzt noch mit neunzig Jahren –, geht es ohne Tränen.

Im Kinderzimmer, auf dem großen, schwarzen Ledersofa, saßen die zwei Dienstmädchen mit Olga, vier Jahre, Martha, zwei Jahre, auf dem Schoß, und alle weinten. Im Kinderwagen lag der vier Monate alte Gustav Adolf.

Bei meinen Eltern diente schon vor meiner Geburt eine Köchin, die Marie, die war elf Jahre im Haus und hat kurz vor Mamas Tod geheiratet, kam aber jeden Tag auf Besuch und auch zur Hilfe, als Mama erkrankte. Die war wie eine zweite Mutter zu uns, und als Mama starb, zog sie mit ihrem Mann zu uns, bis Papa jemanden gefunden hatte.

Gleich nach dem Begräbnis nahm Papas Schwester Hermine, die mit einem evangelischen Pfarrer in einem kleinen tschechischen Ort verheiratet war, den kleinen Gustav mit, und dort ist er aufgewachsen und daher bis heute der tschechische Bruder. Olga und Martha nahmen ein Bruder und seine Frau auch gleich mit nach Graz. Felix und ich gingen schon in die Schule und konnten erst in den Ferien weg.

Hinter dem Leichenwagen gingen Papa, Felix und ich, und Schulkinder trugen die mehr als achtzig Kränze. Die Mama war in der Kirche aufgebahrt, die war neben dem Pfarrhaus, Olga und Martha sahen vom Fenster aus zu. Das Grab war ganz mit Flieder austapeziert, ich sehe es noch genau vor mir. (Das ließ die evangelische Gemeinde so machen.)

Nach dem Begräbnis war Papa mit den Verwandten, die gekommen waren, im Hotel, Felix und ich spielten vor dem Haus mit anderen Kindern. Dabei war auch der zehnjährige Ferdinand Deutelmoser. Das ist meine erste Erinnerung an ihn. Er konnte sich noch an eine Kinderjause erinnern, wo ich auch war. Als er nach Hause kam, soll er gesagt haben: „Dort war ein Mäderl, das war so schön wie die Engel im Himmel." Ich kann mich auch an diese Kinderjause erinnern, aber nicht an den kleinen Ferdinand.

Wir spielten dann jeden Tag im Hof. Im Hof war eine Pumpe, da stieg der Ferdinand hinauf und sagte, ich solle am Rohr unten horchen. Das tat ich auch. Er sagte, ich soll ihm ein Busserl geben, aber das bekam er erst viele Jahre später. Manchmal erschien am Fenster die Marie und sagte: „Der Ferdinand soll nach Hause gehen, der kommt immer wegen der Emmy!" – Der Ferdinand brachte mir immer Anklebebilder, die versteckte ich im Puppenbett, damit die Marie nicht zankte.

Am 16. Mai nach Mamas Tod wurde ich neun Jahre alt. So verging die Zeit bis zu den Ferien, dann fuhr Felix zur Tante Hermine, wo Gustav war, und mich brachte Papa nach Aussee zur Großmama. Dort genoß ich Liebe in reichem Maße.

Im Teichschloß, dem Besitz von Großmama, gab es ein Ritterzimmer. Das hieß deshalb so, weil darin ein riesiges Himmelbett stand, von dem es hieß, daß ein Ritter darin ermordet worden war. In diesem Bett schlief ich mit drei Hunderln. Ich kann mich nicht erinnern, ob es damals mehr als drei Hunde gab, in späteren Jahren waren es acht. Aber das Haus war groß, man merkte es nicht. Nach den Ferien kam Papa und holte mich und auch Olga und Martha, die mittlerweile auch nach Aussee gebracht worden waren. Auf der Heimreise betreute ich als Neunjährige die kleinen Schwestern. Jetzt war für mich die schöne Zeit der Kindheit vorbei!

Die Marie hatte noch im Pfarrhaus ihr erstes Kind geboren und zog dann mit Mann und Kind wieder in ihre Wohnung. Eingetroffen war mittlerweile die Tante Ludmilla, eine entfernte Cousine von Papa. Die sollte den Haushalt führen und die vier Kinder betreuen. Die zwei „Kleinen", Olga und Martha, zog sie schön an und ging mit ihnen spazieren. Um Felix und mich kümmerte sie sich gar nicht, nur mit Stockhieben.

Ich hatte nach der Schule noch Klavierstunde oder Französischunterricht und kam oft erst um sechs Uhr nach Hause. Da mußte ich dann stricken, und wenn ich nicht strickte, bekam ich Prügel mit einem Rohrstock. Ich hatte immer Läuse, und wenn ich Läuse hatte, bekam ich Prügel.

Tante Ludmilla lud sich Besuch in ihr Zimmer ein, ich mußte Sachen vom Zuckerbäcker holen, bekam aber nichts davon.

Eine Schwester meines Vaters war in Italien verheiratet, sie hieß Anna Damora. Diese Tante schickte mir oft kleine Geschenke, kleine Kostbarkeiten für mich! Ich erinnere mich an ein Medaillon aus Türkisen und Perlen in Form einer Blume, an ein Nähkästchen aus Ebenholz, mit blauer Seide tapeziert, reizende Schnitzereien aus Elfenbein. Alles hat Ludmilla genommen, damit sie wieder gut wird.

Als ich das erste Mal das Unwohlsein hatte, hob sie meine Wäsche im Kinderzimmer empor und rief die Geschwister herbei: „Schaut, was Emmy für ein Schwein ist! Jetzt muß ich der Wäscherin mehr zahlen!" Das sollte ich vielleicht nicht schreiben, aber es ist ein zu krasses Beispiel dieses Charakters.

Eines Tages, als mich Tante Ludmilla so geprügelt hatte, daß ich Beulen am Kopf und Striemen an den Schenkeln hatte, ging ich zu Papa ins Zimmer und zeigte es ihm. Er schrieb dann der Großmama, ob er mich bringen könnte, und fuhr mit mir nach Aussee, in ein wahres Paradies nach drei Jahren Hölle mit Ludmilla.

In Aussee kam täglich eine Lehrerin zu uns, und Großpapa, der lange Jahre in Paris gelebt hatte, sprach mit mir Französisch. Mit Großmama machte ich schöne Handarbeiten.

In diesem Jahr, das ich in Aussee verbrachte, hat Papa wieder geheiratet; die um zwanzig Jahre jüngere Liddy Burmann. Sie war vierundzwanzig Jahre alt, bildhübsch, die Älteste von acht Geschwistern. Der evangelische Pfarrer von Prag hat sie dem Papa empfohlen; weil sie eine so gute Schwester zu ihren jüngeren Geschwistern war, würde sie auch eine gute Stiefmutter sein. Sie blieb immer nur gute Schwester, aber eine gute Stiefmutter wurde sie deshalb nicht.

Aber es war wieder ein geordneter Haushalt, und ich wurde nach Hause geholt. Trotz des herrlichen Lebens in Aussee hatte ich Sehnsucht nach Papa und den Geschwistern gehabt. Aber lange blieb ich nicht zu Hause, es wurde ein Baby erwartet, da störte die halbwüchsige Tochter. Ich wurde in die Schweiz nach Männedorf am Zürchersee geschickt, mit mir zugleich die Freundin Gusti Müller von Berneck. Eine Engländerin, die für das Institut engagiert war, reiste über Pilsen und nahm mich und Gusti mit.

Das Leben in dem Institut war spartanisch. Im Schlafsaal gefror das Wasser, das Essen war miserabel, das Heimweh unerträglich. Wenn man mir sagte: „Hier ist es doch so schön, schau, die Jungfrau und der Pilatus", wie die Berge hießen, „und der schöne See!" dann sagte ich: „In der Steiermark ist es viel schöner!"

Nach vierzehn Tagen fuhren Gusti und ich weg, über den Bodensee nach Lindau und von dort mit der Bahn nach München. Wir gingen in das Hotel, wo wir auf der Hinreise übernachtet hatten, und telegraphierten nach Hause, man solle uns holen. Wir hatten kein Geld mehr, das Essen ließen wir uns aufs Zimmer bringen, ins Restaurant trauten wir uns nicht allein. In zwei Tagen kam Gustis Vater und holte uns. Gusti durfte zu Hause bleiben und ging wieder in die Schule. Ich wurde nach zwei Tagen nach Opatowitz, das tschechische Dorf, exportiert, dort verbrachte ich ein Jahr.

So ein Pfarrer auf dem Land hatte ein kleines Gehalt, aber ein geräumiges Pfarrhaus, großen Obstgarten, Gemüsegarten, Pferde, Kühe, Schweine, Hühner. Knecht und Magd hatten viel mit dem Vieh zu tun, ich mußte viel im Haus helfen. Ich lernte kochen, ich wusch das erste Mal Geschirr. Die Tante war eine sehr tüchtige Hausfrau, sie buk herrliches Brot.

Es ging mir dort nicht schlecht, aber es gab keine geistige Anregung, nur ein paar deutsche Bücher, darunter Schillers Gedichte. So lernte ich zu meinem Privatvergnügen viele Gedichte von Schiller auswendig, daraus kann ich auch heute noch Bruchstücke zitieren.

So verging ein Jahr, zu Hause war mittlerweile der Bruder Walter geboren, und ich wurde wieder geholt. Jetzt ging ich in die Schule, in die achte Klasse, wegen des Abgangszeugnisses.

Auf dem Weg in die Schule hat mir jeden Tag ein Verehrer, ein Student, einen kleinen Blumenstrauß überreicht, der lag in der Schule vor mir auf der Bank. Ich glaube, die Lehrer waren nicht sehr begeistert davon.

Aber ich bekam das Abgangszeugnis – und nur in Rechnen einen Dreier. Ich wurde dann in eine Nähschule geschickt und war schon recht fleißig. Aber ich ging auch jeden Tag auf den „Bummel", so hieß ein Teil der Promenade, wo man auf und ab ging und kokettierte. Da lernte ich durch meine Freundin den Leutnant Patek kennen.

Als ich schon Frau Oberleutnant Patek war und unser Sohn Hans ein kleiner Bub, schrieb die Tante Ludmilla aus Deutschland, wo sie bei einem verwitweten Offizier mit zwei Töchtern in Stellung war, daß sie mit einer der Töchter nach Tirol komme und ob sie uns besuchen könnten. Ich dachte mir: „Vielleicht war ich wirklich ein so schlimmes Kind, daß sie mich so prügeln mußte", und schrieb, sie sollten kommen.

Als Pipapa sie von der Bahn holte und brachte, ging ich in die Küche, um das Nachtmahl zu richten. Ich wusch die Hände und dachte: „Wenn die am Ende vierzehn Tage bleiben!" Sie blieben sechs Wochen und schimpften, wenn Hans weinte, der noch im Wagerl lag. Sie machten keinen Ausflug allein, nur wenn wir mit waren und Pipapa alles bezahlte. Dann habe ich sie nie mehr gesehen.

# Josef Leb

## *Das Hausgebet hatte in unserer Familie große Bedeutung*

Josef Leb, am 18. Mai 1874 in Wien geboren, entstammte einer katholisch engagierten Familie.

Sein Urgroßvater Franz Georg Leb (14. August 1763 bis 20. September 1844) war der erste Kaufmann in einer mehrere Generationen hindurch währenden beruflichen Tradition, die erst mit dem Verfasser der in diesem Band gedruckten Kindheitsautobiographie enden sollte.

Josef Lebs Vater Johann (1. April 1840 bis 13. Mai 1920) hatte von seinem Onkel das Tuchgeschäft „Zum Ackersmann", Wien 1, Rotenturmstraße 5, übernommen, welches sich rühmen durfte, das älteste Tuchgeschäft Wiens zu sein.

„Einer alten, gediegenen Wiener Bürgerfamilie, deren Bewurzelung in die Türkenkriege um unsere Vaterstadt reicht, ist Johann Leb entsprossen. Er erbte alle guten Anlagen, die nur Familienkultur, Tradition und Sitte wirken", schrieb Dr. August Knoll 1925 anläßlich des Erscheinens des Buches „Aus dem Tagebuch eines Sodalen".[1])

1 „Aus dem Tagebuch eines Sodalen". Tagebuchblätter des Kongregationspräfekten Johann Leb aus den Jahren 1860 bis 1920. Marianischer Verlag Innsbruck, 1925; Sodalenbücherei Band 11. Das Zitat stammt aus: Dr. August M. Knoll „Sodale von Beruf. Zum Leben eines Wiener Bürgers." In: Die Fahne Mariens, Jg. 31, Nr. 11,

Johann Leb war in vielen Bereichen tätig: Er war maßgeblich an der Gründung des Waisenasyls „Norbertinum" in Tullnerbach beteiligt, das am 26. Juli 1881 eröffnet wurde. Auch war er die führende Persönlichkeit im „Katholischen Waisenhilfsverein", wo er der „Christkindlkommissär" genannt wurde. Dem Krankenhaus „Confraternität" stand er als kaufmännischer Direktor vor. Der Marianischen Kongregation für Kaufleute gehörte er als Sodale und Präfekt durch zweiundfünfzig Jahre hindurch an. Er war „ein begeisterter und begeisternder Aktivist im Zeitalter der Vereine und stellte als Vorstand oder Mitglied in etwa dreißig katholischen Vereinen seinen Mann".[1])

Sein Sohn Josef Leb besuchte nach der Volksschule das Internat der Jesuiten auf dem Freinberg bei Linz und maturierte 1893 in Wien. Gemeinsam mit Pater Abel[2]) hatte er die erste Mittelschülerkongregation in Wien gegründet, später engagierte er sich in der Wiener „Austria", einer farbentragenden akademischen Verbindung im CV. Nach dem „Freiwilligenjahr" und der Ernennung zum Leutnant hinderten Erkrankung und die hohe Kaution, die er anläßlich seiner Vermählung mit Hemma Truxa (16. Mai 1875 bis 25. Februar 1943) hätte erlegen müssen, die weitere Offizierslaufbahn. Josef Leb war in der Folgezeit Beamter im Obersthofmeisteramt, im Ersten Weltkrieg Offizier der k. u. k. Armee und nach dem Krieg Leiter der Verlagsanstalt „Tyrolia" in Innsbruck und Wien. Daneben wurde er zum Organisator der christlichen Bibliotheksorganisation „Volkslesehalle", die aus der

---

November 1925. – Dr. Knoll war später Universitätsprofessor für Soziologie in Wien. –

„Sodale" ist die Bezeichnung eines Mitgliedes der Marianischen Kongregation, einer Vereinigung aktiver Katholiken. Die erste Kongregation wurde 1563 in Rom von Pater Johannes Leunis aus der Gesellschaft Jesu gegründet.

1 Dr. Franz Loidl: Josef Leb, Aktivist, Buch- und Familienapostel (1874–1946), 3.

2 Pater Heinrich Abel, 15. Dezember 1843 bis 23. November 1926, bekannt als „Wiener Männerapostel", war Leiter der Marianischen Kongregation für Kaufleute und an der Gründung der katholischen farbentragenden Verbindung „Austria" beteiligt.

„Austria“ hervorgegangen war. Die „Volkslesehalle“ umfaßte neununddreißig Leihbibliotheken und verfügte über ungefähr siebzigtausend Bücher, „als Direktor Leb im Frühjahr 1938 von den NS-Machthabern zwölf Tage in Polizeihaft genommen wurde und die Beschlagnahme seines Werkes hinnehmen mußte“.[1])

Nach dem Tode seiner Gemahlin (1943) begann Josef Leb Theologie zu studieren und wurde 1944 im Alter von siebzig Jahren zum Priester geweiht. Er wirkte noch bis zu seinem Tod am 9. November 1946 als Prediger, Katechet und Beichtvater in den Pfarren St. Rochus und St. Augustin. Josef Leb war wie sein Vater überzeugter Sodale gewesen und hatte mehrere eigene Werke publiziert, hauptsächlich das Bibliothekswesen und die christliche Familie betreffend.

Josef Leb verfaßte im Jahr 1933 ein handschriftliches Manuskript (113 Seiten inklusive Abbildungen) seiner Erinnerungen, betitelt „Aus meinem Leben“. Das erste Kapitel daraus – „Kindheit“ – ist im vorliegenden Band wiedergegeben.

Ich bin Montag, den 18. Mai 1874 um drei Uhr nachmittag in Wien 3, Gärtnergasse 12, erster Stock, Tür 15, geboren. Das Haus heißt heute Seidlgasse 21. Die Wohnung meiner Eltern war über dem Haustor gelegen, eine schöne, große, luftige Wohnung. Die rückwärtige Front hatte Aussicht in einen großen, heute verbauten Garten. Das Haus ist bis heute ein geistliches, es gehört dem Defizienten-Priesterfonds. Es ist durch eine Muttergottesstatue geschmückt. Mein Vater schreibt in seinem Tagebuch anläßlich meiner Geburt:

„Morgens betete ich in der Universitätskirche beim Marienaltar und schenkte der lieben Mutter Gottes das Kind, beim Altar des heiligen Ignatius betete ich um den

1 F. Loidl, Josef Leb, 4.

Beistand bei der Geburt und ließ für die Armen Seelen neun heilige Meßopfer darbringen."

Am 21. Mai wurde ich durch Kooperator Anton Schöpfleuthner von „St. Othmar unter den Weißgerbern" beim festlich geschmückten Hausaltar getauft und erhielt die Namen Joseph, Maria, Othmar. Als Taufpatin fungierte meine Großmama Elisabeth Leb, geborene Praschak. Mein Vater schreibt: „Unser Kleiner erhielt den Namen Joseph aus Liebe zu diesem großen Patron, dann weil mein Vater und mein Onkel den Namen Joseph führten. Den Namen Maria erhielt der Knabe, weil er im Maimonat geboren und weil ich ihn am Morgen vor seiner Geburt der lieben Gottesmutter geweiht. Den Namen Othmar, weil dieser der Kirchenpatron unserer neuen Pfarre Weißgerber ist."

Die Pfarrkirche St. Othmar war im August 1873 eingeweiht worden, Pfarre war sie erst seit dem 1. Jänner 1874. Der erste Pfarrer hieß Riediger, Kooperatoren waren der genannte Schöpfleuthner und Alois Fischbacher. Die Kirche erhielt den Namen nach Kardinal Othmar von Rauscher.

Die Pfarre St. Othmar war die Pfarrkirche der Familie Leb vom Hochzeitstag meiner Eltern (23. Februar 1867) bis zum Tage der Übersiedlung in das Haus Landstraßer Hauptstraße Nr. 2 im Jahre 1897.

In dieser Kirche haben einige von uns die erste heilige Beichte und Kommunion gehabt, Johannes seine Primiz, die Eltern die silberne Hochzeit, Carola und Käthe haben hier geheiratet, Elise ist hier eingesegnet worden. Ich kann annehmen, daß es die erste Kirche war, in die ich getragen wurde. Noch heute, nach bald sechzig Jahren, ist sie mir lieb und wert. An dieser Kirche war Vater „Kirchenvater" durch Jahrzehnte.[1])

1 Der „Kirchenvater" kümmerte sich mehr um die außerkirchlichen Anliegen der Pfarre, ähnlich dem heutigen stellvertretenden Vorsitzenden des Pfarrgemeinderates.

Außer den beiden genannten Kooperatoren erinnere ich mich noch an Wasinger, Watzger, Pfeiffer, Widl, Porstner, Weimar, der später Pfarrer hier geworden ist, dann Treml und noch andere. Die Kooperatoren waren oft Gäste im Haus. Jahre hindurch bestand eine ständige Tarockpartie. Sie waren auch zu besonderen Familienfesten eingeladen. Es bestand also ein sehr inniges Verhältnis zwischen Pfarre und Familie.

Meinem Vater war der alte, echt christliche Pfarrgedanke noch ein lebendiges Gut. Später ist die Pfarre durch das überwuchernde Vereinswesen stark in den Hintergrund geraten. Jetzt beginnt es wieder besser zu werden, und es besteht wieder die richtige katholische Organisation: Familie und Pfarre.

In dem Haus, in dem wir wohnten, hatten wir – wie schon erwähnt – eine schöne, helle Wohnung: drei Zimmer, drei Kabinette, Vorzimmer, Gang und Küche. Da das Haus dem Defizienten-Priesterfonds gehörte, wohnten viele katholische Parteien darin, so die uns befreundete Familie Schenkenbach.

Am Fronleichnamstag steht – wie damals noch heute – ein Altar vor dem Haustor, um dessen Aufstellung und Schmückung sich immer unser Vater mit größtem Eifer gekümmert hat.

Die Wohnung war bürgerlich einfach, jedenfalls stark persönlich und gemütlich.

Die Ausmaße stimmen wohl nicht, ich zeichnete ausschließlich aus dem Gedächtnis, und es sind bald fünfzig Jahre, daß wir die Wohnung verlassen und nicht mehr gesehen haben. Bekanntlich erinnert sich der Alternde immer deutlicher an die Tage der Kindheit.

Die beiden Kabinette waren zumeist vermietet, es wohnten da die beiden Brüder der Mutter, Josef und Ernst Leitner, später Anton Kienle aus Stuttgart, dann Albert L'Agneau sowie ein Ruthene namens Milkowitz.

Vater war ein „Liturgiker", lange bevor man eine „liturgische Bewegung" kannte. Das war ihm ererbtes Gut, er fühlte mit der Kirche und lebte mit dem Kirchen-

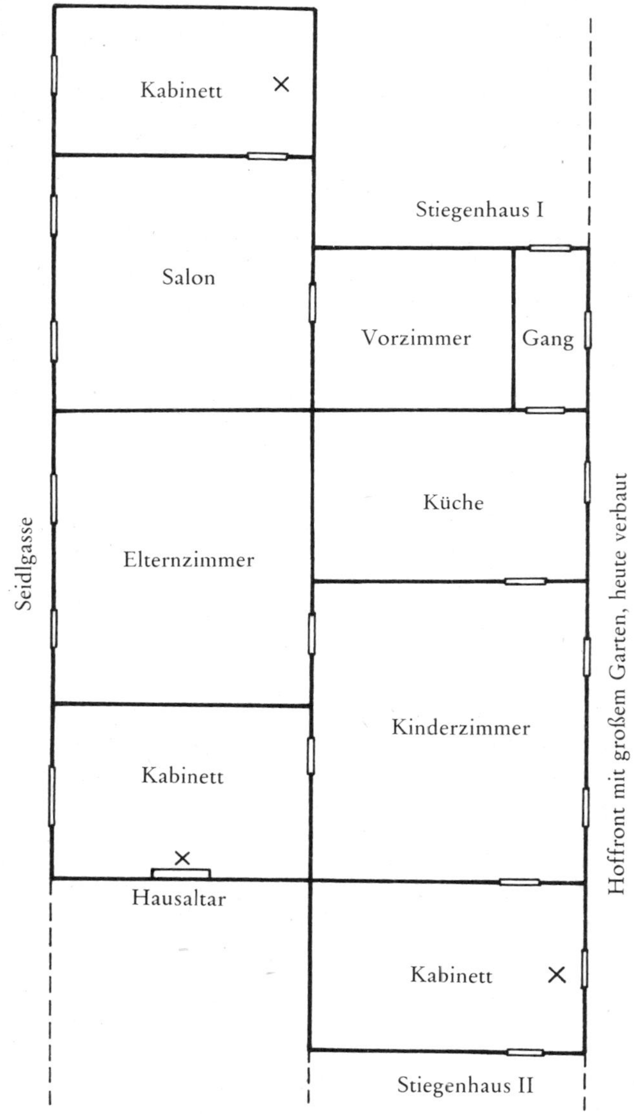
Kabinett
Stiegenhaus I
Salon
Vorzimmer
Gang
Küche
Elternzimmer
Seidlgasse
Kinderzimmer
Kabinett
Hausaltar
Kabinett
Hoffront mit großem Garten, heute verbaut
Stiegenhaus II

jahr. Sein Haus und seine Familie waren wirklich nach dem Worte des heiligen Augustinus eine kleine Kirche. Darum war der Hausaltar der Mittelpunkt des Hauses. Er war wohl kein Kunstwerk, aber einem kirchlichen Altar nachgebaut, mit Mensa, Tabernakel, Aufsatz, Altarbild, Kreuz. Im Tabernakel stand eine kleine Reliquienmonstranz. Das Altarbild war eine Immakulata vom Maler Josef Kastner, einem Freund unseres Hauses.

Wir hatten auch die Geräte: Kelch mit Patene sowie ein Rauchfaß, das in meine Familie hinübergerettet worden ist und noch jetzt am Dreikönigstag in Verwendung kommt. Vom Hausaltar steht noch der Aufsatz als unser heutiger Hausaltar in Verwendung. Der Schmuck des Hausaltars entsprach möglichst genau dem Kirchenjahr, mit vielen Einzelheiten. So wurde wie in der Kirche in der Fastenzeit das Altarbild violett verhüllt, am Passionssonntag das Kreuz.

Das Hausgebet hatte in unserer Familie große Bedeutung. Wir beteten gemeinsam den „Engel des Herrn" beim Ave-Läuten, das Tischgebet (Vaterunser, Ave-Maria und „Was aufgesetzt wird auf den Tisch, das segne uns Herr Jesu Christ, und speis' uns Herr mit Deinem Wort, auf daß wir satt werden hier und dort. Herr, Du wollest uns geben nach dieser Welt das ewige Leben!"). Das wichtigste war das gemeinsame Abendgebet vor dem Hausaltar. Da wurde ein Gesetz des Rosenkranzes gebetet, dann unter anderem für alle, für die wir zu beten verpflichtet sind; dann für alle, die sich unserem Gebete empfohlen haben. Besonders galt das Gebet immer den armen Seelen, die Vaters Lieblinge waren. In den Sommerferien, wenn alle daheim waren, wurde auch des Freitagvormittagsgebetes nicht vergessen. Auch bei Spaziergängen wurde mitunter gebetet. Ich erinnere mich an den Josefs-Rosenkranz. Vater war unendlich mannigfaltig im Gebet und bemühte sich, diese Eigenschaft auch auf seine Kinder zu übertragen.

Eine ganz wichtige Rolle spielte bei uns Kindern natürlich das Weihnachtsfest. Man könnte sagen: das halbe Jahr war die Vorfreude, das andere halbe Jahr die Nachfreude. Alles, was ich je irgendwo über die Familie zur heiligen Weihnacht gelesen habe, paßt auf unsere Familie. Vater war der führende Geist, er selbst hat alles angeordnet und geordnet. Das heilige Fest begann am späteren Nachmittag beim Hausaltar, auf dem die Krippe stand. Wir sangen alle zusammen, alt und jung: „Hirten, auf um Mitternacht.“ Und dann kamen Christbaum und Bescherung. Das ist ja auch sonst in katholischen Familien überall dasselbe. Außergewöhnlich war nur der jubelvolle Eifer Vaters, der freilich auf alle Anwesenden übergegangen ist. Er vor allem glaubte mit unnachahmbarer Kindlichkeit an das Christkind! – Es waren viele Gäste da: Großmama Leb mit ihrer Stieftochter Anna und ihrer Köchin Marie Zobler, Tante Marie Praschak mit ihrem Vater Ignaz und ihrer Schwester Hermine Gruber, oft auch Geistliche sowie andere Verwandte.

Nun komme ich zu meiner Familie. Über Vater, Mutter und Ahnen schreibe ich im Band über die Familie Leb. Dennoch werde ich auch hier einiges sagen, was zur Vollständigkeit gehört. Über Vater gibt es das Sodalenbuch: „Aus dem Tagebuch eines Sodalen.“ Mutter war Kaufmannstochter aus Mannswörth bei Wien.

Vater, Johann Baptist, lebte vom 1. April 1840 bis 13. Mai 1920, Mutter, Katharina, lebte vom 20. Juli 1839 bis 16. September 1908.

Meine Eltern haben am 23. Februar 1867 geheiratet.[1]) Die Trauung vollzog meines Vaters Jugendfreund, Pfarrer Leopold Karner. Vater war Kaufmann, Tuchhändler in dem Geschäft „Zum Ackersmann“, ursprünglich Rotenturmstraße 5, dann Wollzeile im erzbischöflichen Palais. Er stand über vierzig Jahre im Geschäft. Mutters Vater war Kaufmann und Grundbesitzer, Carl Leitner. Näheres darüber in der Familiengeschichte.

---

1 Siehe Abb. 3.

Unsere schönsten Kindheitserinnerungen verbinden sich mit unserer Großmama, die eine ganz heilige Frau war, aber zugleich der Typus echten Wiener Bürgertums.[1]) Großmama, die Mutter von Vater, wohnte im eigenen Haus, Obere Weißgerberstraße 8, das wir nach ihrem Tode bezogen haben. Das kommt also noch. Sie war täglich vormittag unser Besuch und ward von uns heiß geliebt. Wir Kinder waren jeden Donnerstag bei ihr, der damals ein schulfreier Tag war, und auch am Sonntag. Bei ihr wohnte ihre Stieftochter Anna, später geisteskrank, und gestorben in Schwertberg, sowie ihre Köchin Marie Zobler.

Wir waren sechs Kinder: Elise, geboren am 20. November 1867, gestorben am 4. Februar 1894. Sie war groß und blond, ruhig und ernst, man könnte sagen unnahbar. – Marianne, geboren am 5. Juli 1869, lebt und ist Johannes' Haushälterin. – Johannes, geboren am 19. Februar 1871, Priester und Religionsprofessor, wurde soeben in den Ruhestand versetzt (Juli 1933). Beide wohnen Landstraßer Hauptstraße 4. – Katharina, geboren am 18. Mai 1872, starb zu Königstetten als Gattin des Arztes Dr. Eduard Geyer. – Josef, geboren am 18. Mai 1874, Verfasser dieser Aufzeichnungen. – Carola, geboren am 5. Oktober 1875, gestorben am 15. Jänner 1907 zu Neumarkt in Oberösterreich als Gattin des Arztes Dr. Josef Pilgerstorfer, war die Jüngste.

Wir hatten immer – oder wenigstens, als wir sechs noch klein waren – zwei Dienstmädchen. In Erinnerung habe ich am deutlichsten Mathilde Kafka, später verehelichte Fitz.[2])

Zur weiteren Familie gehörten insbesondere die Großeltern Leitner von Mannswörth, dann die Geschwister meiner Mutter und deren Familien Leitner, Aumayr und Schleucher. Mit allen diesen hatten wir ständigen, regen

---

1 Siehe Abb. 6.
2 Siehe Abb. 4.

Verkehr. Die Blutsverwandten meines Vaters, zumeist in der Steiermark, standen uns ferner. Nur ein Bruder meiner Mutter, Albert Praschak, hat noch in meiner Kindheit viel bei uns verkehrt, und ich soll sein Liebling gewesen sein, angeblich wegen besonderer Familienähnlichkeit.

In unserer Familie verkehrten auch viele Gäste. Vater hatte viele Freunde infolge seiner so umfangreichen Tätigkeit. Selbstverständlich kamen manche davon in unser Haus. Besonders gern gesehen war der Besuch von Priestern, ich erinnere mich besonders an Pater Medits von den Lazaristen. Aber es waren ihrer viele.

Wir waren ein gastliches Haus, aber in einfachen, bürgerlichen Formen. Es gab in unserem Haus nicht das geringste, was man je als Luxus hätte deuten können, weder an Kleidung noch an Hausrat, noch was die Nahrung anbelangt.

Bei den Mahlzeiten, die zumeist sehr einfach waren, pflegte man mit der Jahreszeit, kirchlichen und weltlichen Festen Schritt zu halten. Hausbräuche waren Christbrot und Kletzenbrot zur Weihnachtszeit, Johanneskrapfen, Faschingskrapfen, Osterflecken und anderes mehr.

Weil viel Glaube im Haus war, gab es nicht den mindesten Aberglauben.

So habe ich denn in kurzen Strichen die Grundlagen gezeichnet, auf denen mein Leben aufgebaut war. „Der Apfel fällt nicht weit vom Stamm“, „Wie die Alten sungen, so zwitschern die Jungen“, „Jung gewohnt, alt getan“, „Was Hänschen nicht lernt, lernt Hans nimmermehr“. Diese und andere Sprichwörter zeigen die Wichtigkeit der Familie an. Das hat Vater verstanden. Wir hatten eine natürliche, bürgerliche, einfache, im allgemeinen gütige Erziehung. Unsere Eltern waren nicht streng, gestraft wurde nicht allzu oft. Ich habe diesbezüglich nicht die mindeste unangenehme Erinnerung. Wir waren – wenn auch keine „Wunderkinder“, so doch durch die ganze Atmosphäre unseres Hauses allein – schon gut erzogen. Vor allem waren wir ausgesprochen katholisch in unserem ganzen Geist, und keines von uns hat je daran gedacht, daß man auch anders sein könnte. Das hat uns Vater durch sein Beispiel und durch die mannhafte Entschiedenheit seines Wortes und seines Auftretens beigebracht.

Noch waren die Großstadtverhältnisse lange nicht so gesundheitsschädlich, wie sie das heute sind. Dennoch war es ratsam, junge Menschen in der Ferienzeit aufs Land zu bringen. Das hatte zwei Beweggründe: erstens die notwendige Luftveränderung und zweitens die Berührung mit dem Landleben. Allzu fern ist die Großstadt der Natur, es ist notwendig, Kinder mit den natürlicheren Verhältnissen des Landlebens bekannt zu machen.

Unser schönster Landaufenthalt – ich glaube, es war 1879 und 1881 – war die „Brettboding", eine Stunde von Gaflenz oder von Waidhofen, ein Gebäude, einschichtig beim Orte Neustift am Lindenkogel gelegen, aus Herrenhaus, Kapelle und Bauernhof bestehend. Die Besitzer hießen Zöttl und waren fromme, rechtschaffene Bauersleute. Dort sind wir Kinder wirklich mit dem Landleben in Wald und Feld, in Stube und Stall innig verbunden gewesen.

Ein anderer solcher Aufenthalt war Waldstein bei Peggau in der Steiermark, wo Vaters Verwandte, Peyerleitner, ansässig waren. Hier haben wir ein Sensenwerk und einen ländlichen Wirtshausbetrieb kennengelernt.

Im Jahr 1880 waren wir in Waidhofen an der Ybbs bei einem Bauern. Von da aus kam ich dann in die Schule. Wenige Minuten währte der Weg von Seidlgasse 21 bis zum Kolonitzplatz, wo sich die St.-Othmar-Kirche, der Pfarrhof und die Schule befanden.

Dort also wurde ich im September 1880 eingeschult. Der Oberlehrer hieß August Dölzl (nachträgliche Anmerkung: Dölzl war nicht Oberlehrer, sondern Karl Rosenkranz), mein Lehrer in der Ia-Klasse Georg Schulz. Das ist nun dreiundfünfzig Jahre her, und doch habe ich Schulzimmer, Turnsaal, Lehrer und Schüler noch in bester Erinnerung. An die ersten Schultage erinnere ich mich mit plastischer Deutlichkeit. Ich erinnere mich an eine ganze Reihe von Mitschülergestalten. Während ich diese Schilderung – mit Pausen – niederschreibe, steht ein Gesicht nach dem andern lebendig vor mir auf: Jobst, aus der Familie der Maler und Photographen; Jaray, Hoftapezierer, Schauspieler. Einer war Protestant, der belehrte mich eines Tages ernstlich, daß er allein wahrhaft evangelisch sei. Es waren auch viele Juden dabei, einige Gassen der Weißgerbervorstadt waren stark jüdisch.

Lehrer Schulz galt als der strengste Lehrer weit und breit. Er war es auch. Seinem Namen nach gut biederer deutscher Herkunft, hatte er das Gesicht eines Zigeuners. Er hatte eine dunkelbraune Hautfarbe, einen schwarzen Spitzbart, dunkle, rollende Augen, braune Hände und – spielte am liebsten Geige, manchmal wie abwesend, für sich. Er strafte streng. Dennoch haben wir Buben ihn gern gehabt; denn als wir in der vierten Klasse einen anderen Lehrer bekamen, waren wir traurig; ebenso wie wir uns freuten, als wir in der fünften Klasse wieder mit Schulz zusammenkamen.

Aus der Handschrift des Lehrers Schulz sah man, daß er trotz seiner Strenge und seines Aussehens doch ein guter Mann war: Die Schrift zeigte sorgfältige Rundungen.

Schule und Schulerziehung von damals waren überhaupt streng. Es herrschte strammste Disziplin, die nie verletzt worden ist. Schul- und Lehrerautorität waren in voller Geltung. Es gab in der Schule keinerlei Spiel, es gab nur Unterricht, auch in Gesang und Turnen. Jede Art von Kindergarten, Spielschule genannt, war in guten Familien mißliebig. Unser Lehrer sagte zu jedem, der „Fratzereien" machte: „Du kommst gewiß aus der Spielschule", und wenn ich mich recht erinnere, hat das immer gestimmt. Das ist später mit fortschreitender Entwicklung des Kindergartenwesens erheblich besser geworden.

Der Geist der Schule – oder sagen wir besser: der der Lehrer – war ausgesprochen liberal, kirchenfeindlich. Das hat damals zum „guten Ton" gehört, es war einfach die

Mode der Zeit. Wohl hat es damals zur „sittlich-religiösen Erziehung“ (Reichsvolksschulgesetz) gehört, daß wöchentlich einmal, Mittwoch, Schulgottesdienst war, zu dem die Kinder durch Lehrpersonen geführt worden sind; ebenso zum Sakramentenempfang.

Die erste heilige Kommunion eines Kindes war in meinem Elternhaus ein großes Ereignis, das mit aller Feierlichkeit, deren das Haus fähig war, begangen wurde. Ich habe den Tag in deutlicher Erinnerung, die kirchliche wie die familiäre Feier. Für Vater war es ein Tag freudigster Gemütsbewegung, die auf uns alle übergegangen ist.

Nun komme ich zum Weißgerberhäuschen, welches von Vater so genannt wurde. Es stand in Wien 3, Obere Weißgerberstraße 8.[1] Erbaut von Urgroßvater Praschak, Anfang des 19. Jahrhunderts erbte es Großmama Leb, die es bis zu ihrem Tod bewohnte. Wir Kinder waren dort – wie schon erwähnt – jeden Donnerstag und Sonntag, es war unser zweites Heim, das den Vorteil größerer Freiheit bot, weil es einen Hof hatte, in dem wir uns bewegen konnten. Ebenerdig befand sich ein Greißlergeschäft, das vermietet war, ebenso ein großes Magazin. Im Hof hatten zwei alte Frauen eine Kammer; mit diesen beiden Frauen haben wir uns öfter unterhalten. Die eine, „Nettl“, kannten wir nur strickend und schnupfend; die andere war Marie Höfetter, die über neunzig Jahre alt wurde und die den heiligen Clemens Maria Hofbauer noch predigen gehört hatte. Als der heilige Clemens seliggesprochen wurde, lebte sie noch und sagte damals: „Das hätt’ ich mir nie gedacht, seine Predigten haben nichts geheißen!“ Das ist der Ausspruch eines Weibleins, das sich unter einer Predigt nur eine glänzende Rede vorstellen konnte, etwa wie sie später die beiden Jesuiten Klinkowström hielten. Dennoch ist der heilige Clemens auch durch seine Predigten zum Apostel geworden.

---

1 Siehe Abb. 5.

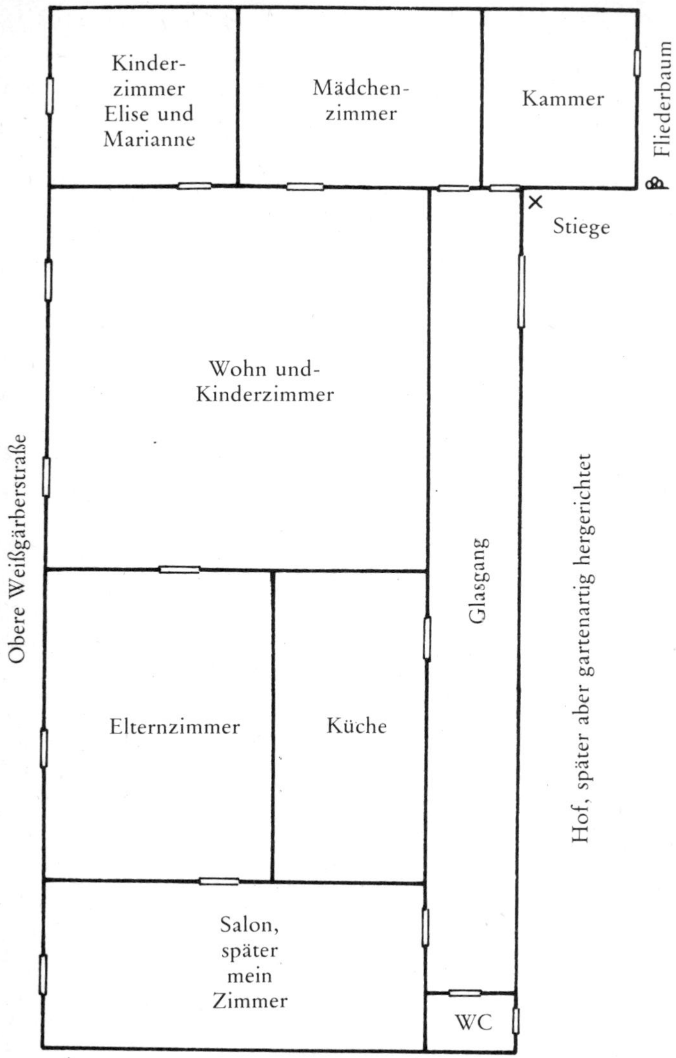


Grundriß des Hauses Obere Weißgerberstraße 8: „Hof, später etwas gartenartig hergerichtet, mit einigen Bäumen. Einige Zeit hatten wir sogar einen Taubenschlag. Die Maße stimmen wieder nur beiläufig."

Einen Teil der Wohnung bewohnte eine Witwe mit ihrer Tochter Marie, einer Lehrerin, die uns und anderen Kindern Nachhilfeunterricht erteilte. Sie war eine ausgezeichnete, fromme und tüchtige Lehrerin.

Ständige Sonntagsgäste waren Onkel Albert beim Mittagessen, beim Abendessen Tante Marie Praschak, Witwe nach Onkel Josef, dem Geschäftsvorgänger Vaters, deren Vater Ignaz und Schwester Hermine Gruber.

In diesem Haus verkehrte in unserer Kinderzeit noch ein Evangelimann. Er kam am Sonntagvormittag, hatte einen langen Rock, war glattrasiert, hatte weißes Haar und sang aus einem Buch das Evangelium. Dafür bekam er einige Kreuzer. In der Oper von Kienzl ist die Figur recht gut gezeichnet.

Mit dem Tod unserer Großmama 1884 trat in unserem Leben eine wesentliche Änderung ein. Vater erbte das Haus und beschloß, es selbst zu bewohnen. Das Haus wurde für uns hergerichtet und war dann ein sehr gemütliches Einfamilienhaus. Nur waren wir im Raum beschränkt, wir waren ja acht Personen: Eltern und sechs Kinder und noch eine Köchin. Aber da Johannes und ich auf dem Freinberg[1]) waren und wir alle im Sommer in Preßbaum, war es erträglich.

Im Hof stand seit der Erbauung des Hauses ein Fliederbaum, wirklich ein Baum, der bis in den Stock hinaufreichte. Einige Zeit hatten wir im Hof auch einen Taubenschlag.

Der schönste Schmuck des Hauses war eine wunderliebliche Holzfigur des heiligen Antonius. Sie stand im Stiegenhaus in einer Nische und ist noch heute der Schmuck des Heims meiner Geschwister auf der Landstraßer Hauptstraße Nr. 4. Das Haus galt als dem heiligen Antonius geweiht.

„Klein, aber mein!" mochte Vater sagen. Die Familie hat das Haus zehn Jahre lang bewohnt. Vater hat es dann

1 Internat der Gesellschaft Jesu in Linz.

1893 an eine Baufirma um 13.000 Gulden verkauft, die es im Jahr 1894 niedergelegt hat.

Unseren sonntägigen Gottesdienst haben wir Kinder abwechselnd in folgenden vier Kirchen mitgemacht: in der St.-Othmar-Pfarrkirche, dann bei den Elisabethinen, wo wir uns mit den Cousinen Aumayr trafen, deren jüngere, Marie, gewiß nicht unschuldig daran war, daß wir oft dort in der Kirche statt zu beten recht gelacht haben, sehr zum Mißfallen der Betenden! Ursache war mitunter der Prediger, ein R. v. Hurter aus der berühmten Konvertitenfamilie, der etwas durch die Nase sprach. Die dritte Kirche war die Universitätskirche (Jesuitenkirche), wo wir durch Jahre hindurch die Zeremonien der Karwoche mitmachten. Die vierte Kirche war die Dominikanerkirche, wo wir häufig beim Hochamt waren, alle Patres kannten und für einige Spitznamen hatten.

Zeitweise sind wir auch in andere Kirchen gekommen, in der Fastenzeit auch zum Kalvarienberg in Hernals. Vater ist auf Spaziergängen mit uns sicher nie an einer Kirche vorübergegangen, ohne einen kurzen Besuch zu machen.

Unsere Erholungsstunden brachten wir teilweise im Stadt- und Kinderpark zu, wir Buben waren auch öfter im Prater, wir kannten die Wasser-, die Feuerwerks- und die Jesuitenwiese. Im Sommer, bevor wir aufs Land gingen, oder nachher im Herbst wurde im Prater ein kaltes Nachtmahl eingenommen, und zwar ursprünglich beim „Bären“, später beim „Braunen Hirschen“. Käse und Salami kaufte man bei den sogenannten „Salamucci“, den Salami-Männern aus der Gegend von Udine, die viele Jahrzehnte hindurch bis zur Kriegszeit hier ihre Ware verkauften.

Bei besonderen Gelegenheiten war man auch im Zweiten oder Dritten Kaffeehaus – im Schneider bzw. Ronacher –, die damals zu den vornehmsten Gaststätten Wiens gehörten. Dort saßen wir einmal in Gesellschaft des berühmten Militärkapellmeisters der Deutschmeister, Ziehrer.

Das Sophienbad in der Marxergasse war damals noch wirklich ein riesengroßes Vollbad, das wir Buben oft benützt haben.[1])

Eine besonders anmutige Erinnerung an die Kinderzeit ist mit dem Namen Josef Kastner, Historienmaler, verbunden. Er wohnte in der Landstraßer Hauptstraße Nr. 2, im Elisabethinenhaus, und hatte eine für uns überaus interessante Wohnung, voll mit Bildern und Figuren. Bei ihm haben wir viele Stunden verbracht, halbe Tage, er spielte und sang mit uns, lehrte uns kleine Szenen aufführen, so daß ich sagen muß, wir haben diesem so edlen, frommen Künstler sehr viel zu verdanken. Er hat alles Künstlerische in uns geweckt und zu einer gewissen Entwicklung gebracht. Wir durften ihm oft beim Malen zusehen. Als er das Krippenbild für die Franziskanerkirche malte, standen wir ihm für die Engelsgesichtszüge Modell. Wir haben bis ans Ende seines Lebens mit ihm Verbindung gehabt.

Mögen auch unsere Hausärzte erwähnt sein, der alte Dr. Schell aus der Beatrixgasse und Dr. Caspar Schwarz, der berühmte Gründer des „Katholischen Schulvereines", der durch seine Frau in unsere Schwägerschaft hereinreichte.

Endlich berichte ich mit Interesse, daß wir schon um 1879 oder 1880 mit dem im Jahre 1876 gegründeten katholischen Studentenverein „Austria" in Berührung gekommen sind; und zwar waren Ignaz Stich und ein gewisser Zych, ich glaube auch andere, bei uns, ich erinnere mich an einen gemeinsamen Sonntagsspaziergang in den Prater, wo ich mit Zych im Gedränge von der Familie getrennt wurde. Wir trafen uns dann wieder bei Großmama.

Soldatenberührung hatten wir wenig, Vater hatte Jugendfreunde, die alle Offiziere waren, und hie und da kam einer zu uns oder zu Großmama auf Besuch. Ein

---

1 Später zu den berühmten „Sophiensälen" umgebaut.

einziger Soldat hat regelmäßig bei uns verkehrt, ein Zugsführer vom Fuhrwesenskorps mit Namen Klestyl. Ich erwähne das, weil ich selbst viele Jahre später in dieselbe Kaserne zur selben Truppe gekommen bin und weil ich weiß, daß dieser Mann heute noch lebt. Wir wurden mit ihm bekannt durch Frater Hyacinth Waldhäusel, einen Freund Vaters aus dem Jünglingsverein, der öfter zum Kaffee bei uns war; ein ungemein humorvoller Bruder, den wir Buben auch öfter im Kloster besucht haben. Er wußte immer lustige Geschichten zu erzählen, über die er selbst am meisten lachen mußte.

Während ich schreibe, fällt mir noch manches ein – besonders Menschen, die bei uns im Haus verkehrten oder denen wir sonst Freund waren. Auch mit dem „Katholischen Waisenhilfsverein" waren wir auf das engste verbunden und machten seine großen Feste im Musikvereinssaal mit. Das hat auch bildend auf uns eingewirkt, weil wir dort schöne Reden und gute Musik gehört haben. So manches kann ich noch heute singen, was wir damals von den Waisenkindern gehört haben.

Wir hatten also eine ereignisreiche Kinderzeit, das hing mit dem Temperament und den vielen Beziehungen Vaters zusammen.

Es ist am Schluß für die Zukunft – was mich betrifft – gewiß am interessantesten, daß auch die Familie Truxa zu unseren Freunden gehörte, aus der meine Frau kommt.

Deo gratias für eine so reiche Kinderzeit, reich nicht an Geld und weltlichem Luxus, aber an bleibenden Eindrükken fürs ganze Leben, die doch zumeist gute waren.

Wenn es wahr ist, daß die Erziehung eines Menschen in ihren Grundzügen mit dem zehnten Lebensjahr so gut wie vollendet ist, dann haben wir eine gute Erziehung genossen, die bis heute nachwirkt.

# Claire Eugenie Mollik-Stransky

## *Wie die Erinnerungen vor meinen inneren Blicken auftauchen, so will ich von ihnen berichten*

Frau Claire Mollik wurde 1903 in Zürich geboren. Sie stammt aus einer großbürgerlichen Familie.

„Vater und Großvater meines Vaters waren böhmische Industrielle, Inhaber zweier Fabriken chemischer Produkte . . . Mein Vater verbrachte einen Teil seiner Kindheit in Brünn, später übersiedelte die Familie nach Wien. Meine Großeltern lebten auf breitem Fuß, Dienerehepaar, weiteres Personal, Hauslehrer jeder Kategorie, dies gehörte bei aller Bescheidenheit nach außen zum selbstverständlichen Stil. Schon der Großvater meines Vaters, mein Urgroßvater, 1800 geboren, reiste nur mit Diener. Mein Großvater, 1830 zur Welt gekommen, er verstarb längst vor der Jahrhundertwende, war ein ernster Mann von hoher Moral und Sittlichkeit, der sich in seinen Mußestunden vornehmlich mit wissenschaftlichen Studien befaßte und dessen Hauptinteresse der Physik galt."

Frau Molliks Großmutter väterlicherseits war eine von drei Töchtern eines Großkaufmanns in Wien. „Sie war eine überaus willensstarke Persönlichkeit mit geradezu männlich anmutenden Charakterzügen und für ein Mädchen ihrer Zeit sehr gebildet . . . Was meine Großmutter jedoch besonders auszeichnete, das war ein über alles gehendes, sich selbst nie schonendes Pflichtgefühl, dem sie bereit war, persönliche Neigungen, wenn notwendig, bedingungslos aufzuopfern."

Nach der Scheidung der Eltern blieben Frau Mollik-Stransky und ihr Bruder beim Vater und wurden von einer Gouvernante betreut.

Im Jahr 1945 heiratete Frau Mollik-Stransky den aus einer Offiziersfamilie stammenden Großhändler Gilbert Mollik. Dieser Ehe entstammt eine Tochter.

Frau Mollik schrieb ihre „Lebenserinnerungen“ (49 Seiten) im Jahr 1985. Der vorliegende, leicht gekürzte Abschnitt „Kindheit und frühe Erinnerungen“ umfaßt etwa zwei Drittel des Gesamtmanuskripts. – Seit 1968 ist Frau Mollik Witwe. Sie lebt in Wien.

Im „Barbier von Sevilla“ sagt Figaro zum Grafen Almaviva: „Vous vous êtes donné la peine de naître!“ Diese Tirade trifft auch auf mich zu. Ich wurde in den Glanz eines großbürgerlichen Hauses hineingeboren. Am 10. August 1903 kam ich in Zürich zur Welt. Mein Vater, zu dieser Zeit erst zweiunddreißig Jahre alt, war Direktor des „Schweizerischen Bankvereins“. Im Jahr 1905 übersiedelte er mit seiner Familie nach Wien, wo ihn eine noch höhere Stellung erwartete, nämlich die eines der drei Vorstandsdirektoren der Großbank „Niederösterreichische Eskompte-Gesellschaft“. Mit dieser Position war mein Vater einer der Wirtschaftskapitäne der österreichisch-ungarischen Monarchie geworden. Ich war das zweite Kind, welches der Ehe meines Vaters mit der hochbegabten, die allergrößten Leistungen versprechenden Violinvirtuosin Rosa Hochmann entstammte. Mein Bruder, George Franz Kyrill, nicht ganz drei Jahre älter als ich, war ein bezauberndes Kind, liebenswürdig und ausnehmend hübsch. Meine Eltern waren von Geburt aus Angehörige verschiedener Länder, aber nicht nur das, sie waren auch in durchaus divergierenden Verhältnissen aufgewachsen.

Meine Mutter wuchs als jüngstes von drei Kindern in einer Kleinstadt im südlichen Rußland auf. Sie war ein bildschönes Kind, dunkellockig und mit großen, verträumten Augen. Ihre außergewöhnliche Musikalität wurde entdeckt, als man eines Tages beobachtete, wie das sonst so lebhafte Kind, wenn es irgendwo Musik hörte, ganz still wurde und sich in einen Winkel des Zimmers, in welchem musiziert wurde, kauerte, um dort unbeweglich stundenlang der Musik zu lauschen. Es fand sich ein Lehrer, der Unterricht in der Geige erteilte, und sicherlich ging auch von ihm die Anregung aus, mit dem Kind nach Wien zu reisen, um es auf seine Begabung prüfen zu lassen und, falls diese für genügend groß erkannt würde, in Wien, der Musikmetropole, für seine musikalische Ausbildung Sorge zu tragen. Als meine Mutter das zehnte Lebensjahr erreicht hatte, packte ihre Mutter, so klein wie tatkräftig, die Koffer und fuhr mit den beiden Mädchen nach Wien. Vater und Sohn blieben zurück, der Sohn, um das Gymnasium, das er eben besuchte, zu vollenden.

Meiner Großmutter gelang es, in Wien eine Empfehlung an den damaligen ersten Geiger der Wiener Philharmoniker, Konzertmeister Professor Jakob Grün,[1]) zu erlangen, sie suchte ihn mit meiner Mutter auf, und diese spielte vor. Professor Grün war von der hervorragenden Musikalität meiner Mutter so beeindruckt, daß er sich sofort spontan bereit erklärte, sie zu unterrichten.

Ich glaube, daß die Lehrjahre meiner Mutter in Wien recht hart gewesen sein müssen. Sie litt an Heimweh, Mittel waren nicht in allzu reichem Maß vorhanden. Reiche Gönner nahmen sich des hochbegabten Kindes an, das bald die Lieblingsschülerin von Professor Grün geworden war. Neben dem Violinunterricht besuchte meine Mutter das Konservatorium, während ein junger Medizinstudent ihr den notwendigen Unterricht erteilte, da sie in keine öffentliche Schule ging.

---

1 Professor Jakob Grün, 1837–1916, Violinist, wurde 1868 zum Konzertmeister der Wiener Hofoper ernannt. 1877–1909 wirkte er als bedeutender Pädagoge am Konservatorium in Wien.

Soweit ich mich an Erzählungen erinnern kann, erfolgte das Debüt meiner Mutter in Form einer Mitwirkung bei einem Konzert einer berühmten Sängerin. In der großen Pause, während die berühmte Künstlerin sich auf den zweiten Teil ihres Konzertes vorbereitete, produzierte sich die kleine sechzehnjährige Debütantin mit einem Violinkonzert. Der Erfolg soll durchschlagend gewesen sein, das Debüt wurde zum Durchbruch! Meine Mutter gab dann eigene Konzerte, auch im Bösendorfersaal trat sie auf, und Johannes Brahms, der einmal einem ihrer Konzerte beiwohnte, soll nachher seine Tafelrunde beim Gause[1]) mit den Worten: „Reden wir von der Kleinen!" unterbrochen haben. Meine Mutter nahm, von Professor Grün beraten und geleitet sowie mit den richtigen Leuten in Kontakt gebracht, Tourneen, von deren Verlauf sie dem geliebten und hochverehrten Lehrer immer genaue briefliche Berichte erstattete. Viel von dem, was Professor Grün für sie getan hat, vergalt ihm meine Mutter später dadurch, daß sie für seine beiden Nichten, zwei alte Damen, die den Junggeselle gebliebenen Onkel bis zu seinem Tod rührend betreuten, lebenslang sorgte.

Leider trat zu Beginn der Laufbahn meiner Mutter als Violinvirtuosin, einer Laufbahn, die so vielversprechend und verheißungsvoll begonnen hatte, ein einschneidendes Ereignis privater Natur ein, das ihr ganzes Leben umwarf und an dem ihre Karriere zerbrach. Alles, was sich im Leben meiner Mutter dann in Zukunft begab, kann nur als Konsequenz jenes Ereignisses, als die Friedlosigkeit eines Menschen, der seine Bestimmung nicht erfüllte und daher zum Spielball seiner inneren Unruhe wurde, gedeutet werden.

Anläßlich einer Konzerttournee, die meine Mutter nach Rußland führte, lernte sie in St. Petersburg meinen

---

1 Das Lokal „Gause", an der Ecke Wollzeile / Dominikanerbastei gelegen, war ein gutbürgerliches Lokal, in dem man sehr gut essen konnte. Viele Künstler hatten dort ihren Stammtisch.

Vater kennen. Mein Vater war dort als Prokurist im Bankhaus Wawelberg tätig. Ein Jahr zuvor, als man ihn aus Berlin holte, machte man ihm bei der Vertragsunterzeichnung klar, daß er, da der russischen Sprache nicht mächtig, nicht mit einem leitenden Posten rechnen könne. Binnen Jahresfrist sprach mein Vater fließend russisch und wurde Einzelprokurist des Bankhauses!

1900 heirateten mein Vater und meine Mutter in Wien, in der evangelischen Kirche in der Dorotheergasse 18. Nach der Hochzeit kehrten sie wieder nach St. Petersburg zurück, wo auch ein Bruder meines Vaters mit seiner deutschen Frau, einer Gutsbesitzerstochter, lebte. In St. Petersburg wurde mein Bruder geboren, der in der Taufe die Namen George, Franz, Kyrill erhielt. Sein Taufschein ist ein interessantes Dokument, denn er ist auf der ersten Seite in russischer und erst auf der zweiten Seite in deutscher Sprache abgefaßt.

Als mein Bruder auf die Welt kam, wurde eine Amme für ihn engagiert. Das ging so vor sich: Man rief im zaristischen Ammeninstitut an, tat kund, daß man eine Amme brauche, und kurz darauf erschien die Amme, in Bäuerinnentracht und angetan mit dem malerischen „Kokoschnik", dem Frauenkopfputz. Meines Bruders Amme hieß Mascha, war eine hübsche, kräftige junge Frau, sehr intelligent, wiewohl des Lesens und Schreibens nicht mächtig.[1]) Sie pflegte das ihr anvertraute Baby mit großer Sorgfalt und, als meine Eltern Petersburg sechs Wochen nach meines Bruders Geburt verließen, da mein Vater an den Schweizerischen Bankverein nach Zürich verpflichtet worden war, machten sie Mascha das Angebot, mit ihnen nach Zürich zu kommen. Mascha war einverstanden. Sie blieb weit über ein Jahr in Zürich, aber dann wurde ihre Familie dringlich und verlangte kategorisch ihre Rückkehr. Unter Tränen schied Mascha, und mein Vater hielt den Kontakt mit ihr noch bis zum Ersten Weltkrieg

---

1 Siehe Abb. 9.

aufrecht. Er adressierte seine Briefe an den Bürgermeister von Maschas Heimatort, dieser ließ Mascha kommen, las ihr den Brief vor, Mascha sagte, was sie meinen Eltern gerne schreiben würde, und der Bürgermeister brachte dies zu Papier und sandte es als Maschas Antwortbrief an meine Eltern.

Und nun tritt die wichtigste Erscheinung in meines Bruders und meinem Kinderleben auf den Plan, unsere über alles geliebte, unvergessene und unvergeßliche Emma, die Hüterin und Behüterin unserer Kindheit, unsere Erzieherin! Nach Maschas Scheiden erwies es sich als notwendig, ein Kindermädchen für meinen damals anderthalbjährigen Bruder aufzunehmen.

Emmas ältere Schwester Melanie, die in einem Reisebüro in Zürich arbeitete, erfuhr durch eine Cousine – Kinderfräulein in einer meinen Eltern bekannten Familie –, daß bei uns ein Kindermädchen gesucht werde und brachte daraufhin ihre Schwester Emma in Vorschlag. Sie und Emma, damals siebzehn Jahre alt, waren in einem kleinen Ort im Großherzogtum Baden zu Hause. Ihr verstorbener Vater war Oberlehrer gewesen und hatte eine Witwe mit fünf Kindern zurückgelassen. Wiewohl die finanziellen Verhältnisse nach dem Tod des Ernährers nun recht beengt waren, trug Frau Schlosser doch Sorge für eine gute Erziehung ihrer Kinder. Einer der beiden Söhne wurde später auch Oberlehrer, der andere ging zur Marine nach Kiel, kam allerdings nie aus dem Mannschaftsstand heraus. Emma selbst war ein Jahr in einem Pensionat in der französischen Schweiz gewesen. Meine Eltern waren einverstanden, es mit Emma zu versuchen, und so traf am 9. Juni 1902 das blutjunge Mädchen bei uns ein.

Die Jahre gingen dahin, und es wurde klar, daß bald ein zweites Kind seinen Einzug halten werde. Am 10. August 1903 erblickte ich das Licht der Welt, und gleichzeitig mit mir zog auch die Kinderfrau Agathe ein. Nun begann ein strenger Wind zu wehen. Agathe, eine ältere Frau, war zwar ein Matador in ihrem Fach, entwickelte sich aber zu einem wahren Hausdrachen, der erbarmungslos sein grimmiges Szepter über allen schwang. Sie erließ Gebote und Verbote, die genau einzuhalten waren, und ihr oberstes Gebot war das strikte Verbot, ihr und des „Maitelis“ Zimmer unangemeldet und ohne ihre ausdrückliche Bewilligung zu betreten. Mit Argusaugen wachte Agathe über die Einhaltung der von ihr aufgestellten Regeln und schloß sich mit mir hermetisch von der übrigen Umwelt ab. Ich glaube, es dürfte die Folge dieses Regimes gewesen sein, daß ich, ich konnte schon etwas sprechen, zu meinen Eltern die liebenswürdigen Worte sagte: „Mag nit Mama, mag nit Papa!“ Maiteli gehörte eben ganz und gar Agathe![1])

Doch das Unheil nahte mit Riesenschritten. Eines Tages brach die gefürchtete Agathe zufällig gleichzeitig mit Emma auf, die meinen Bruder auf die Promenade führte, während Agathe mich im Kinderwagen vor sich hinschob. Da, o Schreck, im Hausflur entdeckte Agathe, daß sie ihr Portemonnaie in der Wohnung vergessen hatte. Was tun? Emma hinaufschicken, um das Portemonnaie zu holen, und beim Maiteli bleiben oder selbst hinaufgehen zum Portemonnaie und das Maiteli solange Emma übergeben? Es siegte letztlich der schnöde Mammon, Agathe überreichte das Maiteli Emma und eilte zum Portemonnaie. Und da soll sich ein wahres Wunder ereignet haben: Als Emma mich aus Agathes Umschlingung löste und an sich zog, da soll ich, das unfreundliche, unzugängliche, ablehnende Maiteli, Emma meine Arme weit entgegengestreckt haben! Von diesem denkwürdigen Augenblick an erwuchs meinem Bruder George in Emmas Herzen ein gefährlicher Konkurrent. Emmas geradezu unerschöpfliche Liebe ergoß sich nunmehr auch über mich, und so wurden Emma, mein Bruder und ich wirklich jenes „dreiblättrige Kleeblatt“, von dem mein Bruder an Emmas Mutter schrieb, als diese nach der

---

1 Siehe Abb. 10.

Trennung unserer Eltern forderte, daß Emma den nunmehr frauenlos gewordenen Haushalt verlassen und zu ihr zurückkehren solle. Heimlich setzte er sich hin, acht Jahre alt, und bat brieflich Emmas Mutter, sie möge doch erlauben, daß Emma bei uns bleibe. Er schrieb, daß Emma, er und seine Schwester Claire ein dreiblättriges Kleeblatt seien – zur Verdeutlichung zeichnete er ein solches Kleeblatt –, und er fügte hinzu, um die alte Frau besonders gnädig zu stimmen, daß Claire, seine Schwester, sich wünsche, sie zu besuchen und die Schweine zu füttern!

Dieser Brief wurde im Nachlaß der Frau Schlosser gefunden und uns von Emmas jüngster Schwester, die unverheiratet bei ihrer Mutter lebte, zugesandt. Jedenfalls erreichte er seinen vollen Zweck. Frau Schlosser dürfte über diesen Brief, über die Liebe zu Emma, die aus ihm hervorging, ebenso wie die große Angst von uns Kindern, Emma zu verlieren, so gerührt gewesen sein, daß sie von ihrem Gebot Abstand nahm und nicht mehr das Ausscheiden Emmas aus unserem Familienkreis forderte. Emma blieb bei uns. Sie hat uns erst am 23. März 1947 verlassen, da hat der Tod sie von uns fortgeholt, und gegen ihn sind wir machtlos gewesen. Professor Dr. V. O. Ludwig, ehemals Chorherr im Chorherrenstift Klosterneuburg, hielt die Grabrede, und er fand, als er Emmas Leben schilderte, die zutreffenden Worte: „Ihre Treue gehört in eine Chronik!"

Mein Bruder und ich – wir haben Emma wohl oft durch unsere kindlichen Unarten geärgert – waren nicht immer die braven Kinder, die wir hätten sein sollen. Emma hatte viel Geduld und Nachsicht, aber wenn unser Treiben ihr doch zu arg wurde, dann ging sie schweigend zu ihrem Kleiderkasten, öffnete ihn, tat, als ob sie ihre Sachen herausnähme, um zu packen, und sagte nur kurz: „Heute spreche ich noch mit dem Papa, ich gehe!" Und jedesmal – ich fürchte, daß Emma oft „gehen" mußte! – fielen mein Bruder und ich auf diesen Trick herein, standen und schauten angstvoll auf die ihren Auszug vorbereitende

Emma, wurden immer kleinlauter und kleinlauter, und dann liefen wir ganz verzweifelt zu ihr und flehten sie an: „Emmichen, Emmichen, bitte, bitte, geh nicht fort von uns, bleib bei uns, wir versprechen dir, daß wir auch ganz bestimmt wieder brav sein werden!" Und Emma ließ sich großmütig herbei, zu „bleiben".

Ich war ungefähr zwei Jahre alt, als mein Vater vom Schweizerischen Bankverein zur Niederösterreichischen Eskompte-Gesellschaft in Wien wechselte. Er hatte die Wahl zwischen St. Petersburg, London und Wien. Als er einmal gefragt wurde, warum er denn damals Wien den Vorzug gegeben habe, erwiderte er lächelnd: „Wegen meiner Mutter und wegen eines gewissen Franz Joseph!" Wie seine ganze Familie war auch mein Vater sehr kaisertreu und habsburgisch gesinnt.

Wenige Jahre nachdem wir nach Wien zurückgekommen waren, zerbrach die Ehe meiner Eltern. Während meine Mutter mich erwartete, war sie noch von Zürich aus nach Wien gefahren, um in einem – Sonntag vormittag stattfindenden – Philharmonischen Konzert aufzutreten, aber ihre künstlerische Laufbahn war unterbrochen – in Wahrheit zerbrochen. Trotz der Großzügigkeit meines Vaters fühlte sich meine Mutter gebunden, sie wurde unruhig und unzufrieden, haderte mit sich und der Umwelt und war in diesem zerrissenen Seelenzustand auch sicher meinem Vater nicht die Partnerin, die er gerade jetzt gebraucht hätte, um neben dem neuen Arbeitsgebiet auch die vielen, mit seiner Stellung verbundenen gesellschaftlichen Pflichten zu bewältigen. Ich entsinne mich im übrigen noch dunkel der „Jours" meiner Mutter, die sie bald nach der Übersiedlung nach Wien gab. War es ein Dienstag oder war es ein Donnerstag, das weiß ich nicht mehr, aber da empfing meine Mutter. „Heute hat die Mama ihren Jour", sagte Emma.

Meine Mutter wurde einfach mit sich nicht fertig, sie strebte aus den Fesseln, die ihr Ehe und Gesellschaft auferlegten. So faßte sie den Entschluß, uns zu verlassen, landete allerdings bald in einer zweiten Ehe mit einem reichen Bankier. Diese Ehe wurde dann vollends unglücklich. Die Seele meiner Mutter bestand aus vielen Widersprüchen, sie glich dem „Wanderer“ von Schubert, nur dort, wo sie nicht war, dort war für sie das Glück! Sie fühlte sich immer unverstanden und betrachtete ihr Leben als verfehlt. Meinem Bruder und mir war sie trotzdem eine zärtlich liebende, besorgte und vorzügliche Mutter. Mein Vater, edel denkend wie immer, legte meiner Mutter keinen einzigen Stein in den Weg. Sie konnte uns sehen, treffen, mit uns zusammensein, so oft sie es wollte und konnte, ja wir verreisten sogar mit ihr und Emma. Ich erinnere mich an einen Aufenthalt in Salzburg. Wir waren im Österreichischen Hof abgestiegen. Am Vorabend unserer Abreise nach Wien lag Mama auf dem Diwan ihres Zimmers und weinte. Verwundert fragte ich, warum Mama weine, Emma sagte mir, die Mama müsse sich vielleicht operieren lassen und habe Angst davor.

Als sich die Trennung meiner Eltern vorbereitete, war ich noch keine fünf Jahre alt. Trotzdem fühlte ich die Bedrücktheit dieser Wochen und Monate. Mama war immer erregt, und Emma sagte mir, sie leide an Schlaflosigkeit. Bald strebte alles seinem Kulminationspunkt zu. Meine Mutter steht im Schlafzimmer, verweint, und ist im Begriff, ihre Koffer zu packen. Ich bin vor ihr aufgepflanzt, ratlos, verschüchtert, und frage: „Mama, gehst du von uns weg? Ganz?“

Bis zu meinem zwölften Lebensjahr wußte ich nicht, daß meine Mutter wieder geheiratet hatte, man verheimlichte es mir, um mich seelisch nicht zu belasten. Irgendwie spürte ich jedoch, daß es ein Geheimnis gebe, doch scheute ich mich, Emma oder meinen Vater zu befragen, ich genierte mich. Es muß aber der neue Name meiner Mutter irgendwann einmal von jemandem in meiner Gegenwart erwähnt worden sein, denn ich beschloß, die Dinge auf eigene Faust zu erkunden. Eines Tages, als ich mich von Emma unbeobachtet fühlte, schlich ich ins Vorzimmer, nahm den Telephonapparat, der dort stand, stöpselte ihn im großen Salon, wo wir eine weitere

Telephonstelle besaßen, ein, suchte aus dem Telephonbuch die mir richtig erscheinende Telephonnummer heraus und rief diese an. Meinen ganzen Mut zusammennehmend, verlangte ich, die gnädige Frau zu sprechen, und im nächsten Augenblick hörte ich am anderen Ende die Stimme meiner Mutter. Ich legte den Hörer auf, jetzt wußte ich, sprach aber mit niemandem darüber.

Meine Schulpflicht begann. Ebenso wie mein Bruder erhielt auch ich die ersten Jahre Privatunterricht zu Hause. Am Ende eines jeden Schuljahres mußte ich an der Evangelischen Schule am Karlsplatz, in welcher mein Lehrer tätig war, eine Abschlußprüfung ablegen, um in die nächsthöhere Klasse aufsteigen zu können. Daneben lernten mein Bruder und ich auch Französisch, gingen in einen privat veranstalteten Kindertanzkurs beim Kopetzky in der Singerstraße und besuchten Rhythmische-Gymnastik-Stunden, die von einer Engländerin, Miß Furren, geleitet wurden. Ich weiß noch, daß wir im Takt Keulen zu schwingen hatten. Ich war fünf oder sechs Jahre alt, als beschlossen wurde, daß wir eislaufen lernen sollten. Mein Vater war ein sehr gewandter Eisläufer, überhaupt ein guter Sportler, da mein Großvater, seiner Zeit vorauseilend, sehr auf die körperliche Ertüchtigung seiner Kinder achtete. Vor allem aber war mein Vater ein vorzüglicher Reiter. Mehrmals in der Woche ritt er am Morgen in der Hofreitschule. Zuweilen durften wir ihn dorthin begleiten, und es machte mir einen gewaltigen Eindruck, wie mein Vater – vorschriftsgemäß – beim Einreiten in die Manege dem Gemälde Karls des VI. durch Lüften seines Hutes und Heben der Reitgerte seine Reverenz erwies. Viel später, als ich bereits erwachsen war und ein eigenes Reitpferd besaß, betraute mein Vater den damaligen Oberbereiter der Hofreitschule, Wenzel Zrust, mit meinem Unterricht.

Wir sollten also eislaufen lernen, vorher jedoch auf dem Trockenen in die Grundbewegungen der Eislaufkunst eingeführt werden. Zu diesem Zweck wurde zunächst auf Geheiß des Lehrers, der diesen Trockenkurs leitete, das große Kinderzimmer, das ich mit Emma bewohnte – während mein Bruder nebenan im kleinen Kinderzimmer allein schlief –, von allen Möbelstücken befreit, das Linoleum durfte bleiben. Dieser Lehrer war seines Zeichens Turnprofessor, und wir hatten ihn auch mit „Herr Professor" respektvoll anzureden. Wir mußten nun Schleifbewegungen simulieren, ich fürchte jedoch, daß diese Unterweisungen mehr dem Portemonnaie des Herrn Professors als unserer sportlichen Gewandtheit zugute kamen, denn, als es Winter wurde und wir nunmehr die erlernte Theorie in die Praxis umsetzen sollten und auf dem Wiener Eislaufverein unsere ersten Schritte machten beziehungsweise versuchten, da erwies es sich, daß der vorangegangene Unterricht zumindest bei mir völlig danebengegangen war.

Der Lehrer, der mich auf dem Eislaufverein sorglich führte, war ein gütiger alter Mann, sehr hoch von Wuchs, angetan mit Jacke und Pumphose, auf dem Kopf eine Kapitänskappe. Er hieß Leth und war der Cousin eines Gouverneurs der Postsparkasse, Ritter von Leth[1]) Er selbst hatte es allerdings nur zum bescheidenen Eislauflehrer gebracht.

Da mein Bruder und ich musikalisch waren, erhielten wir auch Klavierunterricht. Eine kleine Dame, blaß, kränklich, hinkend, da eines ihrer Beine kürzer war als das andere, wurde zu uns beordert, um uns in die Musik einzuführen. Geduldig erschien sie jede Woche zweimal und bemühte sich, uns Skalen und Cerny-Etüden schmackhaft zu machen. Ich liebte die langsamen, gefühlvollen Stücke, in die ich viel Ausdruck zu legen wußte, während die Technik der schnellen Passagen nie meine Stärke gewesen ist. Mein Vater spielte Klavier mit einem

1 Karl von Leth, 1861–1930, Bankfachmann, trat 1884 in den Staatsdienst in der Postsparkasse ein, wo er bald maßgeblichen Anteil an deren Ausgestaltung und Aufschwung hatte. Er führte verschiedene Reformen durch, darunter die Einführung des Scheckverkehrs bei den Postanstalten).

bemerkenswert weichen und schönen Anschlag, meist nach dem Gehör, und es war wunderbar, wenn er einfach phantasierte. Besonders Walzer verstand er mit geradezu hinreißendem Rhythmus wiederzugeben. Einmal war der älteste Bruder meines Vaters mit seiner Frau bei uns zu Besuch, mein Vater setzte sich ans Klavier, intonierte einen Walzer, und mein Onkel und meine Tante begannen zu dessen Klängen zu tanzen. Nachher sagte meine Tante: „Wenn der Felix Walzer spielt, dann geht einem das in die Füße!" Diese Tante, Tante Anna, war übrigens der erste tote Mensch, den ich gesehen habe. Sie starb 1910 an Brustkrebs, und Emma und ich gingen in die Alser-Kirche, wo sie aufgebahrt lag, um von ihr Abschied zu nehmen.

Einmal fragte mich mein Onkel Erwin, der meinem Klavierspiel eine Weile gelauscht hatte, woran ich denn beim Spielen dächte. Die überraschende Antwort lautete: „Ans Mittelalter!" Unter dem Mittelalter stellte ich mir nämlich etwas Unheimliches, Mysteriöses, ungemein Romantisches vor, und ich träumte, wäre ich der Kaiser, ich ließe einen Stadtteil ganz absperren, und innerhalb dieses Gevierts müßten alle Menschen in mittelalterlicher Tracht umherspazieren.

Überhaupt war ich ein eher nachdenkliches Kind. So stellte ich mir im Alter von etwa acht oder neun Jahren das Leben so vor: Zuerst wohnt man im Tempel der Kindheit, in ihm bleibt man bis zum zehnten Lebensjahr. Zwei Stufen führen aus diesem Tempel hinaus, die erste Stufe versinnbildlicht das elfte Lebensjahr, die zweite das zwölfte. Ist man diese beiden Stufen hinabgestiegen, dann steht man auf einer langen, langen Straße, das ist die Straße des Lebens, die man nun entlangwandern wird.

Jedes Jahr, wenn der Sommer nahte, wurden wir zum damals prominentesten Kinderarzt, Professor Knöchelmacher, geführt, der uns untersuchte und dann diagnostizierte, wohin die Sommerreise im Interesse unserer Gesundheit gehen solle: ob ins Gebirge oder ans Meer. Auch für das seelische Gedeihen hatte der Professor

Rezepte zu vergeben. Die auf mich bezogene Vorschrift, die meinem Vater quasi als Leitfaden für meine Erziehung diente, lautete „sanfte Behandlung“.

Ich mochte drei oder vier Jahre alt gewesen sein, als wir den Sommer in Grado zubrachten. Jede Woche unterzog sich mein Vater der nicht geringen Strapaz, uns in Grado zu besuchen. Er verließ am Samstagabend Wien – damals gab es ja noch keine englische Woche, und der Samstag war ein Arbeitstag wie jeder andere Wochentag –, reiste im Schlafwagen nach Triest, langte dort am Sonntagmorgen ein, von Triest ging es nach Grado, und noch am Sonntagabend trat mein Vater die Rückreise nach Wien an.

Zwei kleine Episoden sind mir von diesem Aufenthalt in Erinnerung geblieben. Gegen meinen Willen werde ich von Emma aus dem Meer geholt, zum Badezelt geführt und dort angezogen, aber kaum hat sich Emma für einen Augenblick umgedreht, als ich schon weglaufe und so wie ich bin, mit Kleidern und in Schuhen, neuerlich ins Meer gehe. Doch das Vergnügen dauert nicht lange, meine Mutter erscheint, packt mich energisch, zieht mich aus dem Wasser, und im Zelt erhalte ich ein paar wohlverdiente Pracker von ihrer festen Hand. – Wir waren in einer Pension abgestiegen, wieder finde ich mich für kurze Zeit unbeaufsichtigt, die Balkontür ist offen, unter dem Balkon stehen Bettelkinder, die laut ein Almosen verlangen. Ich habe natürlich nichts zur Hand, aber da auf dem Tisch liegen Wäschestücke, die soeben aus der Wäscherei zurückgebracht worden sind. Ich also geschwind zu dieser Wäsche, packe einige Stücke und werfe sie zu den Kindern hinunter, die sich lebhaft auf sie stürzen. Gerade als ich dieses muntere Spiel fortsetzen will, taucht Emma auf, entsetzt erblickt sie den fast leeren Tisch und mich wäscheschleudernd, hört die Kinder, die sich laut um jedes Stück balgen, und rasch ist sie unten, um den Kindern, die natürlich in alle Winde zerstieben, noch etwas von ihrer Beute abzujagen.

Die Jahre vergehen, es ist das Jahr 1908, in welchem die Annexion von Bosnien und der Herzegowina erfolgte.

Die bedrückte Stimmung meines Vaters ist mir in Erinnerung geblieben, allgemein wurde ja der Ausbruch eines Krieges befürchtet. Ohne daß ich verstanden hätte, was vorging, wurde auch mir äußerst ängstlich zumute, ich empfand eine unbestimmte Furcht, mein Vater war so ernst und verändert. Wie glücklich war ich, als die spürbare Nervosität meines Vaters eines Tages wieder der gewohnten Ruhe wich, es war mir, als sei irgendeine große Gefahr von mir abgewendet worden.

1908 war auch das Jahr, in welchem die Trennung meiner Eltern stattfand. Mein Vater mietete für diesen Sommer eine Villa in der stillen Hinterbrühl, in der Johannesgasse, in die meine Großmutter, Emma, mein Bruder und ich mit dem Personal hinauszogen. Jeden Abend kam mein Vater zu uns, am nächsten Morgen fuhr er wieder in die Stadt zurück. Mein Bruder und ich hatten unsere beiden Zwergpapageien, Inséparables genannt, mitgenommen, und wir amüsierten uns, die Vögel im Zimmer frei herumfliegen zu lassen, da sie sich dann allemal wieder brav in ihren Käfig begaben. Eines Tages vergaßen wir jedoch, vor diesem Spazierflug die Fenster zu schließen, und, husch, schon waren die Inséparables beim Fenster hinaus in den Nebengarten geflogen, wo sie sich auf einem hohen Baum häuslich niederließen. Kein Locken und kein Rufen konnte sie bewegen, zu uns zurückzukehren. Da tauchte auf einmal in diesem Nebengarten ein dunkelgelockter Herr mit langem schwarzem Schnurrbart auf, sah die Inséparables auf ihrem Ast sitzen, holte rasch eine Leiter, kletterte die Sprossen hinauf, erwischte mit einem geschickten Griff die überraschten Vögel und brachte sie uns unversehrt zurück. Später erfuhren wir, wer unser gütiger Helfer in der Not gewesen war: kein geringerer als der Bruder von Johann Strauß, Eduard Strauß, der Hofballmusikdirektor.

Sehr aufregend für uns Kinder waren die Diners und Herrenabende, die mein Vater gab. Die Herrenabende waren Spielabende, es wurde tarockiert, ein Spiel, in welchem mein Vater angeblich excellierte. Schon die

Vorbereitungen passionierten uns, das Decken der großen Tafel im Speisezimmer, wenn ein Diner stattfand, zu dem die Herren mit ihren Damen erschienen, an den Spielabenden das Richten der einzelnen Spieltische in den beiden Salons, das Bereitstellen der Tabletts, auf denen die Rauchsachen, in ihrer Mitte eine brennende Kerze, nach dem Souper dargeboten wurden, aber am meisten faszinierte uns die Geschäftigkeit in der Küche, deren Betreten uns allerdings untersagt war. Welche Köstlichkeiten wurden da fabriziert! Nach den damals geltenden Regeln mußte alles, was geboten wurde, im Haus selbst hergestellt sein. So hatten wir auch immer Herrschaftsköchinnen, wahre Künstlerinnen in ihrem Fach, die die feine Küche überlegen beherrschten und, was genauso wichtig war und in die Waagschale fiel, gefällig anzurichten wußten. Ihre Verantwortung war groß. Alles mußte perfekt zubereitet sein, die einzelnen Gänge ohne Zwischenpausen aufeinanderfolgen. Wehe, das Diner hätte nicht geklappt, oder es wäre gar eine Speise mißlungen! Nicht nur Ehre und Renommee der Köchin selbst standen auf dem Spiel, auch das Haus, in welchem solches passierte, wäre sofort von der Liste der gutgeführten Häuser gestrichen worden. Die Herrschaftsköchin war sich ihrer Bedeutung und Wichtigkeit bewußt, und der Umgang mit ihr war nicht immer leicht. Sie war eine verwöhnte Persönlichkeit mit großen Ansprüchen, und alle Rücksicht mußte ihr entgegengebracht werden. Natürlich verrichtete sie keine einzige der minderen Arbeiten in der Küche, dies wäre unter ihrem Rang und ihrer Würde als Herrschaftsköchin gewesen, auch die Zubereitung von Frühstück oder Jause gehörten keineswegs zu ihren Obliegenheiten. Ihre Tätigkeit war strikt auf Mittag- und Abendessen beschränkt, und nach Fertigstellung dieser Mahlzeiten verschwand sie und zog sich auf ihr Zimmer zurück. Anders war es natürlich, wenn Gäste, besonders bedeutende Gäste, erwartet wurden. Da hatte sie alle Hände voll zu tun und war meistens auch unansprechbar. Das Fleisch wurde immer telephonisch beim Neumayer am Hof bestellt und dann auch von ihm ins Haus geliefert, den Fisch kaufte man beim Watzel in der Teinfaltstraße, Obst ebenso wie Gemüse und Salat beim Lukas auf dem Hohen Markt.[1])

Wenn es große Gäste gab, wurden zum hauseigenen Personal immer noch geschulte Servierdiener gerufen. Diese Servierdiener waren ehemalige Herrschaftsdiener, die in der Niederösterreichischen Eskompte-Gesellschaft als Bankdiener arbeiteten und froh waren, sich in ihrer abendlichen Freizeit noch ein schönes Stück Geld dazuverdienen zu können. Neben der großzügigen Honorierung von seiten meines Vaters zählten ja auch noch die Trinkgelder der Gäste, die stets sehr reichlich ausfielen. Erfuhr Emma am nächsten Tag, daß die an Trinkgeldern vorliegende Summe nicht gleichmäßig durch die Anzahl des gesamten Personals teilbar war, so legte mein Vater immer noch dazu. Wir hatten unser Personal jahrzehntelang, das Extramädchen verließ uns aus Altersgründen, die Stubenmädchen nur, wenn sie sich verheirateten.

Wir hatten sehr zahlreiches Personal: Köchin, Stubenmädchen, Extramädchen, Diener, Bedienerin, eine Wäscherin für die kleine Wäsche und einen Stiefelputzer.

Die große Wäsche wurde nach Baden gegeben. Alle vier Wochen kam die Besitzerin der Wäscherei, Frau Schuh, mit ihrem Pferdewagen in die Stadt kutschiert, holte bei ihren Kunden die schmutzige Wäsche und lieferte die gewaschene Wäsche ab. Wir gaben die Wäsche nach Baden, weil sie dort luft- und sonnengetrocknet und verläßlich ohne die Beigabe des gewebezerstörenden Chlors gewaschen wurde.

An eine Bedienerin kann ich mich noch genau erinnern. Sie hieß Frau Cap und wohnte in der Paulusgasse. Frau Cap war eine schlechtaussehende, abgehärmte kleine

---

1 Die Fischhandlung „Watzel" war die erste Adresse, wenn man einen besonders guten Fisch kaufen wollte. Ebenso führte die Obsthandlung „Lukas" tadellose Ware und gehörte zu den besten Geschäften dieser Sparte.

Frau, die mehrere Kinder hatte. Die Sorge für die Familie oblag ihr, denn der Mann trug seinen Lohn, den er wöchentlich ausbezahlt bekam, gewöhnlich ins Wirtshaus. Frau Cap bekam, wenn sie bei uns arbeitete, immer noch reichlich Essen für sich und die Kinder mit, und einmal ging ich mit Emma zu ihr in die armselige Wohnung, um ihr Kleider und Lebensmittel zu bringen.

Jede Weihnacht mußten mein Bruder und ich dem St.-Anna-Kinderspital Spielsachen spenden. Mein Vater hielt streng darauf, daß wir nicht nur an uns, sondern auch an andere dachten.

Wenn am Abend ein Diner stattfand, wurde im Speisezimmer zunächst der Tisch ausgezogen, so daß vierundzwanzig Personen leicht Platz fanden. Mein Vater besaß einen exquisiten Geschmack, er hatte in hohem Maß Sinn und Verständnis für alles Schöne. So war das Tischgerät, das wir hatten, wirklich von erlesener Feinheit. Jedes Jahr reiste aus der Schweiz ein Kaufmann nach Wien, er hieß Armand Wixler, der die herrlichsten Schweizer Stickereien und Handarbeiten offerierte und stets im Hotel Erzherzog Karl in der Kärntner Straße abstieg. Sein Handelsgut war das Schönste an Tisch- und Leibwäsche, was auf diesem Sektor zu finden war. Herr Wixler suchte meinen Vater regelmäßig auf und präsentierte ihm die interessantesten Stücke aus seiner Kollektion. Er war ein gutaussehender Herr in den besten Jahren, hatte sehr elegante Manieren, und mein Vater lud ihn auch jedesmal zu Tisch ein.

Die Tischtücher und Servietten, die wir hatten, waren aus feinstem Damast, das Eßsilber französisch, dekoriert mit dem Louis-XVI.-Rand, das mein Vater wegen seiner Feinheit besonders liebte. Auch das Tafelservice war französischer Provenienz, die Gläser und die dazugehörigen Schalen und Tellerchen böhmisch, mit kleinen in Gold gehaltenen Initialen, dem Monogramm meines Vaters, die Schüsseln und Platten aus Silber, ebenfalls mit Louis-XVI.-Dekoration und mit dem verschlungenen

Monogramm meines Vaters graviert. Wenn mein Vater abends dann nach Hause kam und sich umgekleidet hatte, inspizierte er kurz alles und gab noch da und dort verschiedene Anordnungen. Welcher Wein zu den einzelnen Gängen gereicht werden sollte, bestimmte mein Vater, es waren immer französische und deutsche Weine. Die Tischblumen-Dekoration wurde im Blumengeschäft „Flora" auf dem Schottenring zusammengestellt, die Aufträge nahm die Chefin, Frau Zink, persönlich per Telefon entgegen, und die Arrangements wurden dann pünktlich geliefert.

An solchen Abenden warteten mein Bruder und ich im Kinderzimmer voller Spannung auf das, was für uns am interessantesten war, auf das Essen. Die vom Tisch abservierten Schüsseln und Platten, der Kaviar im Eisblock, die Eiscrêmes mit ihren Saucen – zur schwarzen Crème eine helle, zur hellen Crème eine dunkle Sauce –, alle die noch reichlich vorhandenen Reste der köstlichen Mahlzeit wurden nämlich zu uns hereingetragen, und wir durften uns an ihnen delektieren.

Wir waren, was das Essen anbelangt, in keiner Weise verwöhnt oder verzogen. Ein „Das esse ich nicht", „Das mag ich nicht" gab es nicht. „Einem gesunden Kind gibt man, ein krankes Kind fragt man", diese Devise meiner Großmutter galt auch bei uns. Jeden Samstagabend bekamen wir Würstel, unsere Leibspeise, vorgesetzt, und wir freuten uns schon die ganze Woche auf sie.

Hingegen wurde auf Benehmen, Sprechweise und Tischmanieren streng geachtet. Um zu verhindern, daß wir beim Essen die Ellbogen wegspreizten, wurden uns fallweise Bücher unter die Arme gelegt, die, wenn wir aßen, nicht zu Boden fallen durften. Häßliche Worte, vulgäre Ausdrücke, uns im übrigen völlig unbekannt, wären von meinem Vater nie geduldet worden. Wir hätten sie auch nicht von fremden Kinder lernen können, denn die Kinder, mit denen wir verkehren und spielen durften, waren streng selektiert und wuchsen genauso behütet auf wie wir. Ich erinnere mich nicht, je im Park mit unbekannten Kindern gesprochen oder gespielt zu haben. Als ich mit acht Jahren, da ich meinen Vater sehr darum gebeten hatte, in die Schule gehen zu dürfen, in die dritte Klasse des Pädagogiums in der Hegelgasse 14 eintrat, wurde ich in der Folge das eine oder andere Mal von einer Klassenkameradin zur Kinderjause eingeladen, durfte jedoch die Einladung immer dann erst annehmen, wenn mein Vater sich vorher genau informiert hatte, wer die Eltern des betreffenden Kindes waren und die Auskunft befriedigend ausfiel. So gütig mein Vater auch war, besaß er doch eine angeborene, natürliche Autorität, und nie wäre es uns eingefallen, ja, es wäre ganz und gar undenkbar gewesen, uns einer seiner Anordnungen zu widersetzen oder ihm gar eine kecke Antwort zu geben. Es herrschte immer eine gewisse Distanz zwischen ihm und uns, und wir glaubten an ihn! Unsere kindlichen Ungezogenheiten tobten wir Emma gegenüber aus, die uns aber doch immer wieder in die Hand bekam. Mein Bruder war viel leichter zu lenken als ich, Emma verstand es aber, mich stets dorthin zu bringen, wohin ich gebracht werden mußte.

Sehr streng auf äußere Formen hielt auch meine Großmutter. So wurde ich einmal von ihr ausdrücklich zur Ordnung gerufen, weil ich mich, als sie telephonierte, gemeldet hatte, nicht das Stubenmädchen, das hereinkommende Anrufe übernahm und meldete. Ich hatte mich in den Augen meiner Großmutter durchaus unschicklich verhalten. Sie führte auch eine sehr genaue Aufsicht über mich, wenn sie ein paar Sommerwochen mit uns verbrachte. Frauen, die, wiewohl verheiratet, sich gern hofieren ließen, erregten ihre größte Mißbilligung, über Kinder, die ihren Eltern nicht den gebührenden Respekt erwiesen oder gar in kameradschaftlichem Ton mit ihnen sprachen, konnte sie nur verwundert den Kopf schütteln. Ihren eigenen Kindern war verboten gewesen, bei Erkrankung des Vaters irgendwelchen Vergnügungen nachzugehen; war der Vater krank, hatten Kinder sich nicht zu unterhalten! Meine Großmutter war gegen jedermann sehr höflich, aber sie hielt immer Abstand, und richtig lachen habe ich sie eigentlich selten gehört.

Ich absolvierte die beiden ersten Klassen der Volksschule zu Hause und trat am Ende des Schuljahres zur Prüfung in der Evangelischen Schule an. Meiner Religionsprüfung nach der zweiten Klasse entsinne ich mich noch genau. Der Direktor der Schule, der diese Prüfung persönlich vornahm, thronte hinter seinem Schreibtisch, außer ihm waren noch mein Lehrer, Herr Erich Walloschke, sowie mein Vater anwesend. Ich trug ein blau-weiß gestreiftes Sommerkleidchen, und Emma hatte mir zum feierlichen Anlaß der Prüfung die Haare, die ich ansonsten in offenen Locken trug, in zwei strenge Zöpfe geflochten, die links und rechts aufgesteckt waren. Die Religionsprüfung ging anstandslos vonstatten. Fließend erzählte ich, wie mir aufgegeben worden war, den Einzug Jesu in Jerusalem; allein, als ich an die Stelle kam, da das Volk Jesus mit dem Ruf „Hosianna" begrüßt, da riß plötzlich der Faden, mir fiel das schwere Wort „Hosianna" nicht ein. „Und sie riefen?" bemühte sich der Direktor, mir zu helfen. Keine Antwort. Noch einmal der Direktor, jetzt schon etwas ungeduldig: „Und sie riefen?" Neuerliches Schweigen. „Und sie riefen Hosianna!" sagte der Direktor streng. Sehr schuldbewußt schaute ich ihn an: „Verzeihen Sie, Herr Direktor" sagte ich, „aber ich kann mir alle diese jüdischen Ausdrücke wirklich nicht merken!" Trotz des so kläglich verlaufenen Einzugs bekam ich aber doch einen Einser.

Im Mädchengymnasium in der Rahlgasse war dann der spätere Senior Erich Stökl, damals noch schlichter Pfarrer, mein Religionsprofessor. Ich fürchtete mich immer ein wenig vor ihm, da er recht ironisch sein konnte, aber sein Vortrag war überaus einprägsam. Wir mußten fleißig lernen, vor allem eine Reihe von Gleichnissen auswendig hersagen können. Wenn ich meine Schulbibel aufschlage, so sehe ich noch neben vielen Gleichnissen den Vermerk „auswendig" in meiner Kinderschrift geschrieben.

Ich ging sehr gern zur Schule und war eine gute, pflichteifrige und sehr ehrgeizige Schülerin. Meine erste Lehrerin im Pädagogium war ein Fräulein Maria Frank, groß, blond und hübsch, aber sie konnte sehr ungerecht sein, machte gewaltige Unterschiede zwischen ihren Schülerinnen. Ohne Zweifel bevorzugte sie sichtlich die Kinder aus den sogenannten guten Häusern, während sie besonders ein armes kleines, etwas mißgestaltetes Mädchen, es hieß Selitsch und war die Tochter eines bescheidenen Gastwirts, geradezu verfolgte. Nie gönnte sie diesem Kind ein gutes Wort, stets war es die Zielscheibe ihres Tadels und ihres Spottes. Das genaue Gegenteil von Fräulein Frank war die Lehrerin, die ich in der vierten Klasse hatte, das Fräulein Wunsch, eine feine, vornehme, ältere Dame. Ebenso wie ich die Ungerechtigkeiten des Fräulein Frank nicht vergessen kann, weil sie mich richtig empörten, mir geradezu weh taten, ebenso ist mir ein Ausspruch des Fräulein Wunsch im Gedächtnis geblieben. Wir hatten eine Mitschülerin, die sich ein „von“ vor ihren Namen setzen durfte, auf das sie ungeheuer stolz war. Eines Tages prunkte sie wieder mit ihrem „von“, und zufällig wurde Fräulein Wunsch Zeugin dieses Gesprächs. Ganz ruhig sagte sie: „Den Adel, mein Kind, trägt man im Herzen und nicht im Namen!“

Ich wollte nie, daß Emma mich mit dem Wagen direkt von der Schule abhole, sondern bat mir aus, daß der Chauffeur in einer der stillen Nebengassen unauffällig auf Emma und mich warten möge. In meiner Klasse gab es ja auch ärmere Kinder, und es wäre mir peinlich gewesen, mit dem Luxus eines Autos vor ihnen zu paradieren.

Mein Vater legte überhaupt großen Wert auf eine Erziehung zur Bescheidenheit. Wir wurden zwar von unserem Personal mit „Sie“ angesprochen, ich von meinem zehnten Lebensjahr an mit „Fräulein“, aber aufspielen hätten wir uns nie dürfen, so etwas hätte mein Vater keineswegs geduldet. Bei uns ist auch nie der Ausdruck „Dienstbote“ gefallen, es hieß immer „unsere Leute“.

Bezeichnend für all dies ist eine kleine Episode, die sich auf dem Semmering im Südbahnhotel zutrug. Ich mag damals so elf Jahre alt gewesen sein. Unser Tisch wurde im Speisesaal vom Oberkellner Franz betreut, einem verheirateten Mann, der zwei oder drei Kinder hatte. Mein Vater rief ihn kurz „Franz". Einmal wagte auch ich, Franz „Franz" zu nennen, da wurde ich von meiner Großmutter ganz streng zur Ordnung gerufen. „Für dich, mein Kind", sagte sie, „ist das nicht der ‚Franz', sondern der ‚Herr Franz'!"

Als halbwüchsiges Mädchen nahm ich an von privater Seite veranstalteten Tanzkursen teil. So gab es denn auch Einladungen zu Tanztees, zu denen ich von Emma gebracht wurde, doch wurde ich immer schon zeitig abgeholt, da mein Vater es unpassend fand, daß ein so junges Mädchen spät nach Hause komme. Ich habe mich durch diese Beschränkungen nie belastet gefühlt, sie erschienen mir als eine Selbstverständlichkeit, und nicht einmal im Traum wäre es mir eingefallen, gegen eine Sitte zu rebellieren, die genau bestimmte, was sich für ein junges Mädchen schickte. Dazu muß ich erwähnen, daß ich von meinem Vater seit frühester Jugend immer so behandelt worden war, als sähe er in mir bereits die zukünftige Dame. Lautes, heftiges oder gar grobes Reden habe ich zu Hause nie gehört; mein Vater hätte es nie erlaubt, für ihn war das ein Kasernenton, und ein solcher war bei uns unter keinen Umständen zugelassen.

Mein Vater war sehr kunstverständig, liebte Bilder und besaß eine ansehnliche Sammlung von österreichischen Malern wie Waldmüller, Gauermann, Ranftl, Danhauser, Lampi, Kaulbach, Rahl, Anton Müller, Gisela, Hörmann, Pettenkofen, Schindler, Russ, van Haanen, Jettel, Darnaut, Isidor Kaufmann, Jakob Alt, Rudolf von Alt, Charlemont und anderen, auch ein Bild von Dominichino oder aus der Schule Dominichinos war darunter. Oft kamen Leute, zuweilen auch Fremde, um diese kleine Gemäldegalerie, die auf drei Zimmer aufgeteilt war, zu besichtigen.

Mein Vater kannte überhaupt Persönlichkeiten aus den verschiedensten Gesellschaftsschichten. So waren manchmal die Hofburgschauspieler Reimers und Thimig mit ihren Frauen bei ihm zu Gast. Auch mit Frau Schratt war mein Vater bekannt, und er besuchte sie des öfteren. Anekdoten und Witze erzählen war eine besondere Gabe von ihm, und so ersuchte Frau Schratt ihn oft: „Bitt' Sie, lieber Direktor, erzählen's mir was, damit ich's dem Kaiser erzählen kann!" Ich selbst wurde Frau Schratt, ich war bereits ein junges Mädchen, vorgestellt, es war bei einem Frühstück, zu dem ich mit meinem Vater eingeladen worden war.

Als mein Vater mit dem Eisernen-Kronen-Orden III. Klasse ausgezeichnet wurde, meldete er sich vorschriftsmäßig zur Dankaudienz. Bei der tiefen Verehrung, welche der Kaiser in unserer Familie genoß, bedeutete es für meinen Vater ein ganz großes Erlebnis, seinem Herrscher Auge in Auge gegenüberstehen zu dürfen. Die Erhebung in den Adelsstand, die mit dem Erhalt dieses Ordens ursprünglich verbunden gewesen war, erfolgte schon seit Jahrzehnten nicht mehr, unabhängig davon war mein Vater jedoch zur Nobilitierung vorgeschlagen worden. Infolge des Umsturzes kam es dann nicht mehr dazu.

Damals existierte in Wien auch eine größere griechische Kolonie, in der mein Vater viel verkehrte, die Galatti, Metaxa, Petrococchino und wie sie alle hießen; und von Herrn von Metaxa habe ich einmal ein Kettchen mit reizendem Anhänger als Geschenk erhalten.

Zu den Freunden meines Vaters zählte auch der Gouverneur der österreichisch-ungarischen Bank, Herr von Popovic. Herr von Popovic sah mich einmal und trat dann an meinen Vater mit dem Vorschlag heran, er möge erlauben, daß mein Bild auf Banknoten, die damals neu herauskommen sollten, gedruckt werde. Mein Vater lehnte ab, da er, wie er sagte, nicht wolle, daß das Bild seiner Tochter durch alle Hände gehe.

Dagegen wurde ich zu dieser Zeit portraitiert. Der Herr, der mich zu malen wünschte, war ein ehemaliger, sich bereits im Ruhestand befindlicher Bankdirektor, Herr Carl Bunzl, ein sehr talentierter und überaus begeisterter Amateurmaler. Sein Bruder Gustav hatte mich gesehen und fragte meinen Vater, ob Carl mich nicht malen dürfe. Diesmal hatte mein Vater nichts dagegen, und so begaben wir uns an einem Sonntagvormittag, es war im tiefen Winter, in die Wohnung des Herrn Carl Bunzl in die Reichsratstraße. Ich trug einen dunkelgrünen Mantel, hatte eine dazugehörige Kappe auf und fühlte mich recht befangen, denn ich wußte, jetzt sollte ich begutachtet werden. Nach einer Weile hörte ich meinen Vater Herrn Bunzl leise fragen: „Nun, wie gefällt Ihnen meine Kleine?“ – „Ein sehr interessantes Gesicht!“ war die Antwort.

Die Würfel waren also gefallen. Zweimal in der Woche fuhr ich mit Emma in die Reichsratstraße zur Sitzung. Um ins Atelier zu gelangen, mußte man einen düsteren, schmalen Vorraum passieren, der mit allerhand Gerümpel angefüllt war und dessen einziges Fenster unter einer dicken Portière kaum Licht durchließ. Auf einem Diwan lag eine Holzpuppe mit kahlem Schädel und langen Gliedern. Ich fürchtete mich schrecklich vor dieser Puppe, überhaupt erschien mir alles so unheimlich in diesem Vorraum, daß ich ihn um nichts in der Welt allein betreten hätte.

Als bedeutsames Ereignis meiner Kinderzeit sind die Musikfestwochen im Jahr 1911 zu erwähnen. Mein Vater war an deren Organisation maßgeblich beteiligt. Eines Abends durften wir ins Theater an der Wien, in welchem der „Verschwender“ zur Aufführung gelangte. Den Valentin spielte Girardi, die Rosl Hansi Niese, den Flottwell Georg Reimers, die Fee Christiane Lotte Kodelsky, den bösen Kammerdiener Wolf Albert Heine. Deutlich habe ich noch Georg Reimers vor Augen, wie er – vom Zuschauer aus links – in der Waldkulisse sitzt, und höre, wie er zur Fee Christiane, die ihm als Bauernmädchen verkleidet entgegentritt, die Worte spricht: „Heitern Tag, mein teures Mädchen!“

Die erste Oper, die ich erlebte, war „Iphigenie in Aulis" mit der Mildenburg als Klytämnestra und Selma Kurz als Iphigenie, mein erstes Theaterstück „König Ottokars Glück und Ende", eine Nachmittagsvorstellung mit Viktor Kutschera als Rudolf von Habsburg. Die erste Burgtheatervorstellung, zu der ich geführt wurde, war „Der Traum ein Leben" mit Gerasch als Rustan, Heine als Zanga, Tressler als Mann vom Berge und der Wohlgemut als Gülnare.

Aber unvergeßlich ist mir auch der Parsifal geblieben, der 1913 neu in das Repertoire aufgenommen wurde. Nicht, daß ich in der Oper gewesen wäre, das war ich nicht, sondern weil mein Vater sich so oft umkleidete: Die Aufführung begann um vier Uhr nachmittags, da hatte mein Vater einen dunklen Anzug an, in der ersten großen Pause kam er nach Hause geeilt und legte den Gehrock an. Und in der zweiten großen Pause erschien mein Vater wieder und warf sich in den Frack!

Im Jahr 1914 verbrachten wir die ersten Sommerwochen in San Martino di Castrozza. Wir reisten sehr feudal, mit Diener und Chauffeur. Auf einem unserer Spaziergänge begegnete uns eines Tages eine hochgewachsene, sehr schlanke Dame mit Hut und Gesichtsschleier, von einer zweiten Dame begleitet, die sich einige Schritte hinter ihr hielt. Als wir vorbeigingen, hörte ich, wie die Dame zu ihrer Begleiterin sagte: „Ein hübsches Kind!" womit ich gemeint war. Später erfuhren wir, daß die Dame die Gräfin Trani, die jüngste Schwester der Kaiserin Elisabeth, gewesen war.

In unsere Sommeridylle platzte das Ultimatum an Serbien. Unverzüglich brachen wir unsere Zelte in San Martino ab und kehrten im Eiltempo nach Wien zurück. Todmüde nach der langen Fahrt trafen wir spätabends auf dem Semmering ein, wo mein Vater meinem Bruder und mir zuliebe, die wir wirklich ganz erschöpft waren, Station machte. Wir übernachteten im Hotel Erzherzog Johann, und es war ein herrliches Gefühl, als ich endlich, von Emma sorglich zu Bett gebracht, meine Glieder ausstrecken und schlafen konnte.

In Wien erwartete uns eine unbeschreibliche Erregung. Unsere Wohnung lag in unmittelbarer Nachbarschaft des Kriegsministeriums, und Tag für Tag und Nacht für Nacht rotteten sich dort Menschenmassen zusammen und brüllten begeistert Kriegsparolen. So verließen wir Wien und übersiedelten nach Baden, in den Herzoghof. Meine Großmutter, die Baden sehr liebte, kam mit uns, und mein Vater fuhr jeden zweiten Abend nach Baden, am nächsten Morgen wieder zurück nach Wien.

Wir litten während der letzten Kriegstage wohl keinen Hunger, aber wir lernten das bröcklige Maisbrot und die Wrucken kennen. Hie und da gelang es meinem Vater, weißes Mehl aufzutreiben, und dann buk uns unsere brave Pepi herrliche Salzstangerln, die wir mit Genuß verzehrten. Auch der Maisgriesbrei, den sie als Dessert zubereitete, schmeckte uns ganz vorzüglich.

Meine Kinderzeit war, soweit sie die Gymnasialzeit umfaßte, durch eine unmäßige, unsägliche und quälende Schularbeitenangst überschattet. War es Mangel an Selbstvertrauen, Furcht, die Probe nicht zu bestehen, überspitzter Ehrgeiz, war es das angstvolle Bewußtsein, ganz auf mich allein gestellt zu sein, war es Konkurrenzdruck, dem ich fürchtete, nicht standhalten zu können – was immer es gewesen sein mochte, ich war vor jeder Schularbeit so verschreckt, so aufgeregt, daß sogar meine körperliche Entwicklung unter diesen Zuständen litt, ich fand keinen Schlaf, mein Magen revoltierte, ich war ein einziges Häuferl Unglück.

Endlich hatte mein Vater diese Aufregungen, die die ganze Familie belasteten, gründlich satt, und, da ich ja unheilbar schien, entschloß er sich, mich aus dem Mädchengymnasium in der Rahlgasse herauszunehmen und als Privatistin in die vierte Klasse des Akademischen Gymnasiums einschreiben zu lassen. Am Ende dieses Schuljahres legte ich eine Prüfung ab, und ich sehe mich noch, wie ich vor der Chemieprüfung mit Emma auf einer Bank im Beethovenpark sitze und Formeln wiederhole.

Nun, da meine Schulpflicht mit all ihren Schularbeiten und Prüfungsschrecknissen zu meiner grenzenlosen Erleichterung hinter mir lag, begann ich, von meinem Trauma endgültig befreit, meine eigentliche Studienzeit.

Wenn ich nun auf mein Leben zurückblicke, es betrachte mit seinem mancherlei Auf und Ab, bisweilen von harten, einstmals von einem tragischen Schlag getroffen, so muß ich dennoch abschließend die Worte der Bibel sagen:

„Und Gott sah alles, was Er gemacht hatte, und siehe da, es war sehr gut."

# Lorle Schinnerer-Kamler

## *Liebe war um uns, Toleranz – und über allem der Glaube an Gott*

Frau Schinnerer-Kamler, am 25. September 1906 in Konstantinopel geboren, stammt aus einer „internationalen" Familie.

Der Großvater ihrer Mutter, Sir John Nelson Abbott, Mitglied einer alten englischen Familie, war in die Levante ausgewandert und lebte als vermögender Großkaufmann in Saloniki. Seine griechische Frau Helene, geborene Gheorgiu, starb bei der Geburt der Tochter Olympia am 7. Jänner 1851. Nach einer ausgezeichneten Ausbildung in Athen und in der Schweiz lernte Olympia in Saloniki den deutschen Ingenieur Carl Büchelen kennen, den sie bald darauf heiratete. Das Ehepaar ließ sich in Wien nieder, wo auch Frau Schinnerer-Kamlers Mutter Gisela (30. November 1877 bis 25. Februar 1959) aufwuchs. Nach Abschluß der Schulausbildung legte Gisela Büchelen die Staatsprüfung für Klavier am Konservatorium in Wien mit „sehr gut" ab. Sie war später auch als Mitarbeiterin bei verschiedenen Zeitungen schriftstellerisch tätig und engagierte sich in karitativen Vereinen.

Frau Schinnerer-Kamlers Großvater väterlicherseits, Heinrich von Kamler (12. Juli 1836 bis 29. Dezember 1918), aus einer österreichischen Familie stammend, wurde nach langjähriger Erfahrung 1881 zum Vorstand der Post- und Telegraphendirektion für Österreich unter der Enns ernannt. Unter seiner Leitung erfolgte eine grundlegende technische Modernisierung des Post- und Telegraphenwesens in Wien und Niederösterreich. Als Träger vielfacher Auszeichnungen und Ehrungen wurde er 1879 nobilitiert.

Sein Sohn, Dr. jur. Heinrich von Kamler (16. Dezember 1864 bis 16. Februar 1950), der am 21. Oktober 1900 Gisela Büchelen heiratete, wurde nach langjähriger Tätigkeit bei der Militär-Post- und Telegraphendirektion 1903 zum Oberpostdirektor beim Botschaftspostamt in Konstantinopel ernannt. 1907 wurde er Hofrat und war der letzte Leiter der „Levante-Post“, da die Türken ab 1915 ihre Postämter in eigene Verwaltung übernahmen. 1916 wurde er als Postpräsident an die Post- und Telegraphendirektion nach Triest ernannt. Mit dem Zusammenbruch der österreichischen Monarchie ging er in Pension.

Lorle von Kamler besuchte nach ihrer Schulausbildung in Konstantinopel (Österreichisches St.-Georg-Kolleg), Triest und Graz die Schauspielschule in Graz. Bis zu ihrer Verehelichung mit dem Schauspieler Erich Strömer war sie in Prag, München und Graz engagiert. Dezember 1934 starb Erich Strömer an einer septischen Angina. Lorle Strömer wurde Sekretärin und Managerin der Staatsschauspielerin Hilde Weißner, dann Prokuristin im „Archiv für Wirtschaftsgeschichte GmbH.“ in Berlin und heiratete 1937 Dr. Erich Schinnerer, Dozent für deutsches und ausländisches Straf- und Strafprozeßrecht an der Universität Berlin. 1939 wurde dieser als Professor an die Deutsche Karls-Universität nach Prag berufen, 1943 zum Militär eingezogen, 1944 kam er in russische Kriegsgefangenschaft. Im August 1944 flüchtete Frau Schinnerer mit ihren inzwischen geborenen zwei Kindern, Helga und Klaus, nach Sachsen. Sie arbeitete dort bei Bauern sowie unter der russischen Besatzung in einer Fabrik, um sich ihren Lebensunterhalt zu verdienen. 1946 konnte sie nach Wien in ihr Elternhaus repatriieren. Sie war wieder gezwungen zu verdienen. Da sich keine andere Möglichkeit bot, wurde sie die Mitarbeiterin und Sekretärin des Kunst-Schriftstellers Dr. Franz Servaes und schrieb nach seinem Tod für verschiedenste Zeitungen und Zeitschriften.

1950 kehrte ihr Mann aus der russischen Kriegsgefangenschaft zurück.

„1951 begann mein Mann, ordentlicher Universitätsprofessor Dr. Erich Schinnerer, mit seiner neuen Karriere, und Schritt für Schritt zog ich mich mehr und mehr ins Privat- und Familienleben zurück."

Trotz dieses Rückzuges ins Privatleben hatte Frau Schinnerer-Kamler vom 1. April 1954 bis 29. Februar 1972 bei der Firma Humanic ein eigenes Ressort und Budget für die Werbung („Lorle-Werbung") inne. Außerdem gründete sie für die Firma das erste Schuhmuseum in Österreich, welches sich im Haupthaus der Firma in Graz befindet. Sie sammelte mehr als eintausend Objekte „Schuhe aus aller Welt und aus allen Zeiten" sowie einschlägiges Schrifttum. – 1963 erschien ihre Biographie über die bekannte Burgschauspielerin Maria Eis.

Frau Schinnerer-Kamler lebt mit ihrem Mann in Wien.

„Zwei Kinder, zwei Schwiegerkinder und fünf Enkeln erfüllen mein Leben vollkommen, und ich fühle mich in unserem ‚Familientheater' als ‚unkündbar' glücklich!"

„Mein Leben? Ich möchte es nicht noch einmal leben." Diese Worte sprach eine zu ihrer Zeit sehr bedeutende Schauspielerin, deren Biographie ich vor Jahrzehnten schrieb.[1]) Nachdenklich sprach sie, die Worte kamen nach Pausen einzeln von ihren Lippen.

Ich kann dieses Bekenntnis nicht vergessen. Oft, in guten wie in schweren Zeiten, frug ich mich: „Und du? Würdest du dein Leben noch einmal leben wollen?" Ich fand – und finde keine Antwort.

Ein Nein erscheint mir lieblos und undankbar jenen gegenüber, die mich liebten, mir Gutes taten. Meinen Eltern, meinen beiden Männern, meinen Kindern, Enkeln, Freunden, ja auch Fremden, die wie „Boten Gottes" mir plötzlich halfen, als im Krieg die Not am größten war ... Aber ein Ja? Ich wage dieses nicht unbedingt auszurufen. Würde ich wirklich noch einmal wissend die Kraft haben, alle diese Stationen zu durchwandern? Ich

1 Lorle Schinnerer-Kamler, Maria Eis. Die schöpferische Vielfalt einer großen Schauspielerin, Graz 1961.

weiß es nicht – ich überlasse es dem Leser, wenn es einen geben sollte, eine Antwort zu finden. Ich war jedenfalls bereit, meinen Weg zu gehen, und bin jetzt bereit, ihn zu vollenden.

Ich schreibe meine Erinnerungen nicht deshalb, weil es modern ist, dies zu tun. „Alle Welt“ schreibt Autobiographien, oder über „Alle“ wird geschrieben. Ich schreibe sie, weil „etwas“ mich dazu drängt und weil solche „Stimmen“ in meinem Leben immer einen Sinn hatten. Ich tue es auch bewußt meiner Kinder und Kindeskinder wegen. Denn als ich die Erinnerungen meines Schwiegervaters las und diese mit unendlicher Mühe aus der Kurrentschrift in die Maschinschrift übertrug oder übertragen ließ, merkte ich an dem Echo meiner Tochter und unserer wenigen Verwandten, die wir noch haben, wie sinnvoll diese Arbeit war.

Denn das Vergangene ist nicht „vergangen“, sondern es lebt unbewußt – vielleicht eher als bewußt – in uns weiter. Es leitet, es formt, es prägt uns.

Mein Vater, Dr. Heinrich Ritter von Kamler, wurde im Jahr 1903 vom k.k. Handelsministerium in Wien als Oberpostdirektor und Vorstand des Botschaftspostamtes in Konstantinopel – jetzt Istanbul – ernannt und wurde Chef der „Levante-Post“. Er übersiedelte mit Mama und meinem Bruder Bernhard, geboren 1902 in Wien, in die Türkei. 1907 wurde ihm mit „allerhöchster Entscheidung“ der Titel und Charakter eines Hofrates verliehen.

Einen größeren Unterschied zwischen dem Leben eines österreichischen Beamten im kaiserlichen Wien am Anfang dieses Jahrhunderts und dem Leben im Konstantinopel Abdul Hamids kann man sich kaum vorstellen. Als Rüstzeug brachten meine Eltern ihre Bildung, ihre zahlreichen Sprachkenntnisse und ihren guten Willen mit. Papa konnte Englisch, Französisch, Italienisch, etwas Kroatisch. Er lernte bald soviel Türkisch und Griechisch, um seinem Dragoman, der ihm zugeteilt war, selbst folgen zu können. Außerdem besaß Papa ein ererbtes Pflichtgefühl und eine unermüdliche Arbeitsfreude. Er war ein guter Organisator, er überdachte alles, kümmerte sich um die verschiedensten Belange und sorgte dafür, daß alles klaglos funktionierte. So „kaisertreu" mein Vater auch war, im Umgang mit den Menschen war er ein wahrer Demokrat. Er „herrschte" in seiner ruhigen, menschlichen Art eigentlich nur durch das Vorbild, das er gab. Seine Befehle und Anordnungen waren so gehalten, daß sie von der Mehrheit ohne weiteres akzeptiert wurden. Wer ein guter Arbeiter ist, der zieht gute Arbeiter auf, und die anderen wurden abgesondert oder glichen sich mit der Zeit an. Er besaß auch ein ausgesprochenes Talent zur Menschenbehandlung und erkannte bald den Unterschied des türkischen Volkscharakters gegenüber dem unsrigen. Der Türke kannte, wenigstens damals, keine Eile. Hast ist etwas „Unanständiges und Unwürdiges, Geduld ist Tugend", die sie im höchsten Maße schätzten und am meisten übten. Diese ungeheure Geduld mußten vor allem die Diplomaten erlernen, wenn sie bei den Türken mit Erfolg tätig sein wollten. Diese Geduld erlernte mein Vater sehr rasch, ja sie kam seinem Wesen entgegen.

Die Mutter meiner Mutter war die Tochter eines Engländers und einer Griechin, in Saloniki geboren und dort aufgewachsen. Sie heiratete einen deutschen Ingenieur und zog mit ihm nach Wien. Hier wuchs meine Mutter drei-, vielmehr viersprachig auf. Denn zu Deutsch lernte sie selbstverständlich Englisch und Griechisch, das ihre Mutter mit ihren Töchtern immer sprach, und Französisch, wie es damals in diesen Kreisen üblich war. Dieser Sprachschatz kam Mama in Konstantinopel sehr zugute – vor allem, daß sie griechisch wie eine Griechin sprach. Denn trotz des Urhasses der Griechen gegen die Türken, die sie vor mehr als fünfhundert Jahren überwältigten und ihnen ihre geliebte „Polis", Konstantinopel, raubten, war das griechische Element sehr stark vertreten, und Menschen jeglicher Schichten lebten – dem äußeren Bild nach – recht gut zusammen. Von den griechischen Inseln holte sich Mama regelmäßig ihre Köchinnen und Stubenmädchen, die sie auch zu Kindermädchen erzog.

Zum Unterschied von vielen anderen Familien, die in einem gemieteten Haus wohnten, wählten meine Eltern in „Péra", jetzt Beyoğlu, dem damaligen Botschaftsviertel, eine große, sehr geräumige Wohnung, in der „Grande Rue de Péra", jetzt Istiklâl Caddesi. Das Haus hieß „Camondohan 21".[1]) Dort kam ich am 25. September 1906 zur Welt, nicht in einer Klinik, sondern, wie es damals Sitte war, im Bett meiner Mutter.

Auf Mamas Wunsch bekam ich als Erinnerung an das Land, das sie lieben lernte, bei der Taufe einen zweiten Namen, den türkischen: Hatice.

Die Frage, die jedes Kind stellt: „Mutti, wie war es, als ich auf die Welt kam?", beantwortete meine Mutter mit einer wunderbaren Geschichte. Ich wäre sehr zart und klein gewesen, hätte mich kühl angefühlt, so daß der Arzt und die Pflegerin mich in Watte gepackt und in ihre Arme gelegt hätten. Sie sollte mich noch wärmen und der Übergang aus der Geborgenheit in ihr sich erst langsam vollziehen. Heute würde man dies als den Anfang einer „sanften Geburt" bezeichnen. Ich fand diese Geschichte als Kind sehr schön – und wollte sie gerne immer wieder hören. In den späteren Jahren, als ich den Schutz des Elternhauses längst schon verlassen hatte, erschien mir diese Geschichte wie ein Symbol. Die Zartheit sollte mir helfen, länger als üblich die körperliche Wärme und den Schutz der Mutter zu empfangen. War es ein Ahnen, daß ich noch sehr oft und anhaltend würde frieren müssen – sowohl seelisch als auch körperlich?

Unsere Wohnung sehe ich vor mir, als hätte ich sie gestern verlassen. Das große Schlafzimmer mit den Ehebetten, davor am Fußende mein Kinderbett. In einer Ecke das Bett meines Bruders mit Nachtkästchen, von einem Paravent umgeben, sozusagen als „Séparée". Ein

1 Siehe Abb. 12.

großes Badezimmer schloß sich dem Zimmer an, das zu einem langen, etwas düsteren, hufeisenförmigen Gang führte. Auf der anderen Seite kam ein langer, großer Raum, das war der „Salon", davon wird später die Rede sein. Dann ein großes Eßzimmer, dem „Papas Zimmer" folgte, dessen Fenster schon auf den Hof zuging. Die Möbel waren gediegen, wie man sie damals in den guten Möbelgeschäften kaufte. Am anderen Ende des Ganges war die große Küche, zwei Kammern für die Mädchen und zwei kleinere ineinandergehende Zimmer mit dem Blick auf den Hof; sie wurden zu unseren Spielzimmern. Eines für meinen Bruder, eines für mich. Da hielten wir uns oft untertags auf, wenn wir besonderen Spielen frönten, sonst aber belebten wir mit den Eltern die ganze Wohnung.

Die Führung eines Haushaltes unterschied sich damals, sozusagen in allem, von dem in der Heimat. Der Haushalt bezog seine Bedürfnisse „von der Straße". Keine Hausfrau oder Köchin brauchte irgendeinen Artikel auswärts einzukaufen. Fleisch, Gemüse, Obst, Fisch, ja, überhaupt jedes Zubereitungserfordernis wurde auf der Straße von Haus zu Haus ausgerufen und verkauft. Der „Bakal", das heißt ein Gemischtwarenhändler oder Greißler, schickte seine Buben zu allen Stunden des Tages in die zu seinem Bereich gehörenden Gassen, und diese forderten unter lautem Geschrei zur Bestellung auf. Unsere Küche hatte ein kleines Schiebefenster, das auf einen Treppenabsatz einer Stiege mündete. Auf dieser kamen tagtäglich die „Bakals" und boten ihre Waren an. Mama oder die Köchin wählten aus, was sie brauchten, oder bestellten für den nächsten Tag.

Mama begnügte sich aber nicht mit dieser einfachen Methode, sie wollte alles selbst kennenlernen und ging oft auf den „Tscharschi", den Markt. Welch Reichtum an herrlichen Früchten und wie billig alles war! Mama lernte, wie man im Orient Fisch oder Fleisch einkaufen muß, um sich zu vergewissern, daß es frisch sei. Natürlich war sie immer begleitet von ihrer jeweiligen Köchin, die die

Waren tragen mußte, denn eine Dame „durfte" damals nichts tragen.

Mama gab mir ihr Wissen weiter, und ich konnte nach vielen Jahrzehnten unsere Tochter darin unterweisen, als sie nach Portugal kam und dem Marktleben dort, das dem der Türkei ähnlich ist, völlig unerfahren gegenüberstand.

Diese geräumige, nach unseren heutigen Begriffen altmodische und doch so gemütliche Wohnung war eine „unserer Welten", wie wir sie in Cospoli[1]) erlebten. Es war die Welt der Geborgenheit, der Sicherheit. Hier waren wir „zu Hause", umsorgt von den Eltern, die unsere Freunde und sehr oft auch unsere besten Spielkameraden waren. Sie spielten, lernten mit uns, und wenn wir krank waren – und wir waren oft krank, denn neben allen Kinderkrankheiten, die wir durchmachen mußten, litten wir sehr oft an Magen- oder Darminfektionen, wie sie im Orient leider üblich waren –, erzählten sie uns oft pausenlos Märchen. Sogar Papa erfand welche, und dann war das Hallo und unsere Bewunderung grenzenlos!

Ein noch größeres Hallo stimmten wir an, wenn Papa von seinen Dienstreisen von Wien, die er zwischendurch auch allein ausführte, zurückkam und uns „Mandelbögen" mitbrachte. Warum sie so hießen, weiß ich nicht. Es waren große Kartons, auf denen Burgen, Häuser, Bauernhöfe ... mit den dazugehörigen Tieren, Bäumen, Wägen etc. farbig sehr schön abgebildet waren. Man konnte diese ausschneiden und am angegebenen „Falz" sinngemäß zusammenkleben. Mit großem Eifer und Freude saßen wir stundenlang, schnitten aus, klebten zusammen und hatten kleine Besitztümer an Burgen, Schlössern, Bauernhöfen ...

Die griechischen Mädchen brachten eine besondere Note in unsere Kindheit. Wir lernten bald ihr Griechisch, und der Schatz ihrer Märchen und abergläubischen Geschichten war schier unerschöpflich. Bald kam jeden

---

1 Cospoli: in der Levante gebräuchliche Abkürzung für Konstantinopel.

Nachmittag eine Französin ins Haus, um uns das Französische beizubringen. Sie jausnete mit uns, und wir gingen so oft als nur möglich mit ihr im Taxim-Garten spazieren. Der war damals ein großer, in sich geschlossener Park mit vielen Pavillons, großen Hecken und vielen Möglichkeiten, um Verstecken zu spielen und die Mademoiselle zu necken.

Meine Eltern erkannten bald, daß mit dieser Berufung meines Vaters eine weit größere Aufgabe verbunden war, als es seine Stellung allein abverlangte. Er wurde einfach miteinbezogen in den gesellschaftlichen Trubel der Botschaften und ihren Kolonien. Mama stand ihm getreu zur Seite und konnte ihre vielen Talente mit der Zeit voll entfalten. Es gab zu jeder Jahreszeit Empfänge, Diners, Soupers, Jours, Konzerte, Wohltätigkeitsveranstaltungen, regelmäßig Nähnachmittage für die Armen in der Türkei. Es fanden auch zahlreiche Feste auf den „Stationsschiffen" statt sowie Ausflüge in die schöne Umgebung von Cospoli. All dies diente keineswegs der reinen Unterhaltung, es diente vor allem der Wahrung der Interessen der europäischen Mächte wie dem Wunsch, einen gewissen Einfluß auf die Geschehnisse im Orient zu nehmen. Sultan Abdul Hamid hielt im internationalen Spiel alle Fäden sehr geschickt in seinen Händen. Der „kranke Mann am Bosporus", wie er auch genannt wurde, verstand es meisterhaft, den Neid der Mächte aufeinander auszuspielen, und diesem Spiel mußten die anderen sich eben gewachsen zeigen.

So kam es, daß das gutbürgerliche Familienleben plötzlich unterbrochen wurde von glanzvollen Einladungen, die meine Eltern auch bei sich geben mußten. Am Nachmittag kamen schon zwei elegante Kellner im Frack mit schwarzer Krawatte und zogen den Speisezimmertisch für zwölf Personen aus. Der Tisch wurde feierlich mit Damast, mit feinem Porzellan und Silber gedeckt, mit herrlichen Blumen geschmückt. Wir Kinder durften zusehen. Knapp bevor die Gäste kamen, erschienen weitere Kellner, meist vom „Pera Palace" (jetzt Pera Palas geschrieben), und brachten die fertigen Speisen (vier, fünf Gänge), die von den in „schwarz-weiß“ festlich gekleideten Mädchen in Empfang genommen und warmgehalten wurden. Aus Mamas Küche gab es manchmal, je nach Art der Gäste, österreichische oder deutsche Spezialitäten, um ihrem Gaumen eine heimatliche Freude zu bereiten.

In diesen Jahren hatten wir als Beleuchtung nur Petroleumlampen und Kerzen. Manchmal rußten sie, dann war das Putzen und Säubern eine große Arbeit. Einmal – ich kann mich genau erinnern –, die Tafel war festlich gedeckt, die letzte Feile angelegt – plötzlich rußten die Lampen! Ein Schrei – sofortiges Auslöschen der Lampen – und emsig wie die Bienen waren die Diener, die Mädchen, auch Mama – halb angezogen, den Morgenrock übergeworfen – beschäftigt, alles wieder auf Glanz zu bringen. Das Tafelgeschirr mußte vollkommen gewaschen werden, neues Tischtuch, Servietten etc . . . Aber es klappte, und ehe noch der erste Gast kam, glänzte alles taufrisch im Schimmer der geputzten und neu gefüllten Petroleumlampen.

Kamen zwanglos Freunde, wurden alle von unserer Köchin und dem Mädchen versorgt, denen der Haushalt anvertraut war, allerdings unter der Weisung Mamas, die sich um alles kümmerte, sich nie scheute, Hand anzulegen, wenn etwas nicht klappte, oder um die Mädchen in ihrem Sinn zu erziehen. Es ging dann nicht so festlich zu, aber es war dennoch alles ganz anders, als wenn wir allein mit den Eltern waren.

Wenn die Eltern eingeladen waren, dann aßen wir nicht mit ihnen, erlebten aber doch das festliche Ankleiden mit. Dann beugte sich eine schön gekleidete und wunderbar duftende Mama nach dem Abendgebet noch einmal über uns zum letzten Gutenachtkuß, Papa im Frack, und mit den Jahren sahen wir immer um einen Orden mehr an seiner Brust.

Aber auch wir wurden wie selbstverständlich miteinbezogen in die Welt des gesellschaftlichen Treibens. Denn auf fast allen Botschaften gab es Kinder und die dazugehörigen Nurses und Demoiselles. Es wurden Kinderjausen, Kasperltheater, lebende Bilder gestellt, sogar Kinderbälle fanden statt. Wohlerzogene Kinder, reizend gekleidet, saßen so an festlich gedeckten, mit Kinderdekorationen geschmückten Tischen und aßen köstliche Herrlichkeiten, wie sie sich Kinderherzen nur wünschen können. Man spielte unter der Leitung der Nurses oder Demoiselles, oft auch unter der der Eltern. Man war immer irgendwie „bewacht“ oder „ermahnt“ von den zärtlichstolzen Augen der Mütter oder den strengeren der diplomatischen Erzieherinnen. Es war zweifellos ein großes Vergnügen. Aufgeregt, mit heißen Wangen war dann die Verabschiedung, und das Abschiedsgeschenk oder den Gewinn der Kinder-Tombola im Arm – irgendein kuschelig weiches Tier – schlief ich bald ein.

Mamas Gegeneinladung für alle Kinder fand zwangloser, familiärer statt. Die Erzieherinnen jeglicher Nation gaben die Kinder ab und holten sie zur bestimmten Zeit – und dann war es Mama, die mit uns Kindern spielte oder uns auch allein ließ. Da war die kleine Bulgarin Nadja, die Engländerin Gladys, Ninette, die süße Französin und Jean . . ., aber alle diese Kinder waren im Grunde nicht einfach Kinder meines oder ähnlichen Alters, sondern sie waren irgendwie doch Repräsentanten ihres Landes. Man spielte eben mit der kleinen Bulgarin, mit der Französin etc. – und Freundinnen, Freunde in dem Sinn, wie es hier üblich ist, hatte ich, hatten wir nicht. Deshalb auch schlossen wir uns sehr zusammen, mein Bruder und ich, schlossen uns innig an die Eltern an, die auch jede Minute, die sie erübrigen konnten, mit uns verbrachten.

Es wird nun Zeit, von meinem Bruder Bernd zu schreiben, denn er spielte von klein an eine große Rolle in meinem Leben. Ich kann nur schreiben: Ich liebte ihn vom ersten Tag an, da er mir als Mensch bewußt wurde. Er war für mich ein Stück von mir, ein Stück von meinen Eltern, wir gehörten ganz einfach zusammen. Ich war viel nachdenklicher, versonnener als er. Auch er hing sehr an mir, den Eltern, an unserem Heim, aber er war motorischer als ich, unruhiger. Er liebte mich auf seine Weise auch, auch er wußte, ich gehörte ganz einfach zu ihm, zum Elternhaus, aber es war nicht jene Harmonie zwischen uns, wie ich sie mir gewünscht hätte, wie sie gut für uns alle gewesen wäre.

In späteren Jahren erst glaubte ich des Rätsels Lösung gefunden zu haben: Er war „programmiert" zum Einzelkind, wollte persona grata bei den Eltern sein. Daß er mich annehmen mußte, auch irgendwie wollte, paßte ihm nicht ganz, er wehrte sich dagegen, da er aber nie über sich und mich in dieser Weise nachdachte, reagierte er von klein auf in einer sich immer wiederholenden abrupten Art von „lieb" und „bös" und meist von „mich beherrschen wollen". Ich ließ mich beherrschen, fügte mich seinen Ideen, seinen Launen. Ich wurde sozusagen sein „Spielball". Er diktierte die Spiele, „bald so, bald so, wie ihm das Mützchen saß".

Er hatte ein starkes Beharrungs- und Durchsetzungsvermögen, das ihm im späteren Leben sehr zugute kam. Aber als Kind war es nicht immer einfach. Zum Beispiel ging er nicht gern in den Taxim-Garten, und erfand immer andere Listen, dies zu verhindern. Eine davon war: „O ma chère Mademoiselle, j'ai si faim, je vous prie, il faut que je mange encore un morceau de pain!" Mit „verhungerten" Augen blickte er sie flehentlich und sehr charmant an und aß und aß, langsam, genießerisch, bis die Zeit verrann, die Dunkelheit sich langsam einschlich und es zu spät für den Taxim-Garten wurde. Ich durchschaute ihn, blieb aber still.

Für mich war das alles nicht leicht. Ich war auf ihn angewiesen, er war für mich irgendwie das „Maß aller Dinge" im kindlichen Bereich. Ich hatte ja keine Vergleiche. Wir hatten keine Freunde oder Freundinnen, wie es sonst der Fall sein kann. Denn für die Kindergesellschaften waren wir ja für einen gemeinsamen Akkord erzogen und abgestimmt. So gern wir auf die großen Kindergesellschaften auch gingen, mit ihm war es doch etwas ganz anderes. Bernd konnte so ungeheuer lebendig und mitreißend sein, wenn er etwas erreichen wollte, daß es sehr schwer war, ihm zu widerstehen.

Aber noch eine andere Welt sollten wir kennenlernen. Der berufliche Aufgabenkreis meines Vaters war sehr umfassend und sehr verantwortungsvoll. Galt es doch, sowohl in der europäischen wie in der asiatischen Türkei bis nach Syrien hin, die Postämter zu inspizieren, zu betreuen, zum Teil neu einzurichten und die Beamten zu einer selbständigen Führung ihrer Ämter zu erziehen, denn langsam machten sich schon damals Bestrebungen der Türken bemerkbar, die „Levantepost" in eigener Regie zu übernehmen. So war mein Vater gezwungen, sehr oft Dienstreisen zu unternehmen. Öfter begleitete ihn Mama, um bei ihm zu sein und um die „Welt" kennenzulernen. Uns Kinder nahm sie immer mit und eines der griechischen Mädchen zu ihrer Hilfe.

Papa war außer einem Dragoman, einem persönlichen Bürodiener, auch ein „Kavass" zugeteilt. Das war eine Art Leibwächter, der in Uniform mit Fez und immer schußbereiten Waffen ihn stets, wenn nötig, begleiten sollte und auch uns zur Verfügung stand. Außerdem waren Papa zwei „Mouchen" amtlich zur Verfügung gestellt, das waren Dampfbarkassen. Die eine war einfach für den täglichen Dienst gedacht, die zweite war größer, schöner, weiß lackiert, mit prachtvollen türkischen Teppichen ausgelegt für Besuche jeglicher Art. Mit diesen „Mouchen" wurden wir zu den großen Lloyddampfern gebracht, meist in Begleitung des Kavass und oft auch des Dragoman, Lazar mit Namen. So lernten wir diese kleinen, beweglichen Boote kennen, die auf dem Wasser tanzten und die großen, majestätischen Schiffe. Wir sahen die Landschaft langsam an uns vorübergleiten und sich ständig verändern. Ich will keine Naturschilderung liefern, aber die Natur in der Türkei, die eine wie die andere Küste entlang, dann das Landesinnere, war von einer Vielfalt und Schönheit, von einem eigenen Zauber. Wir lernten das ruhige Meer kennen, aber auch die „stürmische See" oder das „tote Meer". Da waren – außer Papa –

unsere kleine Familie samt der Griechin und auch andere Passagiere allen diesen Gewalten ausgeliefert. In den Fragmenten von Mamas Tagebüchern steht, abgesehen von dem entsetzlichen Unbehagen, das alle mit seinen dynamischen Folgen ergriff: „Lorle war nicht seekrank, aber sie schrie vor Angst, die ganze Zeit." Ein Jahr später, wieder „totes Meer": „Lorle, diesmal tapfer, liegt ruhig mit großen Augen." So war das eben. War das Meer aber wieder ruhig, waren wir bald wieder unternehmungslustig, gingen mit Mama an Land auf Entdeckungsreisen, während Papa die Postämter inspizierte, oder blieben mit der Griechin an Bord und machten das Schiff „unsicher".

Das Kapitel „Reisen" war bei meinen Eltern sehr groß geschrieben. Fast scheint es mir heute so, als ahnten sie tief in ihren Herzen, daß sie diese Zeit in Cospoli in jeder Weise nützen sollten, denn es war sozusagen die einzige große Chance ihres Lebens.

Während viele von der „Kolonie" während der heißen Zeit im Sommer in ihre eigenen oder gemieteten Villen an den Bosporus zogen, fuhr Mama mit uns Kindern, solange ich zu klein für längere Reisen war, auf eine oder die andere der Prinzeninseln: Prinkipo (heute Büyük Ada) und Halki (heute Heybeli Ada). Papa kam zu uns, wie er Zeit und Urlaub hatte.

Auch später, als ich schon größer war, machten die Eltern oft mit uns Ausflüge nach Prinkipo, die bleiben eine der schönsten Erinnerungen. Denn hier brauchte ich nicht immer an der Hand von Mama oder der Mademoiselle zu gehen. Nicht, daß mich die Tatsache belastete, aber es war doch das Zeichen dafür, daß ich nicht allein, daß ich eben behütet sein müsse. Hier aber waren wir frei, wir liefen um die Wette und genossen dieses herrliche Stück Eiland. Ein Erlebnis waren die Eselsritte. Die Eltern ritten meist voraus, Mademoiselle beschloß die Karawane, und wir Kinder sollten zwischen ihnen reiten. Aber hier herrschte keine Strenge, wir waren ja allein – Touristen gab es damals keine –, und wenn mein Bruder rasch da oder dorthin eine kleine Entdeckungsreise machte, wurde er nicht zurückgepfiffen. Die frommen, zahmen Eseln, mit buntem Sattelzeug geschmückt, von Eseltreibern zu Erwerbszwecken erzogen, trugen alte und junge Menschenlasten wohlgesittet zum Ausflugsziel. Manchmal blieb meiner stehen, wenn ihn eine schöne Distel lockte – dann fürchtete ich immer, über den auf den Boden sich senkenden Hals hinunterzurutschen. Die türkischen Eseltreiber aber waren so kinderlieb, sie betreuten mich, nicht nur um des Lohnes und des „Bakschisch" willen, sondern aus angeborener menschlicher Freundlichkeit. Damals kannte ich noch nicht die „Donkey serenade", nicht ihre lustige, köstliche Musik, für mich war es aber eine rhythmische Serenade herrlicher Harmonie, das Land mit seinem orientalischen Zauber vom Rücken dieser Esel aus zu erleben. Maulbeerbäume sehe ich vor mir, mit ihrer reichen, reifen Last an tiefvioletten oder cremeweißen Früchten. Dann hielten wir die Esel an und aßen vom Baum und freuten uns und achteten nicht darauf, daß unsere weißen Kleider, Blusen oder Bernds Hosen Flecken bekamen; und niemals bekamen wir Schelte dafür!

Aus Mamas Tagebuch: „Ostern 1908 reisten wir alle mit dem Conventionszug nach Wien – die Feiertage en famille zu verbringen. ‚Lorle ganz frisch und munter, fühlt sich mit Bubile gleich heimisch im Schlafwagen, dito Marigo – die Griechin.'"

Juni 1908 ging es über die Dardanellen, Kaválla über Athos nach Saloniki und wieder Piräus, dann nach Chaniá auf Kreta. Auch da waren Postämter zu inspizieren, von da dann über Durazzo bis Triest und nach Tirol weiter. Und jedes Jahr wurde eine andere Route gewählt, immer mit den schönen, komfortablen Lloyddampfern. In Triest wurde immer im Hotel Volpic übernachtet, in Wien im Hotel Beatrix, später im Hotel Victoria.

Von Jahr zu Jahr reservierte Papa rechtzeitig – wenn möglich – immer dieselben Zimmer für uns. Die Reisen fanden unter Vorzeichen statt, die man sich heute kaum vorstellen kann. Denn Papas Schutz reichte kraft seiner

Stellung und der Bedeutung der österreichischen Monarchie weit über unsere Wohnung hinaus. Jede Reise, die Papa sorgsam vorbereitete, wurde auch von seinen Beamten in irgendeiner Weise mitbetreut; sowohl auf den Schiffen oder wenn wir mit dem „Conventionszug" nach Wien fuhren. Jedesmal war ein Doppelabteil für uns reserviert. Die Vorhänge zum Gang waren zugezogen, ich erinnere mich daran, weil es mir auffiel. Man sollte uns nicht sehen, und wir sollten nichts sehen, was uns vielleicht stören könnte. Auf jeder Station ließ Mama, wenn wir ohne Papa reisten, das Fenster herunter, sie wußte, der Vorstand des Bahnpostamtes erwartete uns am Perron und würde sie nach unserem Wohlergehen oder um unsere etwaigen Wünsche fragen. Fuhr Papa mit, dann machte er das Fenster auf, oder, wenn Zeit war, stieg er auch aus.

Das sind Bilder wie aus einem alten Film, den man sich dann und wann hernimmt und ansieht. Der Umsturz und die so vollkommen veränderte Welt- und Lebenslage änderte natürlich auch dies, bewirkte aber, daß die Vergangenheit als etwas Besonderes in unserer Erinnerung blieb.

Stets, ob mit Conventionszug oder mit dem Dampfer, fanden sich bei jeder Abreise – abgesehen von den griechischen Mädchen, dem Kavass, dem Dragoman, dem Bürodiener – sehr viele Freunde und Bekannte aus der Kolonie ein, um uns „Auf Wiedersehen" zu sagen und „Gute Reise" zu wünschen. Mama wurde mit unzähligen herrlichen Blumensträußen und Bonbonnieren beglückt und wir Kinder mit Spielsachen und Süßigkeiten. Mama hat in ihrem Tagebuch jedesmal genau Buch geführt, wer aller anwesend war und wieviel Blumenbuketts und Bonbonnieren sie bekommen hatte. Würde ich das genau abschreiben, würde man es mir nicht glauben.

Papas Dienstreisen führten auch den Bosporus hinauf ans Schwarze Meer über Inneboli – Samsun – Kerasunda – nach Trapezunt – Rizeh und Batum – und zurück. Oft wurden auch die jeweiligen österreichischen Konsuln mit ihren Frauen besucht. Dann kann ich nachlesen: „Bubile benahm sich tadellos“ – oder später: „Die Kinder waren artig und lieb.“

Erst ab 1912 reisten die Eltern mit uns Kindern allein oder mit mir, und wir holten Bernd von Wien vom Theresianum ab. Die Mädchen blieben dann in der Wohnung und machten „Hausputz“ und ließen es sich gutgehen.

Ein besonderes Kapitel möchte ich aber doch den Familienbesuchen in Wien und den Ferien in Tirol widmen.

Die Eltern pflegten den Kontakt mit ihren Angehörigen, obwohl mein Vater kein Elternhaus in diesem Sinn, wie Mama es hatte oder wir es gewohnt waren, hatte. Papas Mutter war an einer akuten Lungenentzündung mit einunddreißig Jahren gestorben, Papa war damals neun Jahre alt, er wuchs mit seinem jüngeren Bruder Alois auf. Die Stiefmutter, die sie ein paar Jahre später bekamen, war nicht gut zu ihnen. So lernte Papa schon als Kind, allein sein zu können. Als Lebenszweck und Ziel erschien ihm die Pflichterfüllung. Seinen natürlichen Anlagen und seiner Begabung gemäß lernte er leicht, und es war für ihn ganz selbstverständlich, Vorzugsschüler zu sein in jeder Stufe der Schulzeit, bis er im Juni 1887 zum Doktor beider Rechte promovierte.

Im Hause meines Vaters war es damals noch Sitte, daß die Kinder nur reden durften, wenn sie gefragt wurden oder wenn man vorher um das Wort bat. Es war auch Sitte, zu den Eltern „Sie“ zu sagen. „Nur meine Mutter verlangte das nie von uns, sie war sehr lieb zu mir, zu uns“, sagte mir einmal mein Vater.

Das genaue Gegenteil war das Elternhaus meiner Mutter. Dort war Wärme, Herzlichkeit, Heiterkeit und inniges Vertrautsein mit den Eltern. Der schwäbische Vater und die halbgriechische Mutter führten eine innig-liebevolle Ehe. Mama und ihre Schwester Lilly, lebhaft, talentiert, voller Lebensfreude, mußten ein kaum zu beschreibender Gegensatz zur „Ungargasse", dem „Kamlerischen Familienleben", gewesen sein.

Als ich nun, das erste Mal mir bewußt, ins großelterliche Haus kam, reden und mich benehmen konnte, wurde ich von Mama auf die Atmosphäre vorbereitet. Großpapa hatte dieselben blauen Augen wie mein Vater, nur waren sie nicht so gütig, so mild, sie blickten immer strenger und kälter. Zu mir aber war er immer nett, und ich bemühte mich auch besonders, sein Wohlgefallen zu erringen, denn die Geschichte, die mir Mama erzählte, als sie als Braut zum erstenmal in die „Ungargasse" gekommen war, imponierte mir sehr.

Papa hatte Mama natürlich von dem „Klima" seines Elternhauses erzählt, aber Mama, durch ihr Naturell bedingt, hatte wohl gar nicht die Absicht, sich danach zu richten. Jedenfalls, als sie das erste Mal als Braut kam, um in den Familienkreis der Kamlers aufgenommen zu werden, lief sie lebhaft zur Tür herein – fröhlich, strahlend auf ihren künftigen Schwiegervater zu: „Den Vater von meinem Heinzl muß ich doch auch liebhaben!", reckte sich, stellte sich auf die Fußspitzen und gab ihm einen Kuß auf die Wange! – Papas Stiefmutter, der Stiefschwester, Onkel Alois, allen Anwesenden „stockte der Atem", wie es in den Romanen steht, und alle warteten auf irgendeine Zurechtweisung oder gar auf ein „Donnerwetter". Aber nein, nach einer gewissen Pause, in der Mama die Arme von ihm nahm – sie erzählte das oft und sehr charmant –, sah er sie lange und prüfend an und hieß sie dann herzlich willkommen! Natürlich sagte sie ihm Du, wie sie es mit ihren Eltern gewohnt war, und Großpapa ließ es geschehen.

Mich beeindruckte diese Erzählung sehr. Ich dachte oft über den alten Mann nach, von dem ich hörte, was er alles für das Postwesen getan hatte, wie großzügig und gerecht er zu seinen Untergebenen gewesen sein soll, ja, zu festlichen Anlässen soll er sogar Dukaten verteilt haben – und zu seinen Kindern so voller Distanz?

Nun aber zu Tirol! Diese Ferien wurden auch zu einem Familientreffen mit Omama, Tante Lilly und Onkel Alois. Papa kam entweder mit oder nach, je nachdem, wie er seinen Urlaub einteilen konnte, denn zwei Monate währte sein Urlaub nicht. Von 1908 an waren wir zuerst in Ötz im Ötztal. An diese Zeit kann ich mich nicht erinnern. Als Omama 1911 starb, wollte Mama den Ort nicht mehr sehen, und die Eltern entschlossen sich für Leisach bei Lienz im Pustertal.

Leisach wurde für mich zu einem ganz neuen Erleben. Diese „Kulisse" war eine völlig andere als die, die ich in Cospoli und Umgebung nach und nach wahrgenommen hatte. Hier war eine völlig neue Welt, eine andere. Schon der „Rienznerhof" glich keinem der mir bisher bekannten Hotels. Es war ein Landhaus. Wir bewohnten im ersten Stock mehrere Zimmer. Die Möbel waren aus Zirbenholz, etwas, das wir noch nie gesehen hatten, und den würzigen Geruch mochte ich. Unsere Kleidung waren Dirndln, Lederhosen, Lodenanzüge, wie dort üblich.[1])

Nur zu Kaisers Geburtstag, am 20. August, wurden wir wieder angezogen, wie in Cospoli gewohnt. Bernd in seinen weißen Matrosenanzügen, wie es damals für Kinder „modern" war, und ich auch in weiß, mit weißen Sockerln, schwarzen Lackspangenschuhen. Wir wußten, an diesem Tag mußten wir achtgeben und bis über den Festgottesdienst, Tischreden und andere Feierlichkeiten uns nicht nur tadellos benehmen, sondern auch „fleckenlos" bleiben. Meistens strahlte die Sonne den ganzen Tag über am wolkenlosen Himmel, so daß dann der Ausdruck „Kaiserwetter" die alte Monarchie bis heute überlebt hat!

Waren auch die Eltern in Cospoli nie hektisch oder nervös, so brachten doch Beruf und Geselligkeit eine große Bewegung in unser Leben, das in Farbe und Ton durch das Orientalische stärker belebt wurde. Hier fiel jede Konvention, jede Pflicht weg. Die Eltern waren

1 Siehe Abb. 14.

gelöst, ich möchte fast sagen, es waren „Ferien zum Ich“, und es gab eine Reihe von neuen, naiven Freuden, die wir kennenlernten.

Ein besonderer Spaß war für uns das „Schwammerlsuchen“, von Mama inszeniert. Die Eierschwammerln, die Reizker oder andere eßbare Pilze wurden in der Küche unserer Wirtsleute abgeliefert, aber alle Herren- und Steinpilze putzte Mama sorgfältig, schnitt sie in feine Streifen und trocknete sie auf weißem Löschpapier in der Sonne. Sie gab sie dann in feine, luftdurchlässige Sakkerln. Wir hatten – weiß Gott! – genug zu essen in Cospoli, aber sie wollte doch auf die heimatliche Schwammerlsauce nicht verzichten oder fand es apart, den Pilav, ein Nationalgericht der Türken und Griechen, mit Schwammerln zu würzen.

Auch war Bernd in Leisach viel „kumpelhafter“ zu mir, netter, und er spielte gar nicht den „Herrn“.

Auf unseren vielen Spaziergängen animierte uns Mama, schöne Tannen- oder Fichtenzapfen in den verschiedensten Größen zu sammeln. Die sollten wir nach Cospoli mitnehmen, um sie dann an Nachmittagen im Advent zu vergolden oder zu versilbern als Schmuck für den Christbaum: ein Stückerl von Tirol am Baum. So geschah es, und Pinienfrüchte aus Prinkipo gesellten sich dazu. Durch Jahrzehnte, durch alle Fluchten, Übersiedlungen, Brand und Verlust des größten Teils unserer Habe im Zweiten Weltkrieg, diese vergoldeten und versilberten Zapfen blieben mir erhalten.

Sogar ein kleines Schwimmbad gab es, verschämt versteckt hinter einer großen Scheune. Primitiv, heutzutage würde jeder lächeln, daß wir Freude daran fanden, an heißen Tagen zu schwimmen, zu tauchen und uns abzukühlen. – Dann erlebte ich zum erstenmal, was es heißt, eine Freundin zu haben. Es war die Tochter des Wirtes: Adelheid; wohl älter als ich und schon einbezogen in den täglichen Ablauf der Arbeiten. Geduldig wartete ich, bis sie Zeit für mich hatte. Unser heimlicher „Rendez-vous-Platz“ war eine Ecke des großen Obstgartens.

Adelheid kam dann meistens mit einem Korb oder hatte eine große Schürze umgetan, daß, rief man sie, wir rasch Fallobst sammelten und sie eilig, emsig eine Arbeit vortäuschend, wieder in die Küche lief. Der Wirt – Rienzner war sein Name – durchschaute natürlich dieses Spiel, und mehr als einmal meinte er: „Ischt nur gut, daß die Hatice nicht das ganze Jahr hier ischt, kunnst sonst no des Arbeiten verlernen ..." Aber gutmütig gönnte er seiner Adelheid die kleine Abwechslung. Eigentlich sonderbar: Was zog mich zu ihr – was sie zu mir? Es ergab sich ganz einfach, daß wir uns mochten und viel zu plaudern hatten. Durch sie lernten wir auch kennen, was es heißt, Grund und Boden zu besitzen, Bauer zu sein – und dies durch Generationen.

Sonderbar, wir liebten Cospoli, lebten gerne dort, und dennoch freuten wir uns alle, wenn der Sommer kam und wir nach Tirol fuhren, auch die Umwege über Triest und Wien gehörten dazu. Es war so, als lebten wir zwei Leben, als teilten wir unser Leben von Pol zu Pol.

In Mamas Tagebuch steht jedes Jahr mit ähnlichen Worten: „Sehr schweren Herzens fuhren wir von Leisach fort, wo wir uns so wohlfühlen!" Um dann aber, nach Schilderung der schönen Reise, zu enden: „Ach! Wie glücklich sind wir, wieder in Cospoli zu sein – von den Kindern jubelnd begrüßt die Mädchen, Mehmed und Lazar."

Hatten die oder ein Mädchen die Wohnung gehütet, fanden wir alles wohlgeordnet vor. 1910 aber schienen die Eltern sie verschlossen, allein gelassen zu haben, denn da lese ich: „Am 12. September sehr zeitlich Ankunft in Cospoli, wieder begrüßten die Kinder jubelnd Mehmed und Lazar, aber ich machte mich bald darauf mit Martha an die Arbeit, um die staubige Wohnung zu lüften und zu putzen, während Heinz Bubi gleich in die Schule brachte. So wurde lustig drauflosgearbeitet, und zwar waren wir so fleißig, daß wir zu Mittag schon selbstzubereitetes Essen genießen konnten."

Ja, so war Mama, in jeder Lebenslage fand sie sich zurecht.

Wie soll ich all die Steinchen meiner Erinnerungsbilder zusammenfügen, um verständlich zu machen, welche Vielfalt an „Leben" mein Bruder und ich – nach seinem Weggang ins Theresianum ich allein – in Cospoli erfahren mußten?

Da war zum Beispiel das „Leben vom Fenster aus", wie wir es nannten. Mit Vorliebe saßen wir auf dem breiten Fensterbrett, vor den festverschlossenen Fensterscheiben, mit platt an die Scheiben gedrückten Nasen und sahen dem Treiben auf der „Grande Rue de Pera" zu.

Die Bilder des täglichen Geschehens wechselten – und sie waren für uns oft anziehender als die vielen Spielsachen in unseren Zimmern. Aber wir erhaschten immer nur einen Teil des Geschehens, und Anfang und Ende blieben unserer Phantasie überlassen. Sehr oft hatten wir den Wunsch, allein auf die Straße zu laufen und uns einfach treiben zu lassen, uns dem zu überlassen, was auf uns zukommen würde. Aber wir ahnten wohl, ein Schutzgeist mahnte uns, daß es einen Sinn haben mußte, wenn wir nur an der Hand der Eltern, der Mademoiselle oder des Kavass gehen durften. Aber immer dem anderen Rhythmus zu folgen, fiel lebhaften Kindern nicht leicht. Aber bald ängstigte uns ein Ereignis und vertrieb unsere Abenteuerlust.

Eines Tages war die Zeit, zu der Papa immer regelmäßig und pünktlich zum Mittagessen kam, längst überschritten. An einem anderen Tag hätten wir geduldig gewartet, aber an diesem Tag fanden Straßenkämpfe statt.

*„Revolution in Konstantinopel. Sturz Abdul Hamids. Einmarsch der Jungtürken in Konstantinopel. Neuer Sultan Mehmed. Abtransport Abdul Hamids nach Saloniki." (Erste Hälfte April 1909)*

Das waren die Schlagworte dieser Tage, die ich mir viele Jahre später über diese Zeit eingeprägt hatte. Damals glich die „Grande Rue de Pera" einem Schlachtfeld. Kaum dreijährig, aber mit einem unheimlich guten Gedächtnis bedacht, stand ich am Fenster, blaß, angstvoll, schaudernd von dem Anblick – und doch, wir konnten uns von ihm nicht lösen. Bernd und ich hielten uns fest an den Händen und warteten. Marigot und Eleni, die beiden Mädchen, neben uns. Mama ging im Hintergrund des Zimmers nervös und ängstlich auf und ab. Wo blieb Papa? Ihre Angst fühlten wir fast körperlich, und passiv sein zu müssen, kam für sie einer Vergewaltigung gleich. Plötzlich hörten wir eine Tür ins Schloß fallen – achteten nicht darauf –, aber wir sahen Mama auf der Straße sich energisch einen Weg bahnen inmitten der kämpfenden Truppen. Die „blauen“ Soldaten der Jungtürken kämpfend gegen die der Alttürken. Tote lagen auf der Straße, Verletzte wälzten sich auf dem Boden – plötzlich verschwand Mama unverwundet unseren Blicken an der nächsten Straßenecke. Hatten wir Angst? Ich weiß es nicht – den wirklichen Begriff der Angst kannte ich, glaube ich, nicht. Aber es vollzog sich etwas in mir und wohl auch in meinem Bruder, das wir nie erklären konnten, aber wir wußten, irgendwie war alles anders geworden. Man selbst konnte nicht mehr ganz so sein wie gestern. Wir fühlten auch damals zum erstenmal den Begriff der Trennung von den Eltern – die nicht natürlich war, es war eine bedrohliche Trennung. Wir sahen unverwandt auf die Straße, ich glaube aber, wir sahen nichts mehr . . ., bis plötzlich Mama auftauchte, eilig geführt von einem Freund des diplomatischen Corps, der uns ein lieber, vertrauter Onkel geworden war. Wir verstanden, er brachte uns Mama – aber Papa, wo war er? Die Spannung des Wartens wurde fast unerträglich, und plötzlich – wir hörten nichts, aber wir fühlten, Papa war gekommen – war er da! Die Spannung löste sich, wir lachten, wir weinten, wir umarmten Papa. Wir sahen, daß der Onkel wegeilte, die Mission der Freundschaft war beendet, er wußte uns mit Papa vereint, eilte anderen Aufgaben zu.

Erst viel später erklärte uns Papa, daß er nicht, wie gewohnt, das Büro verlassen konnte, dann mußte er mühsam, mit Hilfe des Kavass, ruhigere Straßen ausfindig machen, um heimzukommen. Die Kämpfe blieben ja nicht auf die „Grande Rue de Pera“ beschränkt, sie verteilten sich nach allen Seiten.

Papa erzählte uns auch, daß eine Kugel, als er am Schreibtisch saß, sich wohl verirrt hatte. Oder war sie auf ihn gezielt gewesen? Jedenfalls pfiff sie an Papas Ohr knapp vorbei, warf die kleine Tasse mit türkischem Kaffee um und landete gegenüber in der Wand. Dort holte sie unser Kavass heraus und gab sie Papa mit den Worten: „Allah ist groß!“ Wir begriffen, Gott hatte diese kleine Kugel, die Papa tödlich hätte treffen können, an seiner Schläfe vorbeiziehen lassen. Diese Kugel ließ sich Papa fassen und trug sie immer an seiner Uhrkette als sichtbares Zeichen, daß nicht jede Kugel trifft und Gott einen immer bewahren kann, wenn Er will!

Fast wie ein Ausflug ins Märchenland waren für mich die Besuche mit Mama im Bazar. Mama liebte das türkische Kunsthandwerk. Meine Eltern hatten wohl eine komplette Wohnungseinrichtung, sogar einen herrlichen „Bösendorfer-Flügel“ aus Wien mitgebracht, aber keinen „Salon“. Bei der Vielfalt ihrer gesellschaftlichen Verpflichtungen wurde dieser notwendig. So beschloß Mama, ihn „orientalisch“ zu gestalten. Teppiche kaufte Mama, für den Boden, als Wandbehang oder um sie über Diwane zu legen. Sitzmöbel, Paravents, Eckpfeiler, alles in „Muscherabiearbeit“, eingelegt mit Perlmutter. Ein „Mangal“[1]) stand inmitten des Salons, nicht mit Holzkohlen zum Wärmen gefüllt, sondern mit herrlichen Topfpflanzen. Ein „Nargileh“[2]) war sogar vorhanden, viele Nippes, Vasen, Krüge, Tabletts und Kaffeeschalen,

1 Mangal = Ein Holzkohlenofen – aus Messing in einer besonderen Form im Völkerkundemuseum zu sehen. (Aus dem Besitz meiner Eltern)

2 Nargile = Eine Wasserpfeife mit langem Schlauch, aus dem die Türken damals – und auch heute noch – rauchen. (Völkerkundemuseum)

aus denen man den türkischen „Kahve“ trank, usw. – Für uns Kinder war dieser Salon für unsere Spiele eine unversiegbare Quelle der Phantasie. Der Bazar war damals, vor den großen Bränden, viel kostbarer und größer, wohl auch geheimnisvoller als heute. Unwirklich und in den Alltag nicht einzuordnen, waren für mich diese vielen Besuche, die Gastlichkeit der Türken, die „Çay“ und „Khave“ anboten, dem Käufer wie dem Beschauer. Man konnte ansehen, angreifen, gustieren. Niemals ein Grollen, wenn man nichts kaufte, man kam sich wie ein Gast vor, nicht wie ein Käufer.

Mein Bruder, vier Jahre älter als ich, kam am 23. September 1908 in die erste Klasse der „Österreichisch-ungarischen Volksschule“ des St.-Georg-Kollegs. Wenn ich mich auch an die Zeit seiner Einschulung natürlich nicht erinnere, so tauchen doch sehr bald Bilder in meiner Erinnerung auf, wie ich ihn, an der Hand von Mama, von der Schule abholte, wie wir im Hof auf ihn warteten, und ich wußte: Hier werde ich auch eines Tages in die Schule gehen. Unser Schulweg führte uns meist über die sonderbar geschwungene Stiege und war fast immer in einer Weise besonders. Ich traf fremd anmutende Menschen, oder ich erhaschte aus geöffneten Haustüren Neues, Unbekanntes. Ein unverständliches Sprachengewirr drang an mein Ohr, jedenfalls glichen diese Schulwege in keiner Weise jenen in Wien, Graz oder sonstwo in Mitteleuropa. Wie Dias oder Teile eines Filmes tauchen Bilder der Erinnerung auf, zum Beispiel, wenn ich „ruhig“ sein sollte, während mein Bruder seine Aufgaben machte, oder ich mit ihm „zitterte“, wenn er vor Prüfungen stand.

Das „St.-Georg-Kolleg“ war sehr eng mit der österreichisch-deutschen Kolonie verbunden. Aus den Fragmenten von Tagebüchern meiner Mutter lese ich zum Beispiel von einer „Schillerfeier, Dienstag 9. Mai 1905 in der Österreichischen Schule“, Montag, den 9. Juni 1905, von einem „Schulausflug nach St. Florian“, von regelmäßig besuchten Gottesdiensten und den Teilnahmen an den Schulschluß- und Weihnachtsfeiern etc. Der Direktor der

Schule, A. Weinzettl, war mit meinen Eltern befreundet. Papa traf sich regelmäßig mit ihm bei der Turnriege, und er bereitete meinen Bruder für die Aufnahmsprüfung ins Gymnasium des „Theresianum“ in Wien vor. Nach glänzend bestandener Aufnahmsprüfung kam mein Bruder dann am 15. September 1913 ins Internat.[1]) Nun blieb ich bei meinen Eltern allein zurück, ohne den tyrannischen und doch geliebten Spielgefährten.

Am Donnerstag, dem 5. September 1912, war mein erster Schultag. War es Papa möglich, dann brachte er mich immer zur Schule, sein Postbüro war ja nicht weit davon. Und wenn er nicht konnte? Ich weiß nicht, war es eines der Mädchen? Der Kavass? Jedenfalls allein ging ich nie. Ich bin ehrlich, von der Zeit, die ich in der Schule verbracht habe, kann ich nicht viel berichten. Nur, daß ich gerne hinging und gerne dort war. Jetzt weiß ich auch, daß im Gegensatz zu späteren Schulen das Klima mit den Mitschülerinnen oder -schülern immer ein gutes, fröhliches war, sowohl während der Schulstunden wie beim Spielen in den Pausen im Hof. Unsere Lehrer und Lehrerinnen hielten wir für unsere Freunde. Nach meinen Zeugnissen zu urteilen, war das Lernen anscheinend für mich kein Problem.

Vielleicht ist es nicht unwichtig, wenn ich das religiöse Klima beschreibe, in dem ich aufgewachsen bin. Papa war ein sehr frommer Katholik, Mama, wie ihr Vater, evangelisch A.B. Ihre Mutter war „griechisch nicht uniert“. Papa und Mama heirateten in der katholischen Pfarre St. Othmar in Wien am 21. Oktober 1900. Wir Kinder wurden katholisch getauft, am 12. Jänner 1912 aber zum evangelischen Glauben A.B. umgeschrieben. Papa hatte sich sicher nicht leicht dazu entschlossen, aber da Mama keine Affinität zur katholischen Kirche hatte, Bernds Schulzeit bald begann, fürchtete Papa, daß wir im Glaubensbereich „nicht Fisch, nicht Fleisch“ würden.

---

1 Siehe Abb. 15.

Ich erinnere mich, daß wir regelmäßig zu Sonn- und Feiertagen sowohl in die evangelische wie in die katholische Kirche gingen, war doch die österreichische Schule eine Gründung der katholischen Mission der Lazaristen und der Barmherzigen Schwestern in St. Georg (Gründungsjahr 1882).

Der Ruf des Muezzin erscholl mehrmals am Tag und rief die Gläubigen zum Gebet, die Türken waren damals sehr fromm. Wir wußten also schon als Kinder, daß die Menschen verschiedene Wege zu Gott haben. „Allah ist groß" für die Türken . . . Gott war für uns das „A und O" aller Dinge, und die einfache, wahre Frömmigkeit meiner Eltern war im Grunde der große Halt in ihrem, in unserem Leben. Wir kannten aber in unserer Familie keinen Partikularismus. Den lernte ich später erst durch andere kennen.

Unvergessen bleibt mir die Schule auch, weil sie neben meinem Elternhaus der zweite Ort in meinem Leben war, wo ich mich geborgen und zu Hause fühlte. Denn das Leben „außer Haus" und unser „Leben vom Fenster aus" war für uns Kinder nicht immer leicht zu bewältigen. Es war für uns tragbar und „zerstörte" unsere Seelen nicht, weil wir eben dieses Elternhaus hatten und unsere Schule. Diese doppelte Geborgenheit, in der wir aufwuchsen, war ein Schatz, dessen Wert wir erst viel später erfaßten.

Es ist mir heute fast unverständlich, wie es unsere Eltern fertigbrachten, uns Kinder in keiner Weise zu vernachlässigen. Sie waren immer für uns da, trotz der weitverzweigten, großen Arbeit von Papa, den gesellschaftlichen Verpflichtungen, die auch Mamas Zeit in Anspruch nahmen. Ja, ich glaube trotz dieser für sie so befriedigenden Aufgabe, dieser interessanten, unvergeßlichen Zeit: im Grunde lebten sie nur für uns Kinder und für sich selbst. Das spürten wir, und das gab uns diese mit nichts aufzuwiegende Sicherheit, die uns auch im späteren, oft sehr stürmischen Leben, unverwundbar werden ließ.

Von unserer Erziehung kann ich nur soviel aussagen, als daß sie eigentlich ein Vorleben von Ordnung war, wobei Papa oft auch von der „inneren“ Ordnung sprach, um die wir Menschen uns bemühen sollten. Liebe war um uns, Toleranz – und über allem der Glaube an Gott. All das wurde in uns geweckt, noch ehe wir seinen Sinn begreifen konnten. Unsere Eltern wurden in Cospoli zu Kosmopoliten erzogen und wir gleichsam mit ihnen.

Ich habe einmal Mamas Talente erwähnt. Ja, sie waren mannigfaltig. Sie hatte als junges Mädchen am Konservatorium in Wien die Staatsprüfung in Klavier mit Auszeichnung abgelegt, sie spielte gerne. In ihrer „Wiener Zeit“ – aber mit Papa – hatte sie ihr Spiel wieder vernachlässigt, weil Papa nicht musikalisch war und sie sich nach seiner Art richtete. Aber in Cospoli war dieses Können sehr gefragt. Es wurde viel musiziert, und Mama hatte regelmäßig ihre „Vierhändigen“ Klaviernachmittage. Dann: sie schrieb gern. Die „Feder ist mein Freund“, hatte sie einmal gesagt. Schon als junges Mädchen mit sechzehn Jahren wurde ein Einakter von ihr: „Der Profit is' d' Hauptsache“ im Reclamverlag gedruckt, worüber sie ihr ganzes Leben lang stolz war. In Konstantinopel fing sie wieder an zu schreiben und beschrieb viele Erlebnisse auf Reisen, von den Unruhen, von einem Besuch bei einer türkischen Prinzessin, in einem Harem, in einem türkischen Bad etc. Diese Artikel erschienen in Österreich in den verschiedensten Zeitungen, und sogar nach Jahrzehnten interessierten sich die „Frankfurter Nachrichten“ für einen ihrer Berichte. Mit ihren Gedichten bereicherte sie auch oft Feste, Feierlichkeiten oder Geburtstagsfeiern.

Sie hatte auch ein großes Geschick entwickelt, sich mit wenig finanziellem Aufwand ausgezeichnet und elegant zu kleiden. Denn die Eltern waren sparsam, das große Gehalt von Papa teilten sie so ein, daß für „schlechte Zeiten“ etwas bleiben sollte. Mama verschaffte sich aus Paris immer die neuesten Journale, und eine kleine, aber sehr geschickte Schneiderin arbeitete für sie nach diesen Modellen. Gute Stoffe gab es leicht zu beschaffen, und die Ideen für die „Accessoires“ hatte Mama selbst. Ich sehe eine schöne, gelbe Toilette vor mir, die sie immer mit Veilchen geschmückt trug, oder eine große in Korallenrosa, wozu das herrliche Korallenschmuckensemble, das sie von Großmama geerbt hatte, wunderbar paßte, u.v.m. Waren aber die Schneiderinnen in ihrer orientalischen Trägheit nicht pünktlich mit der Probe und fürchtete Mama, sie würde ihre Toilette nicht rechtzeitig bekommen, dann sandte sie einfach den Kavass hin mit der höflichen Anfrage, wann Madame zur Probe kommen könne. Hui – müssen dann aber die Nadeln geflogen sein, denn bald darauf kam die Nachricht: „Madame werden erwartet.“

Trotz ihrer Inanspruchnahme durch die Gesellschaft, obwohl sie sich viel Zeit für Papa, uns Kinder und den Haushalt nahm, setzte sie sich immer wieder, sehr erfolgreich, für die Wohltätigkeit ein, weil sie die Armut der türkischen Frauen und Kinder sehr berührte. Für diesen Einsatz bekam Mama 1905 vom Sultan eigenhändig den Schefakatorden, eine Auszeichnung, die nur Frauen erteilt wurde, verliehen.

Ehe aber die Zeit in Cospoli sich ihrem Ende zuneigt, möchte ich doch von mir selbst berichten, von meiner eigenen Beziehung zum Leben.

Logisch kann ich es nicht erklären, ich fühlte mich nur im engsten Bereich bei meinen Eltern „zu Hause“ – sonst fühlte ich mich überall fremd und nirgends zugehörig. Angst fühlte ich eigentlich keine, trotz des vielen Unheimlichen, das ich erlebt hatte. Irgendwie fühlte ich mich immer „behütet“, aber von einer Macht, die nicht von meinen Eltern kam, also sagte ich mir: von Gott. Oft fühlte ich mich „ausgeborgt“, später dann „geführt“. Ich fühlte so viel und fand keine Worte, auch heute finde ich sie nicht. Ich grübelte als Kind viel und wunderte mich, wieso ich überhaupt auf der Welt wäre. Manchmal hatte ich das Gefühl, woanders sein zu müssen. Irgendwie verstand ich das ganze Leben in seiner widersprüchlichen Vielfalt nicht. Fing ich manchmal in meiner kindlichen Art an, mit den Eltern von meinen Gefühlen zu sprechen, dann sahen mich Papas so liebe Augen irgendwie ratlos an, daß er mir leid tat. Und Mama? Mama verscheuchte all dies in mir mit Liebe, Zärtlichkeit, oft mit sprudelnd hervorgebrachten Vorschlägen, was wir nun alles tun könnten.

Am Freitag, dem 26. Juni 1914, fuhren Mama und ich allein mit dem Lloyddampfer „Palacky" nach Triest. Es war unsere letzte Schiffsreise – nur wußten wir es damals nicht. Ich erinnere mich nur, wie wir auf dem überfüllten Schiff an der Reling standen und winkten – Papa am Quai und winkte zurück. Diese aufrechte Gestalt, seine ruhige Haltung, der liebe Blick, so vertraut. Ich hatte doch schon einige Male diese Reise bewußt mitgemacht, und auch ein andermal stand Papa und winkte, warum erinnere ich mich gerade an diese so stark? Tagebuch von Mama:

*„Der Abschied von Heinz fiel mir diesmal unendlich schwer, warum? Er sollte doch bald nachkommen. Die Reise verlief auch diesmal nicht sehr angenehm – bis Piräus waren ich und fast alle seekrank, dann erkrankte ich an einer starken Angina mit Fieber. Zum Glück machten auf demselben Schiff Familie Weinzettl und Dr. Schuster die Reise mit, welche sich meiner und Lorles annahmen. In Patras erfuhren wir von der Ermordung des Thronfolgers Franz Ferdinand und seiner Gemahlin."*

Ich kann mich an eine sehr düstere, ich möchte fast sagen unheimliche, Stimmung erinnern, die damals auf dem Schiff herrschte. Ich frug mich, warum? Ich war gewohnt gewesen, daß die Erwachsenen sehr oft über Krieg, Mord, Hängen und ähnliches in Cospoli gesprochen haben – aber stets waren sie wohl ernst, aber ruhig und besonnen geblieben. Und nun? Es war wohl der Erste Weltkrieg, der seine Schatten vorauswarf, die viele wohl fühlten, aber an die Tragik, die er ausgelöst hat, nicht denken konnten. Das Tagebuch von Mama berichtet weiter:

*„Donnerstag, den 2. Juli kamen wir um 2 Uhr nachmittag in Triest an. Im Hafen ankerten die Kriegsschiffe, welche die*

*Leichen des Thronfolgerpaares heimbrachten, ganz Triest war schwarz drapiert, da vormittags die Leichenfeier stattfand. Am Quai empfing mich Dr. M. mit einem Blumenstrauß. Am Postamt Heinzens Briefe behoben (die Eltern schrieben einander täglich, wenn sie getrennt waren), dann Lloydcafé und zum Südbahnhof, wo Heinz uns Schlafwagenplätze besorgt hatte.*

*Freitag, den 3. kamen wir gut in Wien an, von Alois auf der Bahn empfangen, ins Hotel Victoria und sofort ins Theresianum, um Bernd zu sehen, leider nur auf 5 Minuten.*

*Sonntag, den 5. war große Familienjause bei Papa Kamler.*

*Montag, den 6. früh Abfahrt mit Südbahn unter Alois' Hilfe und Begleitung nach Lienz mit beiden Kindern ... in Lienz angekommen, von Rienzner empfangen, nach Leisach gebracht, wo wir in unserem alten Zimmer gut installiert den Zeitpunkt ersehnen, wo Heinz kommen soll.*

*Freitag, den 24. werden wir überrascht durch ein Extrablatt, daß Österreich an Serbien ein scharfes Ultimatum gestellt hat, binnen 48 Stunden anzunehmen oder sich in den Kriegszustand versetzt zu fühlen. Ich war in heilloser Aufregung, da Heinz am 23. abends von Cospoli abfahren und am 26. früh eintreffen sollte.*

*Sonntag, den 26. fuhr ich mit den Kindern bei einem fürchterlichen Unwetter, Blitz und Donner auf die Bahn, sehnlich Heinz erwartend, aber er kam nicht. Nachm. um 3 Uhr erhielt ich aus Budapest ein am Vorabend aufgegebenes Telegramm, daß er zurückbeordert wurde. Inzwischen wurde allgemeine Mobilmachung angeordnet. Krieg mit Serbien! Mittwoch den 29. kam Heinz nach einer langen, umständlichen Reise per Wagen über die rumänische Grenze in Cospoli an und telegraphierte mir seine glückliche Ankunft. Nun folgte Schlag auf Schlag ein Ereignis dem anderen: am Sonntag, den 1. August Kriegserklärung Deutschlands an Rußland, zudem wurden wir durch die Nachricht überrascht, daß nur bis 5. August Schnellzüge verkehren, dann werde überhaupt der Verkehr eingestellt, und erst später wird 1 Personenzug pro Tag mit Lastzugsgeschwindigkeit verkehren. Die Folge war, daß alles in schleuniger Flucht abreiste.*

*Ich wollte auch das letzte Türchen zu meinem Heinz benützen, da telegraphierte Lloyd: Dampferverkehr eingestellt. Ich war nun verurteilt zu bleiben und verbrachte martervolle Tage. Keine Nachricht von Heinz. Endlich, nach 3 Wochen, kamen die ersten lieben Briefe und so langsam die anderen zurückgehaltenen auch.*

*Samstag, den 15. kam zu meiner Freude Alois, um bis Ende August hierzubleiben und mit uns bis Graz zu fahren.*

*Dienstag, den 18. feierten wir Kaisers Geburtstag sehr einfach. Wir fuhren mit Alois nach Lienz in die Kirche, dann zurück. wo wir zwar von Rienzner mit einem Festessen überrascht wurden, sonst aber nichts unternahmen, als den wachhabenden Soldaten bei der Brücke ein Faßerl Bier, Tabak und Cigaretten zu schicken. Alois hielt einen recht guten Kaisertoast. Die folgenden Tage bis zu unserer Abreise nach Graz verliefen bei schönem Wetter angenehm. Vorm. lernte ich mit den Kindern. Bernd radelte nach Lienz, um die Post und die neuesten Kriegsnachrichten zu holen.*

*Am 1. September fuhren wir mit dem ersten beschleunigten Personenzug nach Graz, gemeinsam mit Alois. Bernd nahm sehr tränenreichen Abschied von seinem geliebten Leisach. Wir fuhren in einem überfüllten Zug um ½10 Uhr ab. In Klagenfurt erwarteten uns Dir. Weinzettl und Frau S., dann ging es weiter, wir kamen um 9 Uhr abends nach Marburg, wo wir in den fürchterlich überfüllten Triester-Zug einsteigen mußten und bis Graz ½12 Uhr nachts im Corridor stehen mußten.“*

Welch ein Unterschied, kann ich nur sagen, zu unseren anderen Reisen mit dem Conventionszug! Aber Mama war ruhig, umsichtig, paßte sich vollkommen dieser unglücklichen Situation an. Die Tage bis zum 10. September verbrachte Mama mit uns in Graz. Besuchte Bekannte, traf Freunde aus dem diplomatischen Corps, die ihren Urlaub auch in Österreich verbracht hatten und sich nun gegenseitig informierten, was zu tun sei.

*„Donnerstag, den 10. fuhren wir von Graz um ½3 nachm. ab und kamen in Wien um ½9 Uhr an. Ab, direkt ins Hotel Victoria.*

*Sonntag, den 13. speisten wir bei Großpapa Kamler zu Mittag. Die Aussicht, nicht nach Cospoli reisen zu können, verstimmte mich tief. Die militärische und politische Situation war sehr ungünstig.“*

Die folgenden Tage lief Mama von „Pontius zu Pilatus“, um unsere Reise nach Cospoli durchzusetzen.

*„Donnerstag, den 17. führte ich Bernd abends 7 Uhr ins Theresianum, half ihm, alles auszupacken. Er ist in der VIII. Cemenate (richtig: Kamerate; d. Hg.), hat als Präfekten einen Herrn Dr. Känner, der sehr sympathisch und nett ist.“*

Das Gerücht, es ginge ein Kurier nach Cospoli, ließ Mama nicht ruhen. Sie beriet sich mit Onkel Alois.

*„... ging mit Lorle zu Excellenz W. ins Ministerium, besprach mit Baron Schlechter meine Situation. Rannte zur Schlafwagengesellschaft, bestellte Schlafwagenplätze. Zu Direktor Kuranda in Wiener-Bank-Verein, um mein Geld in Napoleons, rum. u. bulg. Geld zu wechseln.“*

Inzwischen war der österreichische Generalkonsul von Janko auch in Wien eingetroffen, auch er gehörte zum engsten Freundeskreis meiner Eltern. Er unterstützte Mamas Entschluß – umso mehr, als er hörte, daß ein „Consul“ auch nach Cospoli reisen würde. Als sich herausstellte, daß der Consul und der Kurier ein und dieselbe Person wären, war Mama beruhigt und setzte endgültig ihre Reise für den Samstag, den 20. September fest. Sehr hektisch sind die Aufzeichnungen und doch vollkommen zielsicher ihre Handlungen.

Am Bahnhof versammelten sich alle Reisegefährten, scharten sich um den „Kurier-Consul“, etwas bange war man, denn es war nicht unmöglich, mitten in eine Kriegserklärung mit Rumänien hineinzukommen. Aber Mama und ich hatten ein Schlafwagenabteil für uns, um halb zehn Uhr fuhren wir ab, um am Sonntag, dem 21., früh um sieben Uhr in Budapest anzukommen. Das Gepäck mußte deponiert werden, da der nächste Schlafwagen erst um halb drei Uhr nachmittags abging. Mama nützte die Zeit, um das Consulat aufzusuchen, sich zu informieren, sich „mit Lorle die Stadt anzusehen und gut zu speisen".

Nach weiteren Aufenthalten in Bukarest und Sofia kamen wir am 25. September an der türkischen Grenze an. Hier begrüßte uns ein Polizeimann bei der Paß-Visitierung:

*„Oh, Autrichienne, bonne amie!" und schüttelte uns kräftig die Hand. Die Fahrt verging mit Gesprächen mit dem deutschen Kurier recht angenehm, nur war es halb ein Militärzug. Wir hatten außer harten Eiern nichts zu essen. Beleuchtung war auch keine, so saßen wir eben bei Kerzenbeleuchtung bis 10 Uhr abends, wo wir pünktlich ankamen und, von Heinz jubelnd empfangen, für alle Strapazen und Mühen reichlich entschädigt wurden."*

Daß es mein achter Geburtstag war, hat niemand registriert!

Ich erinnere mich, daß ich diese Zeit nach unserer Rückkehr von Tirol als eine völlig andere empfand. Die Heiterkeit, der Schwung, mit dem jeder Tag begann, der fehlte. Irgendwie waren die Eltern stiller geworden, sie sprachen auch öfter leise über dies und jenes, das ich nicht vernahm, aber dies hatten sie früher nie getan. Auch wenn ich da und dort mitgenommen wurde, es war alles irgendwie anders.

Die Zeit bis Februar 1915 war ein Auf und Ab von Einladungen, Alltag, Jubel bei Siegen unseres Heeres und Angst ob der ungeheuerlichsten Gerüchte. Mir kam diese Zeit vor wie die Zeit des Tanzes vor der Guillotine. Nun enden auch bald alle meine Erinnerungen an Cospoli. Ich weiß nur mehr von einer großen Betriebsamkeit Mamas. Sie verpackte alles, was ihr wertvoll und unersetzlich schien, alle türkischen Sachen, Bücher, Noten etc., packte sie in handliche Kisten und übergab sie – kurz entschlossen – dem Schuldiener der „Österreichisch-ungarischen Schule".

„Bei Ihnen wird sie niemand suchen und niemand danach fragen. In dem geräumigen Keller stören sie auch nicht. Ihnen vertraue ich. Ist es soweit, daß wir wissen, wo wir bleiben und leben können, melde ich mich, und dann werden sie die Kisten an diese neue Adresse senden." So ungefähr, wurde mir später erzählt, hat Mama sich verhalten. In einige größere Koffer packte sie – außer unsere persönlichen Sachen – das Silber und die besonderen Wertsachen, um diese selbst nach Wien mitzunehmen. Die Möbel aber, das Geschirr etc., alles was „ersetzlich" war, weil es einfach in Wien wieder gekauft werden konnte und für sie keinen persönlichen Wert darstellte, verkaufte Mama. „Um ein Butterbrot", hatte sie etwas theatralisch erklärt, „aber was bleibt mir anderes übrig?" Die Feinde standen vor den Dardanellen, die Türken wollten die Post in eigener Regie übernehmen, Papa wartete täglich auf seine Abberufung. Ein Umzug mit allen Sachen war nicht mehr möglich. Mama wollte alles so verfügen, daß der Verlust so klein wie möglich sei und Papa sowenig wie möglich belastet wurde. Ich sehe mich durch die Wohnung gehen, die von Tag zu Tag leerer wurde, fühlte, daß nun „etwas" zu Ende ging, dem ich damals natürlich keinen Namen geben konnte, das mich aber belastete, und dieses Gefühl – leider Gottes! – sollte sich noch öfter in meinem Leben wiederholen.

In meinem Zeugnis der „Österreichisch-ungarischen Volks- und Bürgerschule in Konstantinopel" steht:

„Zur Übersiedlung nach Wien am 5. März 1915 abgemeldet." Also müssen Mama und ich kurz danach nach Wien gefahren sein.

# Christine Schleifer

## *Ich war ein sehr scheues Kind*

Über ihre Vorfahren berichtet Christine Schleifer (geboren am 28. April 1902) folgendes: „Meine Ahnen väterlicherseits, die Schleifer, waren Müller. Unser ältester nachweisbarer Ahne war Abraham Schleifer in Weitersfeld. Es wurde einmal die Meinung geäußert, daß die Familie zur Zeit der Reformation vielleicht protestantisch geworden war, unser ‚Stammvater Abraham' aber konvertierte, denn zu seiner Zeit soll man in solchen Fällen gern Namen aus dem Alten Testament gewählt haben." Die Großeltern von Frau Schleifer waren in Wolkersdorf ansässig, betrieben eine Mühle, besaßen Weingärten und führten ein Schwimmbad. „Meine Mutter, die als Kind dort oft baden gegangen ist, erzählte, daß man für den geringen Betrag, der zu zahlen war, noch ein Stück von dem guten Hausbrot bekam."

Da der Bruder die Mühle übernehmen sollte, wurde Frau Schleifers Vater Edmund (15. November 1871 bis 10. Mai 1942) von den Eltern für das Studium bestimmt: Er sollte Priester werden und kam mit elf Jahren ins Seminar nach Hollabrunn. In der siebenten Klasse beschloß er allerdings, den Arztberuf zu ergreifen, und er studierte nach der Matura Medizin.

Frau Schleifers Vorfahren mütterlicherseits stammten aus Iglau in Böhmen, wo Ururgroßvater Carl Vinzenz Höck Lederermeister und Bürger war. Urgroßvater und Großvater waren Juristen:

„Mein Urgroßvater Dr. Max Neubauer (15. September 1818 bis 11. Jänner 1885) war Rechtsanwalt, später k.k.

Notar. Wie sein Bruder Rudolf war er Mitglied der Akademischen Legion und kämpfte auf den Barrikaden. Als er politisch verfolgt wurde, floh er nach Iglau.“

Frau Schleifers Mutter Paula Neubauer (29. Juni 1879 bis 1. Juni 1966) und ihr späterer Ehemann lernten einander in Wolkersdorf kennen, wo Großvater Dr. Neubauer eine Notariatsstelle innehatte. Sie heirateten am 27. Mai 1901 in der Kirche St. Laurenz am Schottenfeld in Wien.

Frau Schleifer war nach dem Schulabschluß und der Staatsprüfung in Französisch einige Zeit in einer Wiener Bank angestellt, entschloß sich dann aber – auch auf Anraten ihres Volksschullehrers – Lehrerin zu werden. Nach der Ausbildung im Pädagogium, die 1926 beendet war, unterrichtete sie drei Jahre im Kloster in Retz, wo sie selbst Französisch gelernt hatte.

Danach war sie an verschiedenen Orten im Lehrberuf tätig, bis sie 1930 heiratete. Dieser Ehe entstammen drei Kinder. Frau Schleifer lebt mit ihrem Mann in Wien. Sie schrieb ihre Kindheits- und Jugenderinnerungen (handschriftlich, 115 Seiten) zwischen 1966 und 1972. Die Veröffentlichung erfolgt unter ihrem Mädchennamen.

1900 ging mein Vater als praktischer Arzt nach Retz, wohnte möbliert bis zu seiner Verheiratung im Jahre 1901. Dann wohnten meine Eltern Althofgasse 16, im zweiten Stockwerk eines Hauses der Familie Richter. In der Dreieinhalb-Zimmer-Wohnung waren ein Schlaf-, ein Speise- und ein Wohnzimmer; ein Mädchen schlief im Tafelbett in der Küche, das zweite auf dem Diwan im Wohnzimmer. Das Wasser mußte man vom Röhrenbrunnen auf dem Hauptplatz holen, und von vielen Kleinigkeiten, die heute unsere Bequemlichkeit ausmachen, hatte man keine Ahnung. Aber das Leben war ruhiger! Mein Vater hatte ein Fahrrad und ein Reitpferd, und nur bei schlechtem Wetter fuhr er mit einem Lohnkutscher. Aber die Praxis war gut. Es waren damals in Retz drei Ärzte: Dr. List, ein älterer Herr, der sehr viel für die Ärztekammer arbeitete, Dr. Fischer und mein Vater, der bald die

Stelle als Gemeindearzt der Stadtgemeinde (früher waren Altstadt und Stadt Retz getrennte Bereiche) und einiger umliegender Orte bekam.

An meine ersten Lebensjahre habe ich nur mangelhafte Erinnerungen. Ich entsinne mich, daß ich nach Tisch, wenn meine Mutter ruhte und Paula (meine zweieinhalb Jahre jüngere Schwester) schlief, meine wenigen Puppenmöbel aufstellte. Ich erinnere mich an die Aussicht vom zweiten Stock – an das Haus, das an Stelle der jetzigen Sparkasse dort stand und abbrannte, als wir einmal im Sommer in Salzburg waren; ich erinnere mich an einen kleinen Schrecken, als einmal an einem Sonntagnachmittag, als meine Eltern nicht daheim waren und ich bei dem Mädchen war, ein Mann kam, dem Blut von der Hand tropfte. Jedenfalls war er ein alkoholisierter „Gstochener" von einer Rauferei.

Mein Vater war nach Aussage von Bekannten ganz hervorragend in der kleinen Chirurgie und hatte des öfteren Verletzte zu behandeln, seien es „Kirtaggstochene" gewesen oder solche, die beim „Martiniloben" (dem Kosten des heurigen Weines) Opfer von Ausschreitungen geworden waren.

Ich erinnere mich an mein blau-kariertes Mäntelchen und besonders an die Knöpfelschuhe, von denen ich zwei Paar hatte. Die noblen mit den Lackkappen wollte ich nur zu den feinen maschingestrickten Strümpfen tragen, die derberen zu den von Großmutter Schleifer handgestrickten Strümpfen. Ich wagte aber nicht, diesen Wunsch zu äußern, und war glücklich oder unglücklich, wenn Schuhe und Strümpfe nach Wunsch – oder eben nicht – zusammenpaßten. Das waren Kindersorgen!

Manches aus meiner frühen Kinderzeit ist mir aus Erzählungen meiner Mutter bekannt. Meine Freundin war die um einige Jahre ältere Antschi Leidwein, die Tochter des Lohnfuhrwerkers, bei dem mein Vater das Pferd in Quartier und Kost hatte. Antschi war viel bei mir, spielte mit mir und war wie ein Kindermädchen. Sie hütete anscheinend lieber mich als ihre jüngeren Geschwister. Sie war eine resolute, energische, kleine Person, für mich wirklich wie eine Gouvernante. Wenn es etwas Gutes zu essen gab, spielte sie mit mir Nikolo, ich durfte der Nikolaus sein und sie beschenken. Einmal bekam Antschi zur Jause Honig direkt aus den Waben, am nächsten Tag gab es Butterbrot, am dritten Topfenbrot, am vierten Tag blieb Antschi aus – um jedoch bald wieder zu erscheinen.

Meine bewußte Kindheit ist die Zeit vor 1914. Zu Kriegsausbruch war ich zwölf Jahre alt, und die nun kommende Zeit wurde immer ernster und schwerer. Die Lebensverhältnisse vor 1914 sehe ich heute anders, als ich sie damals erlebte, denn da fehlte mir der Blick für die sozialen Unterschiede. Wir hatten keine materiellen Sorgen, der Haushalt war tadellos geführt, alles ging seinen geordneten Gang, es waren Dienstleute da, der Vater hatte in Retz und Umgebung eine geachtete Stellung, einen schönen Beruf, gutes Einkommen. Und ebenso war es bei den Familien, in denen wir verkehrten.

Aber es gab ja nicht nur den Mittelstand, dem wir angehörten. Es gab so viele Menschen, die ein mehr als karges Leben führten. Die sozialen Verhältnisse waren nicht gut, die Standesunterschiede groß. Der Arbeiter hatte nur so lange Verdienst, als er in Beschäftigung stand, für sein Alter war nicht gesorgt. Es gab die Arbeiterkrankenkasse, aber keine Fürsorge für Arbeitslose. Doch wie hätte ich das damals alles verstehen können?

Nun wieder zu meiner Familie. Im Jahr 1907 bezogen wir das Haus „Am Stadtwall 147“. Meine Eltern bekamen zum Bau dieses Hauses einen Teil ihres Erbes ausbezahlt. Das neue Haus lag an der Grenze zwischen Stadt- und Altstadtgemeinde. Die Altstadt ist der ältere Teil von Retz und hat bäuerliche Besiedlung, die Stadt hatte Mauern und Türme und ist der jüngere Teil der Siedlung. Teile der Befestigung sind noch vorhanden.

Der Garten unseres Hauses war im ehemaligen Stadtgraben und wurde mit dem Material des Erdaushubes aufgeschüttet, so daß unser Garten höher lag als die

Grabenteile der Nachbarn. Abgeschlossen war unser Garten durch die äußere Stadtmauer. Zwischen ihr und der inneren Stadtmauer war ein Gebäude, die sogenannte Schubstation, das der Gemeinde gehörte. Hin und wieder waren die Räume mit durchfahrenden Wanderburschen belegt, jedoch konnte man unseren Garten nicht einsehen, denn die Fenster waren aus Schuppenglas und durften laut schriftlichem Abkommen nur am zeitigen Morgen geöffnet werden.

In unserem neuen Haus war alles sehr weiträumig. Schon die Einfahrt war sehr hoch. Am Beleuchtungskörper an der Decke war immer ein Schwalbennest. Ein zweites Schwalbennest wurde 1926 im Vorzimmer im ersten Stock, das mit dem Stiegenhaus verbunden war, gebaut. Da 1926 das Geburtsjahr von Klaus war, wollte man den kleinen Glücksbringern den Bau nicht zerstören. An Schnüren wurde unter dem Nest ein großer Karton angebracht und so jeder Schmutz auf dem Boden verhindert.

In der schönen Jahreszeit gingen wir nicht durch das Stiegenhaus in das Hochparterre, wo die Wohnräume lagen, sondern über die Veranda, hinter der das Wohnzimmer lag. Die Veranda lag südseitig, gegen Osten war eine Mauer zum Nachbarhaus, gegen Westen ein über die ganze Wand reichendes Glasfenster. So war die Veranda gegen Wind und Regen geschützt und vom Frühling bis zum Herbst ein Wohnraum. Wenn die Sonne höherstieg, konnten große Rouleaux herabgelassen und ausgespannt werden.

Das Wohnzimmer war für spätere Jahre als Zimmer für meine Schwester und mich gedacht. Es sollte mit Bauernmöbeln eingerichtet werden, deswegen hatte es auch einen Holzplafond und einen Bauernofen aus braunen Kacheln. Soviel ich weiß, war es einfach eingerichtet – Tisch und Sessel, ein Diwan und ein Kasten. An einen Spiegel erinnere ich mich und an eine Pendeluhr.

Im Schlafraum war das Bett von Tante Lenore, einer Urgroßtante, und der weiße Waschtisch, den meine gute

Großmutter Schleifer für mich besorgt hatte, als sie hörte, daß ich mich in einem Spielwarengeschäft wie verrückt darauf gestürzt hatte und ihn unbedingt haben wollte. Die Schachtel, in der ihn Großmutter sandte, habe ich heute noch.

Doch weiter zu den Räumen. Vom Wohnzimmer ging eine zweiflügelige Tür ins Vorzimmer, die mit Sternglas verziert war. Neben dem Wohnzimmer war die Küche, auch mit einer Tür ins Vorzimmer. Dort war der große Sparherd aus weißen Kacheln mit den beiden Bratrohren und dem kupfernen, innen verzinkten Wasserbehälter. Anfangs hatten wir hellgrün gestrichene Küchenmöbel. Als meine Eltern in späteren Jahren in Dresden bei einer hygienischen Ausstellung waren, wurden neue Küchenmöbel angeschafft, die weiß gestrichen waren und auf einem Sockel von Linoleum festgemacht worden waren. Diese sahen sehr schön aus. Die Küche war südseitig und hatte ein Fenster in den Garten.

Als wir 1907 in das Haus einzogen, hatten die Privatwohnungen noch keine Wasserleitungen. Es gab wohl eine Leitung von den „Sieben Quellen"[1]) zur Bassena auf dem Hauptplatz und zum Bründl beim Znaimer Tor. Wir hatten im Garten zwar einen Brunnen, aber das Wasser war sehr hart und wurde nur zum Gießen verwendet. Für die Küche wurde es in Kannen vom Bründl geholt, für die große Wäsche in einem großen Faß auf einem Wagen vom Hauptplatz zum Haus geführt.

Doch weiter ins Vorzimmer. Neben der Küche war die Tür ins Klosett, daneben die Eingangstür ins Stiegenhaus. Das Klosett war durch ein sehr hoch gelegenes Fenster mit dem sogenannten Dienstboten-Klosett verbunden, das den Eingang vom Stiegenhaus aus hatte. Später, als wir nicht mehr drei Dienstboten, sondern nur mehr ein

---

1 Von den „*Sieben Quellen*" floß das Wasser in den Stadtbrunnen, der sehr lange benützt wurde, da in Retz erst spät einzelne Wasserleitungen verlegt wurden.

Mädchen hatten, wurde dieses Klosett aufgelassen und in einen Vorratsraum umgewandelt.

Von der Einfahrt führte eine Tür ins Stiegenhaus, von hier aus die Stiege in den Keller, weiters zehn Stufen ins Hochparterre und die Stiege in den ersten Stock.

Kam man vom Stiegenhaus in das schon genannte Vorzimmer, so war links der Eingang in das Wartezimmer. An dieser Tür war eine Holztafel in Brandmalerei (von meinem Vater ausgeführt, der sehr viel in dieser Technik arbeitete): „Eingang in das Warte- und Ordinationszimmer“. Das Wartezimmer hatte ein Fenster auf die Straße. Ich erinnere mich noch an den Schreibtisch (mit großer Unordnung an Papieren und mit Photos von Paula und mir), die Bohrmaschine für die Zahnbehandlung, eine Ottomane, einen Instrumentenkasten, einen großen Waschtisch und einen hohen Bücherkasten.

Neben dem Ordinationszimmer war ein einfenstriger Raum, den wir Salon nannten. Dort waren eine Jugendstil-Sitzgarnitur, eine Bank, zwei Fauteuils, zwei Sessel und ein kleiner Tisch (den ich heute noch in meinem Schlafzimmer habe). Die Sitzmöbel waren mit grün und hellbraun gemustertem Stoff bezogen. Als Paula heiratete, bekam sie diese Garnitur für die Kanzlei mit. Weiters waren in dem Raum zwei Bücherkästen und ein Damenschreibtisch. Darauf standen meines Erinnerns noch eine Uhr in Bronze und ein Bildchen vom Lindauer Hafen. Später kam in diesen Raum auch das Klavier, und zu Weihnachten stand dort der Christbaum. Da mußte wohl die Garnitur hinausgeräumt worden sein. Eine zweiflügelige Tür führte in das Speisezimmer, das mir immer als der eleganteste Raum vorkam. Es hatte ja auch den großen Erker mit den schmalen Fenstern seitlich, durch die man einerseits bis zum Kalvarienberg, andererseits bis zur Bahn und die Höfleiner Straße hinunter sah.

Das Speisezimmer war nach der damaligen Mode ein altdeutsches, jedoch nicht wie viele dieser Art überladen. Da war die große Kredenz, auf der schöne Dekorstücke in Silber und Glas standen, das Trumeau mit dem großen

Spiegel, ein Tisch und sechs Sessel, ein Serviertisch („stummer Diener" genannt) und ein sehr geschmackvoller Diwan mit drei großen Polstern aus grünem Plüsch als Lehne. Die Sitzfläche war aus mattrot- und braungemustertem Plüsch, einem derart guten Material, das später, unterfüttert und mit Fransen versehen, in einen Teppich umgewandelt wurde, der noch heute (1986!) benützt wird.

Neben dem Speisezimmer war das Schlafzimmer, ein großer zweifenstriger Raum, in dem außer den Schlafzimmermöbeln noch eine Ottomane, ein Schubladkasten und ein Gitterbett Platz fanden. Die Vorhänge und die Bettdecke waren aus rostbraunem Schafwollsatin, mit gelbem Baumwollsatin unterfüttert.

Im Speisezimmer waren die Vorhänge olivgrün, zum Diwan passend. Über dem Diwan hingen zwei große Drucke, Waldlandschaften darstellend. Über der Schmalseite des Diwans zum Erker hin hing ein Druck nach dem Gemälde des russischen Malers Kowalsky, der sehr gern Wölfe darstellte. Dieses Bild, ein einsamer Wolf auf einer verschneiten Anhöhe, in der Senke ein paar schwach beleuchtete Gehöfte, machte auf mich einen großen Eindruck. Ich habe es heute noch bei mir aufgehängt.

Über diesem Bild war eine Uhr, deren Dekor mein Onkel Franz in Laubsägearbeit ausgeführt hatte. Der Kasten mit dem Uhrwerk war aus hellem Holz, das Zifferblatt und das Gehäuse in durchbrochener Arbeit aus dunklem Holz. Diese Uhr war ein Hochzeitsgeschenk von Onkel Franz an meine Eltern. Ich bewunderte immer die Korrektheit, mit der er gearbeitet hatte, besonders beim Zifferblatt. Die Arbeit war so genau wie die seines Vaters an den Kopien der Malereien.

Zu dieser Etage des Hauses gehörte noch ein als Badezimmer bestimmter Raum, der aber erst nach Einleitung der Wasserleitung dazu wurde. In meiner Kindheit war er eine große Speisekammer.

Wenn ich als Kind im Herbst und Winter in der Dunkelheit heimkam, zum Beispiel vom Eislaufplatz oder aus einer Privatstunde aus dem Kloster, so ging ich durch die dunkle Einfahrt und das dunkle Stiegenhaus. Sobald ich das Vorzimmer erreicht hatte und bei der letzten Tür rechts, also im Wohnzimmer, Licht sah, empfand ich immer ein starkes Gefühl der Geborgenheit.

Eine besondere Rolle spielte der große Erker im Speisezimmer, auch später, als nach Großpapas Tod die Biedermeiermöbel dort standen und die Speisezimmermöbel in das Wohnzimmer hinter der Veranda kamen. Im Erker war bequem Platz für einen Nähtisch und zwei Sitzgelegenheiten. Und was konnte man von hier aus alles sehen! Da war gegenüber die Schule, anschließend der Kirchenpark und die Pfarrkirche. Man konnte alle Leute sehen, die zu den verschiedenen Messen in die Kirche gingen. Wenn, wie zu Fronleichnam oder zur Auferstehung, eine Prozession war, nahm der Menschenzug kein Ende. Dann stellten wir Leuchter mit Kerzen in die Fenster. Auch die Begräbnisse konnte man vom Erker aus beobachten. Oder man sah die Leute, die vom Bahnhof kamen oder am Sonntag zur Rückfahrt nach Wien zum Bahnhof gingen. Und die Schulkinder! Ein Großteil versammelte sich vor dem Schultor, das eine Viertelstunde vor Unterrichtsbeginn geöffnet wurde.

In den Ferien war es eher still in dieser Straße. Sonntag aber, zur Kirchenzeit, kam gern Paulas Freundin Hedwig zu einem, wie sie sagte, „christlichen Haustratsch“ über die Vorübergehenden.

Als im Erkerzimmer die Biedermeiermöbel standen, hingen über dem Diwan die Familienbilder von Karl Vincenz Höck und dem Ehepaar Patzoll aus dieser Generation, über dem Trumeau mit der kleinen Vitrine andere Familienbilder. In der Vitrine war schönes Glas, das meine Urgroßmutter zur Hochzeit bekommen hatte, auch Porzellan und Porzellanfigürchen. Dies alles und das schöne Porzellan aus der Speisezimmerkredenz ist nach dem Krieg verschwunden, aber nicht durch die Russen. Es wurde wahrscheinlich von Leuten aus dem Ort gestohlen, denn meine Mutter war zu dieser Zeit in Horn, und Tante Grete, die in Retz war, suchte bei Bekannten Schutz vor den Russen. Doch davon genug.

Als Kind war es mir oft leid, daß ich nicht mehr in „der Stadt“ wohnte, obwohl unser Haus noch zur Stadtgemeinde gehörte. In der Stadt gab es mehr zu sehen, da waren Geschäfte mit Auslagen, da war der Hauptplatz mit den beiden großen Röhrenbrunnen, wo immer Leben war, da war das Rathaus inmitten des Platzes, ein Renaissancebau mit hohem Turm und der Rathauskapelle, die am Karfreitag geöffnet war und manchmal auch im Sommer, wenn an bestimmten Tagen dort Messen zelebriert wurden. In der Kapelle interessierte uns besonders das Bild von Rudolf von Habsburg mit dem Priester. In den schönen, geschnitzten Kirchenbänken waren noch die Täfelchen von den einstigen Inhabern der Plätze, rechts die Männer, links die Frauen, und wir fanden es sehr interessant, daß die Frauennamen vielfach die Silbe „-in“ angeschlossen hatten, zum Beispiel Huberin oder Schreiberin.

Besonderes Leben war in der Stadt an den Markttagen. Jeden Donnerstag war Wochenmarkt, da gab es Stände mit Gemüse, Eiern, Butter, auch mit lebendem Geflügel. Da kam die Bevölkerung aus den umliegenden Ortschaften, hielt feil und versorgte sich mit manchem, das man in den Dörfern nicht einkaufen konnte. Wir hatten in der Stadt ja Geschäfte mit Schnittwaren, mit fertiger Kleidung, und auch alle Handwerker waren vertreten, vom Schuster und Schneider bis zum Drechsler, Töpfer und Seilermeister.

Ganz besonderes Leben aber herrschte an den Tagen der Jahrmärkte. Leider weiß ich nicht mehr, ob diese an bestimmten Tagen abgehalten wurden, ich glaube aber wohl, daß sie zeitlich gebunden waren, vielleicht sogar zu kirchlichen Festtagen stattfanden. Jedenfalls waren auf dem Hauptplatz viele Buden aufgeschlagen, man bekam die verschiedensten Dinge zu kaufen, Kleidung, Wäsche, Schuhe, Teppiche, Schnittwaren, Besen, Küchengeräte, Geschirr, Glas usw. Und da war ein Lärm, ein Ausrufen, ein Feilschen! Den ganzen Tag über dauerte dieses Gedränge.

Für uns Kinder hatte besonders die Bude mit den Süßigkeiten Anziehungskraft. Es gab türkischen Honig, Schokolade, Zuckerln, Zuckerstangerln, Lebkuchen, alles durcheinander, nicht gerade hygienisch, aber doch sehr verlockend für das junge Volk. Paula und ich bekamen von den Eltern je fünf Kreuzer Marktgeld (man rechnete vielfach noch in Gulden und Kreuzern, obwohl damals schon längst die Kronenwährung eingeführt war), und wenn die Großeltern gerade in Retz waren, noch zehn Kreuzer dazu. Mit diesem Kapital mischten wir uns unter die Marktbesucher, ich jedesmal mit dem Vorsatz, diesmal ganz bestimmt ein Stück Schokolade zu kaufen. Der Verkäufer rief immer wieder aus: „Schokolade, Vanilli, für die ganze Familli!" Aber die Sparsamkeit war meist stärker als die Genäschigkeit, und ich kam jedesmal mit einem Notizheft um zwei Kreuzer und einem Salzstangerl nach Hause. Paula erstand meist Kochtöpfchen für die Puppen. Vor dem Rathaus hielt nämlich ein Töpfer feil, der entzückendes Puppengeschirr in allen möglichen Farben verkaufte. Am Nachmittag, wenn meine Schulkameradin, die Schneller Mimi, mir zeigte, daß sie ein Stück Schokolade erstanden hatte, nahm ich mir wieder einmal vor, beim nächsten Jahrmarkt dies auch zu tun.

Der altertümliche Charakter der Stadt war sehr reizvoll.[1]) Am Hauptplatz gab es nur ein Gebäude, das Posthaus, das um die Jahrhundertwende entstanden sein dürfte und nicht zu den schönen alten Häusern paßte. Glücklicherweise stand es an einer Ecke, wo es nicht besonders auffiel. Einige Häuser hatten vor dem gotischen Giebel die Scheinfassade. Ganz prächtig war das „Verderberhaus", ein Renaissancebau mit zwei Seitenteilen und einem zurücktretenden Mittelteil, unter dem ein Schwibbogen in die Znaimer Straße führte. Vom Haupt-

---

1 Siehe Abb. 16.

platz aus ging man einige Stufen hinunter in ein wunderbares, großes gewölbtes Geschäftslokal (heute leider durch eine Passage verunstaltet), wo Lebensmittel verkauft wurden.

Auf dem Hauptplatz stand auch die wunderschöne Dreifaltigkeitssäule. Die Rotdornbäume, die sie umstanden, wurden leider entfernt, ob die um das Rathaus noch stehen, weiß ich nicht. Jedenfalls war es ein wunderschönes Bild, wenn der Rotdorn blühte. Zu Fronleichnam war bei der Dreifaltigkeitssäule der erste Altar. Wie weihevoll und andachtsstimmend die Prozession in diesem schönen Rahmen war, läßt sich nicht schildern.

Wenn ich schon bei dem Schildern einer Fronleichnamsprozession bin, will ich erwähnen, daß sie vom Hauptplatz in der Klostergasse ging, wo sich ein wunderschöner Blick auf die Dominikanerkirche auftat, dann weiter zum Vinzenziplatz mit dem zweiten Altar, dann durch die Vinzenzigasse zurück zum Hauptplatz, durch den Schwibbogen und den Feuerturm in die Altstadt, wo auf dem Anger und in der Znaimer Straße die weiteren Altäre standen.

Unser Haus hatte einen sehr schönen Platz. Wie ich schon erwähnte, lag die Schule gegenüber, sie war aber nicht nur durch die Straße, sondern auch durch den Weg, der zur Kirche führte, getrennt. Diese Schule, ein schönes Gebäude, war einmal ein Schloß und bekam später einen Aufbau eines Stockwerkes. Einige Klassenzimmer haben noch Gewölbe, der Turnsaal große Fenster und Fresken. Aber auf die Schule werde ich noch zurückkommen.

Nun will ich aus meiner und Paulas Kinderzeit erzählen. Paula ist zweieinhalb Jahre jünger als ich, sie war also drei Jahre alt, als wir in das neue Haus einzogen. Die Wohnung, die ich ja schon geschildert habe, empfand ich als die schönste von ganz Retz. Die Wohnungen reicher Familien wie Mößmer und König waren bestimmt kostbar eingerichtet, aber die waren höchstens mit Blick in den Hof, während wir unsere herrliche Veranda hatten, die nach Süden in den Garten ging.

Unvergeßlich sind mir die Sommermorgen, wenn die Rosen im Garten und die Kletterrosen an der Veranda blühten, unvergeßlich auch die Sommerabende mit dem Blick auf die Stadtmauer bis zum Feuerturm, von den Silhouetten der Bäume aus den Nachbargärten unterbrochen. Manchmal machte eine Katze einen Spaziergang auf der Feuermauer, und auf einer Fichte in unserem Garten sang eine Amsel ihr Abendlied.

In der kalten Jahreszeit spielte sich unser Leben in dem an den Garten grenzenden Raum des Hauses ab. Im straßenseitig gelegenen Speisezimmer mit dem Erker war ein Dauerbrandofen, der auch den kleinen Salon mitheizte. Doch auch im elterlichen Schlafzimmer stand ein Kachelofen von Bedeutung. Der Kachelofen dort war von besonderem Reiz, wenn man krank war, in einem Bett der Eltern liegen durfte und in der Dämmerung das Ofentürl geöffnet war, so daß die Glut herausleuchtete. Das waren Stimmungshöhepunkte, die das Kranksein vergessen ließen. Übrigens war das Kranksein, weil es ja mehr oder weniger harmlos war, ein Vergnügen; man wurde verwöhnt, bekam ein Naturschnitzerl mit Kompott, Schinken, Biskuit, gute Kekse – und mußte nicht in die Schule gehen. Nur einmal, mit vierzehn Jahren, war ich sehr krank. Ich hatte schweren Scharlach und anschließend lang anhaltende schwere Kopfschmerzen, so daß mein Vater das Schlimmste befürchtete. Damals, als er zu Paula sagte, ich würde vielleicht nicht mehr gesund werden, hat sie ihn das einzige Mal weinen gesehen.

Wo man sich aufhielt, man hatte das Gefühl des Geborgenseins. Und dafür muß ich meinen guten Eltern immer dankbar sein, daß sie uns äußerlich und seelisch eine Umgebung geschaffen haben, in der wir ihre Liebe und Fürsorge spürten. Mein Vater war für mich der Inbegriff der Furchtlosigkeit und Unerschrockenheit. Seinem Schutz vertraute ich mich unbedingt an. Ich war ja, ach, ein sehr furchtsames Kind, das im finsteren Vorzimmer schon Qualen der Angst litt. Und meine Furcht vor Hunden hat mich bis in mein Alter nicht verlassen. In meiner Kindheit war sie geradezu krankhaft. Da bewunderte ich meinen Vater sehr, der bei seinen Krankenbesuchen in viele Häuser mit Hunden gehen mußte, und in einem Bauernhaus war der Hund untertags nicht an der Kette.

Das Gefühl, bei meinem Vater Schutz zu finden, hing sicher auch mit seinem Beruf als Arzt zusammen. Man hatte stets die erste Hilfe zur Verfügung, sei es bei einem Schnitt in den Finger, bei einem aufgeschundenen Knie oder Halsschmerzen und Katarrh. Ein Leben ohne den Arzt in der Nähe konnte ich mir nicht vorstellen, und manchmal bedauerte ich meine Freundinnen, die nicht in dieser glücklichen Lage waren.

So wie mein Vater den Schutz nach außen darstellte, war es meine Mutter innerhalb der Familie. Noch heute staune ich, mit welcher Umsicht sie den Haushalt leitete, alles einteilte, auch die Arbeit der drei Dienstboten. Diese Hilfe ermöglichte es ihr, für uns Kinder alles zu nähen. Und wie geschickt war sie darin! Unter ihren Händen wurde Altes neu, Reste wurden zu einem Ganzen. Später nähte sie auch manchmal für meine Vettern Giay, dann für ihren Enkel Klaus und für meine Kinder.

Meine Schwester und ich waren immer sehr geschmackvoll gekleidet, für die Schule einfach, aber unsere Festtagskleider waren erstklassig. Nicht einmal die gepflegten Königmädel hatten so gut gearbeitete und schikke Matrosenkleider wie die von meiner Mutter selbst genähten.

Und das ganze Haus war in Ordnung, vom Dachboden bis zum Keller. Ich war, im Gegensatz zu meiner Schwester Paula, ein sehr scheues Kind, sogar meinen Eltern gegenüber. Manches Leid wäre mir erspart geblieben, wenn ich mich mit meinen Eltern, zumindest mit meiner Mutter, ausgesprochen hätte.

Mit meiner Scheu und Angst hängt auch die Geschichte meiner ersten Lüge zusammen. Sie ist mir so in Erinnerung geblieben, und ich empfand sie als Kind so stark, daß ich es seit damals mit der Wahrheit sehr genau nehme. Ich war in der ersten Klasse. Es war Donnerstag, also schulfrei. Mein Großvater war in Retz zu Besuch und am Vormittag im Gästezimmer im ersten Stock. Meine Mutter beauftragte mich, hinaufzugehen und Großpapa zu fragen, ob er etwas brauche. In meiner Scheu getraute ich mich nicht, bei Großpapa anzuklopfen, um ihn zu fragen, aber auch nicht meine Mutter zu bitten, mir den Auftrag zu erlassen. So ging ich nur durch die Eingangstür ins Stiegenhaus und blieb dort einige Minuten stehen, ging zurück und sagte, Großpapa brauche nichts. Als später die Rede darauf kam, war meine Lüge nicht zu verbergen. Zuerst gab es jedenfalls eine Tracht Prügel, dann erklärte mir Mama die Lüge und ihre Folgen derart, daß ich ab diesem Zeitpunkt nicht einmal mehr mit der Möglichkeit des Lügens rechnete. Mein guter Großpapa bat, mir eine weitere Strafe zu erlassen. Ich mußte aber im Ofenwinkel knien, und am Nachmittag hatte ich Hausarrest.

Heute weiß ich, daß diese Begebenheit und vieles aus meiner Kindheit und Jugend mit den schweren Hemmungen zusammenhängt, an denen ich seit früher Kindheit litt und die die Krankheit meines Lebens sind. Dafür hatte man aber damals kein Verständnis. Mein Vater war ein guter Arzt, aber seelische Schwierigkeiten gab es für ihn nicht.

Meine Schwester Paula war im Gegensatz zu mir ein sehr heiteres Kind, fröhlich und unbeschwert, kontaktfreudig, aber dabei nie vorlaut oder keck. Es hieß, an ihr sei ein Bub verlorengegangen. Mit ihren blauen Spitzbubenaugen lachte sie alle an, die hellen Haare trug sie wie ein Junge kurz geschnitten. Gern hielt sie sich beim Pferd auf, ließ sich auf seinen Rücken heben und flocht aus seiner Mähne Zöpfchen. Wir hatten damals einen braven Braunen namens „Destillat“, der alles mit sich geschehen ließ. Paula war mit den Buben unseres Nachbarn Lehninger gut befreundet, und wenn man ihr verbot, über die Straße dort einen Besuch zu machen, so kletterte sie einfach über das Gartengitter.

In einer Ecke des Gartens hatten wir einen Spielplatz mit Turngerüst und Sandhaufen und einem Beet, wo wir etwas pflanzen konnten. Meine Blumen gediehen nie sehr gut, aber Paula legte Kartoffeln, und die konnte man ernten. Im Sand bauten wir Straßen und Burgen. Paula arbeitete mit Vorliebe mit Wasser. Sie grub ein Bassin, legte es mit Eternitplatten aus, goß Wasser hinein und setzte sich dann selbst hinein. Ich erinnere mich eines Sommernachmittags, an dem sie kein sauberes, trockenes Kleid mehr hatte und sich ins Bett legen mußte. Sie war bei allen ihren Untaten, die ja keine waren, – oder vielleicht gerade deswegen – ein reizendes Kind. In allen praktischen Dingen war sie ausgesprochen tüchtig, besonders in der Küche. Schon als Kind wußte sie genau um die Zubereitung der Speisen, um das Herrichten von Geflügel und Wild, und wenn ein Mädchen etwas nicht richtig machte, stellte sie es aus. Schon in der Volksschule hätte man ihr die Zubereitung eines Mittagessens anvertrauen können. Großmama nannte sie einmal sehr richtig „praktisch veranlagt". Manchmal kommt mir vor, daß ich in ihrem Schatten stand. Das lag aber nicht in ihrer, sondern in meiner Art. Ich konnte mich nicht leicht an andere anschließen, fürchtete, nicht gern gesehen zu sein, und war eher zurückgezogen, obwohl ich mich nach Freundschaft sehnte. Ich beschäftigte mich gern mit dem Ausnähen von Deckerln und wollte als Kind Lehrmädchen in einem Handarbeitsgeschäft werden, später Lehrerin, weil mir das Korrigieren mit roter Tinte so verlokkend erschien – etwas, das mir später im Beruf gar keine Freude mehr machte.

Wenn die Großeltern im Sommer in Retz waren, machte Großpapa an den Vormittagen mit uns Kindern immer Ausflüge, Spaziergänge auf den Gollitsch, wo wir auf den Steinblöcken herumkletterten und die schönen Sträußchen aus Heideblumen pflückten, zu den Windmühlen und auf den Kalvarienberg, auch weitere Wege in die Roßhalden und in den Haidgraben. An Sonntagnachmittagen wurden oft Wagenfahrten nach Ausflugszielen in der Gegend unternommen, so nach Hardegg, wo die Thaya die Grenze zwischen Niederösterreich und Mähren bildete und man auf der Brücke mit einem Fuß in dem einen, mit dem anderen in dem anderen Kronland stehen konnte. Wir fuhren auch nach Neuhäusl oder in die Kaya[1]), am liebsten aber nach Karlslust in den Tiergarten.

1908 trat ich in die Schule ein. Als mein Vater mit mir einschreiben ging, machte mir der lange breite Gang mit den vielen Türen schon einigen Eindruck. Über jeder Tür war eine große Tafel mit der Bezeichnung der Klasse. Papa zeigte mir meine Klasse am Ende des Ganges, mit den Fenstern gegen den Kirchturm zu. Im zweiten Stockwerk lagen die Klassenzimmer der Bürgerschule sowie der Zeichen- und Handarbeitssaal.

Das Gebäude entsprach schon in meiner Kinderzeit nicht mehr den Anforderungen einer Schule, der damals hochorganisierten Volks- (fünf Jahre) und Bürgerschule (drei Jahre). Als ich 1902 zur Welt kam, sprach man schon davon, daß ich bestimmt in eine neue Schule gehen werde. Nun bin ich eine alte Frau, und das Schulgebäude steht immer noch und wird weiter benützt.

In meinem ersten Schuljahr waren wir über achtzig Kinder, zwei Jahre später bei meiner Schwester hundert Kinder in einer Klasse. Da hatte eine Lehrkraft viel Mühe. Ich hatte das Glück, den besten und beliebtesten Lehrer unserer Schule, Herrn Apeldauer, als Klassenlehrer zu bekommen. Was man an Liebe und Verehrung für eine vorbildliche Lehrkraft fühlen kann, habe ich für diesen Menschen empfunden. Er stammte aus Hardegg, war jahrzehntelang in Retz, mit der Bevölkerung, mit der Landschaft vertraut. Er war ein berufener Lehrer. An manche seiner Unterrichtsstunden erinnere ich mich jetzt, nach sechzig Jahren, noch lebhaft.

---

1 *Kaya:* eine Ruine im Waldviertel im Thayatal bei Niederfladnitz.

Ich war schon in den ersten Schulwochen wegen schöner Schrift belobt worden. Einmal war es sehr hart für mich, als ein Bub schöner als ich geschrieben hatte und der Herr Lehrer dies auch erwähnte. Ich dürfte doch seit meiner Kindheit an einem Ehrgeizkomplex gelitten haben, den ich nicht zugeben wollte – oder will. Auch eine kleine Rüge, weil ich mit einem Pflaster an meinem Finger beschäftigt war und nicht weiterlesen konnte, ist mir noch lebhaft in Erinnerung. Weil ich durch meine ganze Volksschulzeit als gute Schülerin angesehen und gewertet wurde, litt ich förmlich unter jeder Ausstellung meines Lehrers und fürchtete, daß sein guter Eindruck von mir schwinden könne.

Den schwersten Schlag dieser Art erlebte ich im vierten Schuljahr. Wir waren beim Bruchrechnen. Ich begriff das nicht. Der Herr Lehrer sagte, daß alle, die diese Rechnungen nicht beherrschten, die Klasse repetieren müßten. Meine Unsicherheit wuchs. Und da wurde ich an die Tafel gerufen. Ich versagte. Wie ich an meinen Platz zurückkam, weiß ich heute nicht mehr. Ich hörte, wie auf der anderen Seite des Mittelganges, bei den Buben, der Fasching Franzl seinem Nachbarn zuflüsterte: „D'Schleifer Christl muaß sitzenbleibn!" Es war fürchterlich. Aber ich konnte doch aufsteigen.

Im zweiten Schuljahr litt ich häufig an Kopfschmerzen, und deshalb beschlossen meine Eltern, mich privat unterrichten zu lassen. Mit einem gleichaltrigen Mädchen wurde ich von Herrn Apeldauer täglich von elf bis zwölf Uhr in seiner Wohnung unterrichtet. Das andere Mädchen, Carola Mößmer, war die Tochter eines schwerreichen Weinhändlers, der aus Sorge um die Gesundheit seiner Kinder diese nicht in die öffentliche Schule schickte. Am Ende des Schuljahres legten wir eine Prüfung in der Schule ab. Daneben lief der Französischunterricht weiter. Ich hatte als fünfjähriges Kind angefangen, Französisch zu lernen, als meine Mutter und meine Schwester mit Scharlach im Hollabrunner Krankenhaus lagen. Damals engagierte mein Vater ein Fräulein aus dem Kloster, das sich mit mir beschäftigen sollte. Sie ging mit mir spazieren und ich lernte meine ersten französischen Wörter, auch kleine Redewendungen. Meine Eltern wollten den begonnenen Unterricht nicht abbrechen, und so wurde ich, noch nicht schulpflichtig, ins Kloster geschickt und lernte weiter. Ich erinnere mich an meine erste Lehrerin, Schwester Petrine, die die Vokabeln und Sätzchen deutsch und französisch in ein Heft schrieb, und daheim übte meine Mutter mit mir. Ich betrachtete auch das illustrierte „Petit à petit“ mit großem Interesse und lernte kleine Sätzchen und Gedichtchen. Es war für die Aussprache zweifellos sehr gut, denn darauf wurde im Kloster großer Wert gelegt. Manchmal unterrichtete mich auch Schwester Josefine, die Leiterin des französischen Kurses.

So bin ich schon frühzeitig mit unseren Retzer Schwestern in Fühlung getreten, ich hatte dort Klavierstunden, besuchte die vierte Bürgerschulklasse und später den französischen Kurs. Bei meiner Vorbereitung auf das Pädagogium gingen mir die Schwestern sehr an die Hand; nach Absolvierung desselben im Wiener Provinzialhaus in Döbling war ich durch drei Jahre Lehrerin im Kloster in Retz. Ich bin vielen Schwestern zu großem Dank verpflichtet.

Wenn ich an den Ablauf der Jahreszeiten denke, sind meine Kindheitserinnerungen vom Herbst und Winter die schönsten. Das Landschaftsbild war verändert. Die Felder waren abgeerntet, nur Fisolen, Burgunderrüben und Kartoffeln standen noch. Auf dem Gollitsch, dem Kalvarienberg und bei den „Steinernen Mandln“ bei Hofern[1]) leuchteten die Erika. Herbstzeichen waren auch die roten Dolden der Vogelbeerbäume auf dem Hoferner Berg.

---

1 „*Steinerne Mandln*“ bei Hofern: künstlich aufgeschichtete, zwei Meter hohe, kegelförmige Anhäufungen aus Steinen.

Es gab so herrliche Herbsttage, Tage, an denen man hinausgehen mußte, weil die Sonne viel goldener schien als im Sommer, Tage, die man wie ein Geschenk empfand. Wenn wir an solchen Tagen mit meinem Vater ausfahren konnten, war es uns eine große Freude. Da sah man das Einbringen der letzten Feldfrüchte, da und dort brannten Kartoffelfeuer. Wie schön war auch das Kastaniensammeln im Herbst. Oft war die Frucht noch halb in der stacheligen Schale, man löste sie heraus und freute sich an ihrem Glanz.

Wenn die Tage abnahmen, fühlte man sich in der Geborgenheit des Zuhause doppelt wohl. Wir erlebten auch das Vorsorgen für den Winter. Es wurden größere Mengen Äpfel gekauft, sie füllten die Regale in der Vorratskammer. Es wurde beraten, welcher Bauer uns die Kartoffeln liefern sollte; da waren im Keller drei Berge Erdäpfel: die gelben, die Rosenerdäpfel und das kleinste Häufchen, die Kipfler, die nur für Salat verwendet wurden.

Die Weinlese Anfang Oktober war ein Fest. Da brachten uns viele Bekannte aus Retz und Umgebung Trauben, die an gespannten Schnüren in der Obstkammer aufgehängt wurden. Und es gab Most. Mein Vater filtrierte ihn meistens, dann war er klar und ein köstliches Getränk. Zum Vorsorgen für den Winter gehörte in reichen Zwetschkenjahren auch das Powidlkochen und das Einschneiden von Kraut.

Zur Zeit der Weinlese hatten wir zwei Wochen lang schulfrei, weil alle Arbeitskräfte, auch die Kinder, gebraucht wurden. Die Sommerferien dauerten dafür nur sechs Wochen, vom 15. Juli bis 1. September. Zur Zeit der Leseferien fuhr Mama mit meiner Schwester und mir nach Wien. Wir wohnten bei den Großeltern in der Burggasse. Da war viel Platz, weil wegen Großpapas Kanzlei zwei Wohnungen zusammengelegt worden waren. Meine Mutter kaufte bei dieser Gelegenheit ein, was für den Winter gebraucht wurde, Wäsche, Strümpfe, Handschuhe. Und sie besorgte die Stoffe, aus denen sie unsere

Wintergarderobe nähte. Schon das Einkaufen in den Geschäften in der Neubaugasse und in der Mariahilfer Straße war ein Vergnügen. Aber wir wurden auch in Museen und Ausstellungen geführt und lernten frühzeitig Bauwerke und Denkmäler und geschichtliche Sehenswürdigkeiten kennen. Diese Richtung unserer Bildung wurde von Mama sehr gepflegt, durch Erzählungen und Bücher vertieft, und unserem Interesse für Wien und seine Geschichte wurde dadurch der Grund gelegt.

Im Oktober 1913 sahen wir bei der Leipzigfeier zum ersten Mal den Kaiser. Als wir beim Burgtor den Aufmarsch der Regimenter zum Schwarzenbergplatz ansehen wollten, hörte man vom inneren Burgplatz her: „Gewehr heraus!", und ganz nah fuhr der Wagen vorbei. Der Kaiser grüßte, und wir meinten, er hätte uns gegrüßt. Es war ziemlich zeitig am Morgen und ziemlich wenig Menschen waren auf der Straße, so daß er vielleicht wirklich uns Kinder bemerkt hat.

Bei unseren Besuchen in Wien wurden wir auch ins Theater geführt, und ich muß es unserer Mama wieder hoch anrechnen, daß sie uns diese so schönen Erlebnisse vermittelt hat. Wir sahen Schauspieler, die noch am alten Burgtheater gespielt hatten, wir sahen noch den alten Blasch und als Valentin sogar Girardi. Diese Verschwender-Aufführung war eine seiner letzten in Wien, vielleicht sogar die letzte, denn er gastierte danach in Pilsen (glaube ich) und starb kurz danach.

Einmal sahen wir die Wachablösung auf dem inneren Burgplatz um zwölf Uhr mittags. Da gab es immer Zuschauer, der Platz war voll von Neugierigen. Das abgelöste Regiment marschierte dann in seine Kaserne. Manchmal sahen wir diesen Marsch durch die Burggasse. Das war eine interessante Unterbrechung des Mittagessens, denn nach der Ablösung um zwölf Uhr war das Regiment wenig später vor Burggasse 71. Auch dieser Marsch wurde von Schaulustigen begleitet.

War man von einer solchen Wien-Fahrt heimgekehrt, gab es eine Menge zu erzählen, man durchlebte alles noch einmal und zehrte lange davon. Wir waren die einzigen Kinder in Retz, die solche Erlebnisse hatten.

Der Herbst war vorgerückt. Aus den Bauernhöfen hörte man das taktmäßige Aufschlagen der Dreschflegel. Wir Kinder waren nunmehr an die Wohnung gebunden. Manchmal wurden wir von Freundinnen besucht. Meine liebste Kameradin im dritten Schuljahr war Peperl Schmidt. Sie hatte schon als Kind viel Trauriges erlebt. Ihr Vater war Arbeiter beim Bahnbau, nachdem er als Gastwirt in Galizien geschäftlich zugrunde gegangen war. Mit Frau und drei Kindern kam er nach Retz. Als Peperl neun Jahre alt war, starb ihre Mutter. Leute im Haus betreuten schlecht und recht die Kinder. Da erkrankte das jüngste an einem schweren Darmkatarrh. Mein Vater, der es behandelte, sagte daheim, daß es einer besonderen Kost bedürfe, damit das Kind wieder gesunde. Daraufhin erbot sich meine Mutter, für die Kleine zu kochen. Peperl holte zu Mittag das Essen, und so lernte ich sie kennen. Wir waren wohl im gleichen Schuljahr, aber ich lernte privat, und sie ging in die Schule. Im dritten Schuljahr war sie dann meine Banknachbarin, und wir hatten uns sehr gern. Peperl wurde später Kindergärtnerin, hatte einige Privatstellen und kam schließlich in einen staatlichen Kindergarten. Wir waren im Lauf der Jahrzehnte manchmal räumlich und auch innerlich voneinander abgerückt, haben uns aber immer wieder gefunden.

Nach diesem Abschweifen zu meiner Kinderfreundschaft will ich wieder ins unsere Wohnung zurückkehren, wo sich unser tägliches Leben abspielte. Im Wohnzimmer mit dem gemütlichen braunen Kachelofen hatten wir unsere Puppenecke: „Zu ebener Erde und im ersten Stock." Ein vorne abgerundetes Brett war in zirka achtzig Zentimeter Höhe an der Wand befestigt. Ein Vorhang konnte auf- und zugezogen werden. Unten war das Schlafzimmer, oben das Wohnzimmer der Puppen. Wir hatten sehr hübsche Puppen, sogenannte Charakterpuppen, die kleinen Kindern sehr ähnlich sahen. Für diese verfertigten wir eine kleine Ausstattung und beschäftigten uns sehr viel mit ihnen. Gelesen habe ich in meiner Volksschulzeit nicht viel, das fing erst später an. Dann aber verschlang ich die Mädchenbücher, besonders „Das Kränzchen“. Mein Vater hat uns manchmal abends vorgelesen, aus dem „Robinson“, den ich einmal zu Weihnachten bekommen hatte. Auch Schillers „Tell“ wurde uns schon in der Volksschule vorgelesen, und ich war spätestens im fünften Schuljahr, als wir ihn im Burgtheater sahen. Damit war mancher Abend ausgefüllt. Wir besprachen die Erlebnisse und Abenteuer der Hauptgestalten und sahen uns die Bilder an.

Nun war es auch bald an der Zeit, mit den Weihnachtsarbeiten zu beginnen. Schon beim Besuch in Wien hatte Mama in einem Handarbeitsgeschäft eingekauft. Da sah man so schöne Sachen! Ich erinnere mich, für die Großeltern einmal Pantoffel gestickt zu haben. (Die Großeltern hatten Freude damit und trugen sie fleißig!) Mein Vater bekam einmal gestickte Hosenträger, einmal einen Ständer für die Taschenuhr, der auch wirklich auf dem Nachtkästchen stand, ein anderes Mal ein Sofakissen für sein Nachmittagsschläfchen. Die Geschenke für Mama besorgte mein Vater mit mir im Handarbeitsgeschäft in Retz. Meistens war es ein Tassendeckerl oder ein Zierdeckerl aus farbigem Filz, worauf ein Muster gestickt wurde. Papa hat sich um das Zustandekommen solcher Geschenke sehr bemüht. So kam der Dezember heran. In der Vorweihnachtszeit machte mein Vater an manchem Abend einen Spaziergang „in die Stadt“. Wenn wir durch das Znaimer Tor gingen, erlebten wir jedesmal die Stimmung, wie sie im Ramsamperlbuch[1]) beschrieben ist, wenn Nikolaus und Pelzmärtel zur Stadt kommen: „Am Stadttor steht ein alter Turm mit einem großen Bogen, ein Licht schwankt hin und her im Sturm, da kommen sie

1 *Ramsamperlbuch:* ein Kinderbuch, welches Frau Schleifer sehr liebte und aus dem sie noch heute (1986) lange Passagen auswendig zitieren kann.

hergezogen. Der Torwächter schnarcht im Kämmerlein, ist auf die Bank gesunken ..." Wie das Kämmerlein des Torwächters kam uns der Bäckerladen knapp am Feuerturm vor, von dem ein schmales Fenster auf die Straße ging. Nun besah man also die Nikolo-Auslagen, dann, nach dem 6. Dezember, die Weihnachtsschaufenster.

Nikolaustag! Spannung, Erwartung, Aufregung. Nikolaus und Krampus waren zwar nie zu uns ins Haus gekommen, trotzdem fürchtete ich mich am Vorabend noch mehr als sonst, schon das unbeleuchtete Vorzimmer jagte mir Schrecken ein. Am Abend des 5. Dezember stellten wir unsere Schuhe ins Fenster, und in der Nacht brachte der heilige Nikolaus die Gaben: Orangen, Nüsse, Feigen, Lebkuchen und meistens auch eine – Rute! Der Zuckerlbehang söhnte zwar etwas mit ihr aus, doch war sie etwas Beschämendes. Damit nur ja niemand die Rute im Fenster sehen könne, bemühte ich mich immer, rechtzeitig aufzustehen, um sie noch schnell entfernen zu können. Das Bescherungsfenster war das große im Erker. Das war überhaupt das Stimmungsfenster. Es war an den Winterabenden geheimnisvoll, durch die schmalen Fenster straßauf und straßab die Lichter zu sehen. Adventkalender, -kränze oder stimmungsvolle Kerzen gab es zu dieser Zeit nicht bei uns. Und doch war diese Zeit so schön, so geheimnisvoll und getragen von der Erwartung auf das für Kinder schönste Fest des Jahres.

Bei den abendlichen Gängen in die Stadt standen wir lange vor den Schaufenstern und bewunderten die Menge wünschenswerter Dinge. Heimgekommen, erzählten wir Mama davon und unterhielten uns noch im Bett über die Dinge, die wir gesehen hatten. Der schöne Abschluß vieler Winterabende war, daß Papa jeder von uns einen Teller mit appetitlich hergerichteten Äpfeln ans Bett brachte. Dies gehört zu meinen ganz schönen Kindheitserinnerungen. Ich bewunderte Papas Bereitschaft, nach dem Abendbrot, wenn wir schon gemütlich in den Betten lagen, noch in den Keller um Äpfel zu gehen, besonders auch deshalb, weil es ja schon finster war.

Um Mitte Dezember bekamen wir die Zuckerlpapiere in der Weihnachtsschachtel. Da durften wir sortieren, schlechte ausmustern, die Silberfäden glattstreichen, eventuelle Kerzenrestchen aus den Leuchterln entfernen, schadhafte Gold- und Silbernüsse ausbessern, auch neue vergolden. Auch in der Küche ging es vorweihnachtlich zu: Das Kletzenbrot wurde vorbereitet.

Und eines Tages war der Salon abgesperrt. Nun war dort das Weihnachtszimmer, und man fand von Zeit zu Zeit ein Stückchen Windbäckerei, ein Zweiglein, einen Silberfaden. Die Stimmung wurde immer wunderbarer.

Kurz vor dem Fest kamen die Großeltern aus Wien zu Besuch, und endlich war der 24. Dezember da! Im Haus war Hochbetrieb. Großmama war mit zwei großen Weihnachtsstriezeln beschäftigt, die noch zum Bäcker kamen. Wenn die Striezel zu Mittag goldbraun gebacken wiederkamen, war schon der Anblick ein Genuß! Meine Mutter kümmerte sich um den Karpfen.

Am frühen Nachmittag wurden die Bäckereischüsseln für uns und die Dienstboten hergerichtet, und endlich kam die Zeit, wo man sich festlich anzog und in den Segen ging. Das war um fünf Uhr. Heimgekommen, warteten wir im Verandazimmer, und es kam uns vor, als ob der Uhrzeiger sich gar nicht vorwärts bewegte. Aber endlich war es doch halb sieben, und Papa, der noch in seinem Zimmer war, gesellte sich zu uns. Nun mußte es doch bald läuten! Und es läutete! Lange – und ein zweites und drittes Mal! So läutete es nur einmal im Jahr! Wir stürzten ins Vorzimmer – da sahen wir durch die Glastür im Speisezimmer den Kerzenschein aus dem Weihnachtszimmer. Dieser Moment war der schönste des gesamten Abends.

Jedes Jahr wollte ich als erste im Weihnachtszimmer sein, um vielleicht noch ein Engerl sehen zu können. Aber nie erfüllte sich dieser Wunsch. Man stand verzückt vor seinem Platz, es gab mehr, als man sich gewünscht hatte, denn im Brief an das Christkind waren wir bescheiden, aber die tiefsten Wünsche wurden doch geahnt und nach Möglichkeit erfüllt.

An einzelne Geschenke, die mir besonders tiefen Eindruck gemacht hatten, erinnere ich mich noch deutlich: die Puppenbank der Garnitur, darauf saß die Puppe Anna mit einem neuen braunen Samtkleid. Im nächsten Jahr gab es die Sessel und den Tisch dazu. Große Freude machte mir die sogenannte Charakterpuppe, die wie ein wirkliches Baby aussah. Einmal gab es eine geschmackvolle Wolljacke und Mütze zum Eislaufen und – als diese von meiner Schwester übernommen worden war – die lang ersehnte cremefarbene mit rotem Besatz. Wie war ich glücklich! Besonders erinnere ich mich an ein Puppen-Speiseservice mit Veilchendekor. Jedesmal gab es auch ein hübsches Buch, ein Gesellschaftsspiel, das – wenn möglich – noch am gleichen Abend ausprobiert wurde.

Hatte man alles bewundert, auch Eltern und Großeltern beschenkt, dann setzten wir uns ans Klavier und spielten unsere Weihnachtsstücke, die wir bei wochenlangem Üben im Kloster gelernt hatten. Manche Stunde des schulfreien Donnerstags mußten wir im Kloster übend verbringen, denn zu Hause hätten die Eltern die Melodien der Weihnachtslieder erkannt, und es hätte keine Überraschung gegeben.

Nachdem auch die Dienstleute beschenkt waren, begab man sich zum Festessen mit der sehr begehrten Fischsuppe. Nachher konnte man nach Herzenslust Bäckereien essen und vom Christbaum holen, wonach es einen gelüstete, die herrliche Mandelbäckerei, die Creme- und Nougatringe und die Bonbons mit den bunten Papierhüllen. In unserer Kinderzeit war der große Baum nur mit Süßigkeiten reich geschmückt, erst als wir größer waren, gab es auch Christbaumschmuck. Nur Gold- und Silbernüsse hingen zur Zierde auf dem Baum.

Die Christmette wurde in Retz erst eingeführt, als ich schon erwachsen war. Wir gingen wie an jedem Sonntag um acht Uhr in die Kirche. Danach gab es mit den Freundinnen viel zu sprechen.

In den Weihnachtsferien waren wir mit den Dingen, die wir bekommen hatten, sehr beschäftigt. Und dazwischen konnte man immer wieder etwas vom Christbaum holen. Als wir größer waren und in den Ferien die erhaltenen Bücher lasen, hatten wir oft im Erker einen Teller mit Bäckereien neben uns stehen und erlebten den doppelten Genuß von Lektüre und Süßigkeit.

Silvester und Neujahr waren wieder festliche Tage. Am Altjahrstag gingen alle in den Segen. An diesem Abend wurden auch die Christbaumkerzen ausgebrannt. Das stimmte mich traurig, denn nun dauerte es ein ganzes Jahr bis zum nächsten Lichterbaum. Ich blieb im Weihnachtszimmer, bis das letzte Kerzchen ausgebrannt war. Nach dem Abendessen vergnügte man sich mit Wachsgießen, und in vorgerückter Stunde kam Papa mit einer Flasche Sekt. Gespannt warteten wir, ob der Pfropfen bis an die Decke fliegen würde. Der Schluck Champagner, den wir dann trinken durften, war etwas ganz Seltsames.

Um die Weihnachtszeit war es meistens so kalt, daß wir eislaufen konnten. Wir taten es sehr gern, denn unser Vater war ein ausgezeichneter Eisläufer, der uns darin unterwies. Die Nachmittage mit ihm auf der Eisbahn waren wirklich ein Vergnügen. Und nachher war es daheim so gemütlich! Unsere Rodelbahn war die Böschung von der Promenade auf dem Stadtwall bis hinunter zur Straße. Autos gab es nicht, einen Pferdewagen sah man schon von weitem, also gab es da keine Gefahr.

Bei guter Schneelage fuhr mein Vater mit dem Schlitten zu den Krankenbesuchen. Das Pferd bekam einen Schellenkranz umgehängt, das war ein schönes Geläute! Mit Ende Februar waren dann unsere Winterfreuden zu Ende.

Die großen Ferien verbrachten wir daheim in Retz. Reisen war kostspielig, und wir lebten ja das ganze Jahr auf dem Lande. Einmal fuhren die Eltern mit uns für ein paar Tage nach Mariazell, ein anderes Mal in die Wachau. Als ich zehn Jahre alt war und im Winter kränkelte, nahmen mich meine Großeltern mit nach Portorose. Das war ein großes Erlebnis! Großpapa machte mich darauf aufmerksam, daß wir bei Nabresina zum ersten Mal das Meer sehen würden. Es war überwältigend. Hoch oben die Bahntrasse, in der Bucht das tiefblaue Meer, einzelne Boote wie kleine Punkte darauf. Von Portorose aus unternahmen wir Dampferfahrten in das nahegelegene Pirano und nach Grado mit seinem herrlichen Strand. Auf der Rückfahrt war eine Hafenrundfahrt in Triest sehr interessant. Wir sahen neben den vielen Frachtern auch ein österreichisches Schulschiff und ein deutsches Kriegsschiff.

Die Großeltern verbrachten den ersten Teil der Ferien manchmal in einem Bad, wie Marienbad, Hofgastein oder in Baden bei Wien. Nach Baden durften wir mitfahren, zwei Wochen Paula, zwei Wochen ich. Den Rest der Ferien waren die Großeltern in Retz.

Im zeitigen Frühjahr 1914 kaufte mein Vater sein erstes Auto. Es war ein Opel, Type „Püppchen". Er war der dritte Arzt im Hollabrunner Bezirk mit einem Auto. Damals mußte er zweimal in der Woche nach Hardegg, der kleinsten Stadt Österreichs, fahren. Es gab zu dieser Zeit dort keinen Arzt. Mein Vater fuhr Mittwoch und Samstag nachmittag hin und hielt in einem Gasthaus Ordination, dann machte er Krankenbesuche. Die Fahrt mit dem Pferd war sehr zeitraubend. Also kamen wir zu einem Auto. Die Firma Opel stellte einen Chauffeur bei, bei dem Vater in sechs Wochen fahren lernte und auch die damals notwendige Automechanik. Auch unser Pferdebursch Nazl lernte und wurde ein ausgezeichneter Fahrer. Am 27. April machte mein Vater die Fahrprüfung in Brünn.

Ein Auto war damals eine Sensation. Hörte man eines fahren, so liefen die Leute aus den Häusern und bestaunten es. Große Schwierigkeiten gab es, bis die Pferde an den Motorlärm gewöhnt waren. Die Straßenverhältnisse waren schlecht, steinig, löchrig, nach starken Regenfällen voll von Pfützen. Wie oft fuhr man auf der Straße einen Hufnagel ein. Wie oft kam es vor, daß man mitten auf dem Weg zum Wagenheber greifen mußte, um das

Reserverad zu montieren. Wieviele Luftschläuche hat mein Vater geklebt!

Das Auto war nur für den Beruf da, nicht für Vergnügungsfahrten. Erst in späteren Jahren, als meine Schwester in Horn verheiratet war, fuhren wir oft dorthin. Das war eine schöne Fahrt. Jedes hübsche Haus kannte ich, und ich erinnere mich noch lebhaft daran.

Dann kam 1914 und damit eine schlimme Zeit, von der auch wir nicht verschont blieben.

# Therese Schobloch

## *Hinterlegte Zeichen*

Frau Schoblochs (geboren 5. September 1896) Vorfahren väterlicherseits lassen sich bis ins 16. Jahrhundert zurückverfolgen, wo sie als Bootswerftenbesitzer in Lindau am Bodensee aufscheinen. Ihr Urgroßvater Conrad Schobloch ging nach Böhmen, wo er in einem aufstrebenden Industrieunternehmen (Johann David Starck im Egerland) eine Stellung annahm und nach einiger Zeit als treuer Mitarbeiter die Nichte des Werksherrn, Therese Jahnl, heiratete. Das Paar bezog eine Dienstwohnung im Schloß Altsattl, wo auch Frau Schoblochs Vater Conrad (16. August 1846 bis 3. Februar 1908) aufwuchs. Die Familie blieb weiterhin eng mit dem Industrieunternehmen verbunden, denn der Werksbesitzer besetzte verantwortungsvolle Stellen gerne mit Verwandten. So erhielt auch Conrad Schobloch nach einer gründlichen Ausbildung die Stelle eines Prokuristen in der Prager Zentrale des Unternehmens. 1883 „ging dieser stille, etwas schwerblütige Mann daran, sich in der Prager Gesellschaft eine Lebensgefährtin zu suchen".[1]) Hermine Flögel (27. November 1859 bis 25. Juli 1914) kam aus einer kinderreichen Familie. Ihr Vater, Dr. Julius Flögel, stammte aus Schlesien und war „Hof- und Gerichtsadvokat" in Prag. „Eine seltsame Fügung: wie mein Vater stand auch meine Mutter gleichsam im Ge-

1 Therese Schobloch, Hinterlegte Zeichen. Kindheits- und Jugenderinnerungen aus den Jahren 1898–1914, I. Teil 1898–1905, Wien 1971, 10.

schwisterschatten; wie er, war auch sie weicher, verletzbarer als andere, ja ich glaube sogar, sie war selbst für die damalige, gefühlsselige ‚Vergißmeinnicht- und Rosenzeit' ein etwas sentimentales Mädchen zu nennen. ... Sie war übrigens begabt und genoß über die Schulpflicht hinaus Unterricht, namentlich in der französischen Sprache, die sie gut beherrschte. Von Charakter war sie nachgiebig, liebevoll und selbstlos gütig ..."[1])

Aus betriebs- und familieninternen Gründen zog die Familie nach Wien, wo Frau Schobloch auch die Matura ablegte. Danach gab sie Französischunterricht. Später kam sie als Bibliothekarin an die administrative Bibliothek des Bundeskanzleramtes, wo sie bis zu ihrer Pensionierung blieb. Frau Schobloch lebte mit ihrer ehemaligen Kinderfrau Elise Pauk (17. August 1860 bis 3. Dezember 1932) bis zu deren Tod in einem gemeinsamen Haushalt; sie selbst starb am 20. Juli 1971.

Bevor ich anfange von mir, dem Kind „Reserl", zu berichten, muß ich meine „Tatta" erwähnen. Mit diesem Namen müßte nicht nur ein, sondern viele Kapitel meiner Erinnerungen – nicht nur der Kindheitserinnerungen! – überschrieben sein. Längere Zeit vor meiner Geburt und wahrscheinlich schon im Hinblick auf das zu erwartende Kleinkind wurde den Eltern Fräulein Elise Pauk empfohlen, fünfunddreißig Jahre alt, Tochter eines kinderreichen Bergrates. Damals also kam die große Freundin langer Lebensjahre ins Haus – der Tag sei gesegnet!

Ein weiches, liebevolles Naturell, wie sie war, hätte sie sich wohl bei den zwei heranwachsenden Buben nicht lange in Respekt halten können. Auch war sie ja nur ein „einfaches Fräulein ohne Sprachen und Musik", wie man damals sagte. So war sie natürlich überglücklich über das Erscheinen des Kleinkindes. Ganz selbstverständlich übernahm sie alle Handreichungen für Mutter und Kind,

1 Ebd., 11.

überwachte die Amme und das übrige Personal und war sehr bald Mamas rechte Hand. Für mich aber wurde sie die unermüdliche Gefährtin in gesunden und kranken Tagen, die überall einsprang, wo Mama ihrer schwachen Gesundheit wegen nicht sein konnte, ja, Mamas Auftreten in meinem Kinderzimmer hat in meiner Erinnerung beinahe etwas wie einen gewissen Seltenheitswert. Mein Alltag, das war eben „die Tatta", wie ich sie mit den ersten Lauten meiner Kindersprache benannte. Mama erfüllte trotz ihrer Kränklichkeit vielerlei Pflichten. Sie war ja die „Ministerin des Inneren und Hauses", wie Papa sie in seinem gütig-behaglichen Scherzton gern nannte. Sie machte Stadtbesorgungen, pflegte die Verwandtengeselligkeit und -korrespondenz, konferierte mit der Köchin, studierte Frauenzeitschriften, sorgte für Behaglichkeit im Heim durch Handarbeiten und mancherlei anderen Zauber – vor allem aber war sie für Papa da zu jeder Stunde, die seine Bürotätigkeit ihm frei ließ.

Tatta war äußerlich ein vollkommener Gegensatz zu Mama. War diese stattlich und ein hochblonder Typus, so war Tatta eher klein, grazil und brünett. War Mama die „geborene" Respektsperson und konnte mich mit einem gebieterischen Blick, einem raschen Hochziehen und Senken der Augenbrauen lenken, so war Tatta einfach dazu da, mir alle Wünsche zu erfüllen und dafür heiß und innig geliebt zu werden. Undenkbar wäre es gewesen, daß Tatta – wie es bei Mama vorkam – eine stürmisch-zärtliche Umarmung mit einem spöttisch-strafenden „Schäme dich, so liebebedürftig zu sein!" zurückgewiesen hätte.

Als Kleinkind wurde man auf Tattas Armen in Krankheitsfällen herumgetragen, bei ihr konnte man zupacken, zu ihr sich flüchten, wenn die Brüder kamen, um einen zu necken und zu erschrecken. Das taten sie nämlich nur zu gern. Jahrelang hatten sie sich glühend eine Schwester gewünscht, so sehr, daß ihnen einmal das Christkind, als Vorschuß sozusagen, eine fast lebensgroße Puppe brachte. Mit einem Jubelschrei war Egon bei ihr – um sogleich mit einem enttäuschten „Aber die ist ja kalt!" zurückzuprallen. Nun, mit dem lebenden Schwesterchen wußten sie später nach Bubenart meist nichts anderes anzufangen als eben dieses Necken und Erschrecken – bubenhafte Liebeszeichen, versteht sich, welche ich damals aber nicht als solche zu verstehen imstande war.

Da ich dummes, ängstliches, kleines Ding in solchen Situationen meist zur nächsten Beschützerin flüchtete, die mich bedauerte und bemitleidete, wurde ich in weiterer Folge mehr und mehr von den Brüdern ferngehalten, „damit es keine Weinerei gibt“, wie Mama anordnete, die jede Störung von Papas Ruhe zu vermeiden bestrebt war.

Überlegen-heitere Abhärtung meiner Überempfindlichkeit wäre besser gewesen – aber gerade Abhärtung (in jedem Sinne) war etwas, das unserer immer kränkelnden Mutter ganz und gar nicht lag . . .

Meine ersten Erinnerungen sind in der „Wenzelsplatz-Wohnung“ beheimatet, in die die Eltern bald nach meiner Geburt gezogen waren. Dort sehe ich mich, vom Arm der treuen Tatta umschlungen, auf dem Fensterbrett stehen und die Eindrücke des vorbeiflutenden Straßenlebens in mich hineintrinken. Da war gegenüber das Seidenstoff-Geschäft „Ephraim Löbl“: An frühen Winterabenden leuchtete und glitzerte es da herauf von bunten Stoffen an großen Schaufensterfigurinen, die an einem Teich aus Spiegelplatten standen und nach künstlichen Schwänen die Hände ausstreckten – welche Bezauberung! „Ephraim Löbl“ schien eine Art Feenkönig, der alles möglich machen konnte. Die Auslagen waren auch immer umdrängt von Menschen, ebenso wie die der anschließenden eleganten Konditorei „Stutzig“, deren Herrlichkeiten ich ebenfalls wahrnehmen konnte. Dort waren auch immer schön gekleidete Damen und glänzende Uniformen zu sehen.

Doch bald traten alle anderen Eindrücke zurück, denn es kamen die ersten Bücher – Bilderbücher natürlich – in mein Leben. Ich kann noch kaum drei Jahre alt gewesen sein, als die ersten erschienen – Mitbringsel von Papas Geschäftsreisen wohl. Von Stund an war des Vorlesens und Verse-Nachplauderns kein Ende, und die Bilder in den Büchern sah ich fast lieber an, als das, was das Leben bot.

In diese Zeit fallen übrigens auch die ersten selbständigen Spiele: Die Puppen waren sehr oft krank! Es waren nicht immer so schwere Erkrankungen wie die „Blinddarmoperation", die am Papiermachéleib der großen Puppe Elsa von den Brüdern mit Stemmeisen und Bohrer vorgenommen worden war. In einem so verzweifelten Fall konnte natürlich dann nur noch das Christkind Hilfe bringen. Aber bei „Halsschmerzen", „Kopfschmerzen" und „Fieber" der Puppen ging ich gern mit selbstgemixten Medizinen vor. Es gab damals im Straßenverkauf kleine Äffchen, die auf Gummifäden hüpften, aus verschiedenfarbigem Zucker. Ich hatte entdeckt, daß diese Zuckerteilchen, jede Farbe für sich in Wasser aufgelöst, Flüssigkeiten dieser Farbe ergaben. Diese in Fläschchen abzufüllen und die kranken Puppen aus dieser Hausapotheke zu versorgen, war damals lange Zeit eine große Wonne für mich.

Noch eine kleine Erinnerung aus jenen dämmerfrühen Tagen steht vor mir: ein Abend, an dem Tatta von einem kurzen Urlaub zurückerwartet wurde, den sie bei ihren auswärtigen Verwandten verbracht hatte. Ich sehe mich außer Rand und Band vor Erwartungsglück im Zimmer herumspringen, ganz herausgerissen aus einer gewissen lethargischen „Schlafmützigkeit", die mir im Alltag damals schon anhaftete und die mir, ach, zeitlebens geblieben ist, wenn mich nicht besondere Gemütsbewegungen daraus erweckten – was mir dann immer ein großes Glück und wahres Gottesgeschenk bedeutete.

Nun aber muß ich, um weitererzählen zu können, die kindlichen Erinnerungsbilder wieder zurücktreten lassen und Familienschicksal schildern. Das Jahr 1899 neigte sich dem Ende zu, als ein großer Umschwung eintrat. Der lebenssprühende, energische Chef des Hauses Starck, Onkel Anton Schobloch, erlitt einen Schlaganfall. Schlimme Aufregungen hatten hier vorgearbeitet. Die Stellung großer Industrieunternehmen im Rahmen der Gesamtwirtschaft begann sich zu verändern. Die große Vielfalt der Produktion des Starckschen Unternehmens auf bergbaulichem und metallurgischem Gebiet ebenso wie auf den mannigfachen Gebieten der chemischen Industrie und die dadurch herbeigeführte räumliche Zersplitterung der Produktionsstätten gestaltete die Lage zunehmend unübersichtlicher und schwieriger. Es gab Strömungen, die auf eine Umbildung in eine Aktiengesellschaft hinzielten, und Onkel Anton konnte sich den Argumenten dieser Ratgeber schließlich nicht entziehen. Als er sich jedoch von jenen „Geschäftsfreunden" überrumpelt sah und ihm durch intrigante Machinationen die Aktienmehrheit entglitt, war das Maß des Erträglichen voll, und der Werksherr alten Stiles erlag auch körperlich.

Was mag das für ein Abend im Hause meiner Eltern gewesen sein, als Papa mit dem Telegramm, das die lebensbedrohende Erkrankung seines Bruders meldete, aus dem Comptoir in die Wohnung herüberkam! Es stand natürlich fest, daß er sofort nach Tschemin fahren mußte, um noch letztwillige Verfügungen entgegenzunehmen – als Prokurist ebenso wie als Bruder.

Was Papas Stellung in dem Unternehmen betraf, so hatte Onkel Anton ihm oft versichert, daß für ihn und seine Familie „gesorgt" sei, aber das waren mündliche Zusicherungen gewesen. Bei seiner Ankunft in Tschemin sah sich Papa nun der Tatsache gegenüber, daß sein Bruder ohne Testament gestorben war. Das Erbe, das außer in Schloß Tschemin auch in einem sehr ansehnlichen Aktienpaket bestand, ging zur Gänze an die Gattin, Tante Rosa, und den Sohn, Dr. phil. Anton Schobloch, Tontsch genannt, über.

Tontsch, für uns Kinder eigentlich ein Cousin, wurde von uns Onkel genannt, des Altersunterschiedes wegen. Obwohl er Vater von sechs Kindern war, hielt er, ein schöngeistiger Lebensgenießer, sich fast nie zu Hause auf, sondern meist auf weltweiten Studien- und Vergnügungsreisen. Er hatte Kunstgeschichte studiert und für das Unternehmen des Vaters nie ein anderes Interesse gezeigt als das, das man einer Geldquelle entgegenbringt.

Wie verändert war nun plötzlich Papas Situation! Der Bruder als Vorgesetzter war nicht mehr, und was die nunmehrigen Vorgesetzten ihm zu eröffnen hatten, war für Papa niederschmetternd durch die Plötzlichkeit, mit der die Veränderung seiner Stellung ihn traf. Wohl war er Prokurist der nunmehrigen „Westböhmischen Montan- und Industrialwerke Aktiengesellschaft vorm. Joh. David Starck" – doch das hohe Gehalt, das er bezogen hatte, war zu einem ansehnlichen Teil auf das Konto „Repräsentation des Chefs für seine Familie" gebucht worden, und die Gesellschaft war nicht gewillt, den Betrag weiterzuzahlen.

Papa, nun schon weit über fünfzigjährig, hätte eine Demütigung gegenüber der gesamten Mitarbeiterschaft darin erblickt, in eine relativ bescheidene Position zurücktreten zu müssen. Unter schweren seelischen Erschütterungen, in denen seine Frau ihm getreulich und liebevoll zur Seite stand, faßte er den Entschluß, nicht nur das Unternehmen, sondern auch die Stadt Prag, in der er die nunmehr abgeschlossene beste Zeit seines Lebens verbracht hatte, hinter sich zu lassen und in Wien eine Großvertretertätigkeit der chemischen Branche zu etablieren, wobei er auf seine im Laufe eines Lebens erworbenen Fachkenntnisse und geschäftlichen Beziehungen rechnete.

So fuhr Papa im Winter 1901 nach Wien auf Wohnungssuche und bald, zu Anfang des Jahres 1901, konnte er seine Familie in Wien installieren. Einzig der Älteste, Egon, wurde bis zur Vollendung des Schuljahres in Prag zurückgelassen, und zwar in der Obhut der Familie des oben erwähnten „Onkel" Tontsch. Dieser Aufenthalt hat sich später als wenig vorteilhaft für ihn erwiesen. Er lernte dort ein Haus von sehr anspruchsvollem großbürgerlichem Zuschnitt kennen und schraubte unter diesem Eindruck seine Lebensansprüche viel zu hoch. Es wird davon später noch die Rede sein müssen ...

Die von Papa gewählte Wohnung entsprach noch ganz und gar dem bisherigen Lebensstil der Familie. Die vornehme Gußhausstraße (Nr. 17 war das Haus) lag nicht weit von der Innenstadt und auch nicht weit von schönen Parkanlagen. Mit ihren sechs Zimmern bot sie reichlich Raum, zumal als Büroräume für Papa noch Räume im Nebenhaus gemietet wurden. Für das zu beginnende neue Leben am neuen Ort wurden zahlreiche Anschaffungen gemacht, sogar teilweise neue Möbel gekauft.

Das kaum dreieinhalbjährige Dinglein, das ich, „das Reserl", damals war, zeigen die Bilder aus dieser Zeit schmal und zart, mit glattem, rund um den Kopf und waagrecht oberhalb der Stirne geschnittenem, weißblondem Haar und mit großen, runden Augen von erschrokkenem, ja angstvollem Ausdruck. Ob ihn der Eindruck von Mamas Tränen, von Papas Aufregung, das Gefühl hereinbrechenden Unheils bewirkt hatten? Ich weiß nur noch, daß ich damals schon anfing, mich von Gefahren umlauert zu fühlen.

Daß das blasse, nervöse, appetitlose Kind frische Luft und Bewegung haben müsse, war den Eltern ein großes Anliegen. So wurde es von Anfang an strenges Gebot für Tatta, mich an jedem regenfreien Tag in den Park zu führen. Schon am frühen Vormittag trippelte ich an ihrer Hand die Gußhausstraße hinunter, das Ballnetz umgehängt, die verlangenden Blicke im Vorgefühl herrlicher Vorlesestunden auf die Bilderbücher gerichtet, die Tatta (nebst anderem Vormittagsbedarf) im Arm trug. Wir überquerten die damalige „Heugasse" (Prinz-Eugen-Straße), und dann nahm uns ein holperiger Torweg auf, der durch Wirtschaftsgebäude führte. Dann betrat man den weiten Ehrenhof und endlich, durch das Gittertor an der rechten Seite des Palais, den Park – den Garten der unbegrenzten Möglichkeiten, des Entzückens und der Spiele – mein eigentliches, erstes Kindheitsparadies. Was für wunderbare Vormittagsstunden versprach der Eintritt in die große Kastanienallee! In jedem Zwischenraum zwischen den dichtstehenden alten Bäumen stand, hüben wie drüben, je eine Bank, und wenn Tatta eine unter den vielen gewählt hatte, dann war es, als hätte man eine Wohnung, ein Obdach, bezogen. Alles Mitgenommene wurde weit ausgebreitet – damit sich nur ja niemand einfallen lassen möge, störend hinzuzukommen. Dann, wenn Tatta den Hut in Obhut genommen und ihre Handarbeit begonnen hatte, konnte man sich ganz unbeschwert regen.

Zuerst wurde der Ball ausprobiert. Immer wieder mußte er an einen Baum prallen; dann kam ein wenig die Springschnur an die Reihe; aber das alles war nur ein Probieren, ein Von-einem-zum-anderen-Wechseln – im Vordergrund stand, unbewußt, die Freude an der Freiheit, an den herb duftenden grünen Gewächsen ringsum, am knirschenden Kies, am Wechsel von Sonnen- und Schattenstellen. Da konnte wahrlich auch das geliebte Vorlesen in Vergessenheit geraten.

Dann entfernte man sich vorsichtig einige Schritte von der Bank – und siehe, man wurde nicht zurückgerufen! Die Bänke waren ja auch fast alle leer zu dieser frühen Vormittagsstunde. In die Nähe der besetzten wagte ich mich nicht. Nur verstohlene Blicke gingen hinüber zu den fremden Kindern. Waren sie gefährlich? War es eigentlich verboten, nach ihnen auszuschauen? Aber ehe ich die Zweifel gelöst hatte, waren sie schon da, die „fremden Kinder". Ein zögernder Schritt betrat den Umkreis „unserer" Bank, und – unerhörte Kühnheit! – da stand wahrhaftig ein Kind, nicht größer als ich, machte zuerst einen Knicks vor Tatta und fragte dann mich: „Mäderl, willst du mit mir spielen?" Als das zum ersten Mal geschah, dachte ich, Tatta müsse das fremde Kind wegschicken, ja wegjagen – aber statt dessen nickte sie freundlich ermutigend, das hieß, ich sollte, ich durfte ja sagen!

Nun flog also der Ball zaghaft aus meiner Hand in eine fast ebenso zaghaft ausgestreckte andere, und über seine Flugbahn hinweg schaute man sich allmählich näher an. Später kam man dann sogar ins Reden; aber was das für

Mitteilungen waren, die da zwei kleine Einsame miteinander tauschten, das hat mein Gedächtnis freilich nicht bewahrt. Indessen lächelten sich die beiderseitigen „Fräuleins" auf ihren Bänken gleichfalls zu, und es kam vor, daß eine von ihnen ihre „Bankburg" verließ und mit Sack und Pack zur anderen herüberwechselte.

Mit Erwartung betrat man den Park am anderen Morgen: Wird das Mäderl wieder da sein? Manchmal war sie da – manchmal blieb man allein; aber dann kamen wieder andere Kinder, und schließlich hatte ich eine ganze Reihe kleiner Freundinnen. Auch Freunde waren dabei. Diese Kinderfreundschaften ließen das kleine Herz hochschwellen in der Befriedigung eines plötzlich erwachenden Mitteilungsbedürfnisses.

An Nachmittagen war die große Allee stärker bevölkert, denn dann kamen die Schulkinder dazu. Aufregend war das „Schnurspringen" bei größerer Kinderzahl. Zwei Mädchen drehten ununterbrochen das Seil und die anderen mußten der Reihe nach antreten, „einspringen" und dann hüpfen, sooft das Seil sich drehte, bis ein Fehler unterlief. Die Sprünge wurden gewissenhaft gezählt und die Gewinnerinnen bejubelt. Aber wie schwer fiel mir kleinem Angsthasen dieses „Einspringen", wie wich ich immer wieder zitternd zurück und wie selten gelang der große Coup an Geistesgegenwärtigkeit!

Ich lernte auch die Lauf- und Kreisspiele mit vielen Kindern kennen. Sie gefielen mir wohl, aber die stillen Vormittage mit nur wenigen Gefährten waren doch noch viel, viel schöner.

Wie schon einige Male erwähnt, war ich ein ausgesprochen ängstliches Kind, und die daraus resultierende Serie von Schreckens- und Entsetzenserlebnissen war eine Qual, wenn auch die einzige meiner sonst so sonnigen frühen Kindheit. Wie war doch alles um mich schön, wie engelsgut meine Eltern und meine Tatta, wie zauberhaft die Weihnachtsfeste, wie vermehrte sich die Zahl der Puppen und der ihnen zugehörigen Möbelstücke in meinem Kinderzimmer, wie eröffneten die lieben Kinderbücher immer weitere Welten: die eine Welt von Bildern ungeahnter Dinge – und die andere, noch weit geheimnisvollere, die der klingenden Verse und Reime: die Welt des Wortes!

Aber diese Ängste! Woher sie mir nur kamen? Vielleicht trug dazu bei, daß die großen Brüder sich selten auf eine andere Art mit dem Schwesterchen befaßten als mit Necken und Erschrecken.[1]) Wenn ich aufschrie, weil sie hinter Tischdecke oder Vorhang hervorbrachen, so hielten sie es für Lustgeschrei – es hätte so sein sollen! –, aber ich zitterte und bebte im Ernst. Gelegentlich gehörte Märchen stimmten mich auch vollends bedenklich betreffs Verläßlichkeit der Umwelt. Wo war denn noch Sicherheit vor gefährlichen Begegnungen?

So ist auch folgende Begebenheit zu verstehen. Man schrieb das Jahr 1902. Als die Sommerzeit nahte, brachte Papa mit froher, wichtiger Miene Informationsmaterial über Sommerfrischen nach Hause, und alle, auch die Brüder, beratschlagten über das Reiseziel. Nur ich saß gramvoll dabei und weigerte mich plötzlich mitzufahren! Allgemeines Erstaunen, großes Rätselraten! Ach, die „Kronen-Zeitung“ hatte vor kurzem das Bild eines Eisenbahnunglücks gebracht, das ich eräugt hatte. Aber wie sollte man über so Schreckliches sprechen können! Ich ließ solche Eindrücke in mich ein und hatte es dann unendlich schwer, sie durch Aussprache wieder loszuwerden. So blieb ich nur verstockt bei meiner Ablehnung der Sommerreise.

In diesem Fall war es Mama, die mich zum Reden brachte. Wie lieb ersann sie nun Mittel, in mir sogar Vorfreude auf die Reise zu erwecken durch kleine Geschenkchen und Überraschungen, die sie für die Fahrt in eine Handtasche packte; sogar ein sogenanntes „Wunderknäuel“ aus Wolle wurde gewickelt, das mich während der Fahrt in Spannung halten sollte, wenn durch Abwik-

---

1 Siehe Abb. 22.

keln des Fadens lustige Kleinigkeiten erschienen. Ja, so war Mama, so erfinderisch war ihre Liebe: Wenn sie einen Notstand erkannt hatte, so ruhte sie nicht, bis ihm abgeholfen war.

Aber auch Papa liebte seine Familie über alles und kannte als Unterbrechung seiner Bürotätigkeit nichts Lieberes, als den Seinen Freude zu machen. Ob Sonntagsausflüge bei uns häufig waren, weiß ich zwar nicht, aber an etliche erinnere ich mich doch: mit der Stadtbahn nach Schönbrunn zu den Tieren, im Wagen in den Prater mit seiner endlosen Allee, mit der Dampftramway (die wir „Stinkerlbahn" getauft hatten) nach Hietzing in die neuerbaute Villa von Tante Helene und Onkel Sebastian – und mit der Zahnradbahn auf den Kahlenberg.

Die Sommerferienreisen der frühesten Jahre – der Jahre vor dem sechsten Jahr – haben mir keine zusammenhängenden Erinnerungen hinterlassen. Nur einzelne Bilder tauchen aus dem Schatten empor: der Strandkorb am sonnenglitzernden Sandstrand der Ostseebäder Ahlbeck und Heringsdorf – das Reichenhaller Gradierhaus mit seinen himmelhohen Reisigbündelwänden, dem klingenden Tropfenfall und dem köstlich frischen Duft – die Ischler Esplanade von den Wassern der Traun überflutet und eine überstürzte Abreise von dort auf der Flucht vor der Überschwemmung – das Marienbader Waldcafé „Rübezahl", in dessen waldiger Umgebung alle bekannten Märchengestalten in lebensgroßen Bronzefiguren sich an den verschiedenen Wegbiegungen ganz plötzlich in Gruppen dem Beschauer darboten. Ich wundere mich heute, daß sie mich Angsthäschen damals nicht in Angst und Schrecken versetzten. Es trat vielmehr etwas anderes ein: Ich sehnte mich plötzlich, ihre Geschichten weiterzuspinnen, sozusagen in Gedanken weiter in ihrer Nähe zu bleiben, da sie nun schon so lebensvoll an mich herangetreten waren. So erdichtete ich denn im Verein mit meiner immer auf alle Wünsche eingehenden Tatta tolle Geschichten über das Leben dieser Märchenwesen. Auf den wunderbaren Waldwegen von Marienbad – wohin wir Mama begleitet hatten – raunten wir sie uns zu.

Die eigentlichen genußvollen Ferienaufenthalte begannen für mich mit den Ausseer Aufenthalten ab 1902 oder 1903. Bevor ich mir aber die Freude dieser Schilderung mache, kehre ich noch einmal in den Alltag der Wiener Wohnung zurück, der im September 1902 durch eine große Neuerung in meinem Leben unterbrochen wurde: Die Eltern hatten eine Annonce in die Zeitung gegeben, daß zu einem kleinen Mädchen eine Privatlehrerin zum Elementarunterricht gesucht werde. „Heute vormittag kommen Fräuleins sich vorstellen", hatte mir Tatta verraten. Immer wieder läutete die Türglocke. Einmal guckte ich durch die Türspalte ins Vorzimmer. Da saßen auf bereitgestellten Sesseln Damen über Damen – und als ich, ein wenig stolz, daß sie doch alle meinetwegen da waren, durchs Vorzimmer lief, wendeten sich alle Köpfe nach mir: „Das ist die Kleine, das ist sie!" wurde geflüstert.

Sehr bald hatte Mama eine der Damen gewählt, und ich mußte von nun an drei Jahre lang täglich eine Morgenstunde mit dieser am Speisezimmertisch zubringen. Es war eine schon recht ältliche und ein klein wenig schrullige Dame, die Fräulein Ehrl hieß. Sie sprach gern und bei jeder Gelegenheit zu Mama und Tatta davon, daß sie „pädagogischen" Unterricht erteile. Sie war gut und pflichttreu und kinderliebend.

Ich respektierte meine Lehrerin sehr und ließ mich in diesen drei Jahren willig – wenn auch ohne allzu große Lust und Liebe – von ihr in die Welt des kindlichen Wissens einführen. Gedichte zu lernen und kleine Aufsätze zu schreiben – dies wurde nach spielender Überwindung der Anfangsschwierigkeiten sehr bald in den Unterricht einbezogen –, freute mich ganz besonders. „Wenn alle Stricke reißen, dann wird sie einmal noch eine Lehrerin", hörte ich Mama sagen, die voll Befriedigung über mein gutes Lernen war.

Aber das Bild von den „reißenden Stricken" und dem „Werden wie Fräulein Ehrl" versetzte mich in tiefe, stille

Besorgnis, und dem Lehrberuf galt fortan meine Abneigung.

Bald kamen wieder Ängste, die diesmal aus den konkreten Lebensumständen stammten. Immer öfter geschah es nämlich, daß man Mama weinen sah, und sie zögerte auch nicht, ihrer Tochter den Grund ihrer Kümmernis mitzuteilen. Papa habe Sorgen „im Geschäft“, er verdiene in Wien nicht soviel, wie man erwartet und gerechnet habe; und unser Leben in der teuren Stadt, in der großen, schönen Wohnung, mit den zwei Dienstmädchen, mit Tatta, den Büroräumen und dem Bürodiener Friedrich, mit den zwei großen Buben, ihrer Schule und ihren Privatlehrern, mit Fräulein Ehrl und der französischen Sprachlehrerin koste sehr viel Geld!

Eines Tages flüsterte mir Mama mit verweinten Augen zu, ich möge abends dafür beten, daß das „Chemische Kartell“, dessen Präsident Papa sei, doch ja wieder zustande komme. Näheres war nicht zu erfahren. Natürlich befolgte ich den erhaltenen Auftrag getreulich, denn daß er mit Papas Schwierigkeiten und der Gefahr des „Armwerdens“ zusammenhing, verstand ich wohl.

Zum Glück war bei allen inneren Wirren auch immer für Ausgleich gesorgt. Im Winter gab es zwar seltener Parkspaziergänge, denn der Schwarzenbergpark war geschlossen und das Belvedere für den Alltag doch etwas zu weit. Aber ich entdeckte immer wieder neue Spiele, die mir ganz auf meine Eigenart zugeschnittene Freuden brachten. Besonders das Lesen hatte es mir angetan.

Erst mit der Beherrschung des Lesens nahmen auch die Weihnachtsfeste den vollen Glanz und Schimmer an, denn die Einbände der neuen Bücher, wie sie so im Reiz ihrer Neuheit dalagen, bei zurückgeschlagenen Schutzumschlägen – die waren und blieben von nun an das Schönste auf dem Weihnachtstisch, mochten auch Puppenmöbel, -zimmer, -schulen, -kaufmannsläden und Beschäftigungsspiele aller Art noch so hoch im Kurs stehen. Das war die Zeit des herrlichen Kinderjahrbuches „Kinderlust“ (hrsg. v. Frieda Schanz), aber auch schon der

Johanna-Spyri- und Toni-Schumacher-Erzählungen. Wenn ich ein Buch besonders liebte und es auch Mama gefallen hatte, dann konnte es geschehen, daß sie nach dem Nachtmahl in Papas Gegenwart daraus vorlas, während auf seinem lieben Gesicht sein charakteristisches „Schmunzeln" lag – nur so kann man es ja nennen, wenn sich ein unendlich gütiges und zufriedenes Lächeln mit einer winzigen Dosis Ironie mischt.

Apropos, Papa! Merkwürdig ist mir, daß im Zusammenhang mit ihm ein Datum eines durch gar nichts Besonderes gekennzeichneten Tages sich mir durch alle die Jahrzehnte hindurch eingeprägt hat – das Datum des 8. Dezember 1903, des Marienfeiertages. Der Himmel war an diesem Vormittag so düster und schneeverhangen, daß man Licht brennen haben mußte, was eigenartig reizvoll war. Als ich fertig angezogen aus Tattas Händen entlassen war, griff ich zu einem Kinderbuch – ich sehe es noch vor mir – und lief ins Speisezimmer, wo Papa zeitunglesend den Feiertag genoß. Ich setzte mich nach dem Morgenkuß still neben ihn an den Tisch, um ebenfalls genießerisch zu lesen, und empfand in diesem Augenblick das Aufkeimen eines ganz starken Gefühls liebender Verbundenheit mit ihm – als seine nun schon „große" Tochter. Damals konnte noch niemand ahnen, daß uns das Glück, einen Vater zu haben, nur noch kurze vier Jahre lang gegönnt sein sollte. Noch heute fällt mir an jedem 8. Dezember regelmäßig der des Jahres 1903 ein.

Nicht selten mußte Papa Geschäftsreisen machen: nach Berlin, nach München und besonders nach Mailand. Sehr begehrt waren die schönen „Mitbringsel", mit denen ich dann jedesmal bedacht wurde. Die fremdartigen Hotelzettel an den Gepäckstücken wurden respektvoll bestaunt.

Mit Kindererziehungsfragen ließ Papa sich nur sehr ungern befassen. Felsenfest verließ er sich hierin – wie in allen Dingen des häuslichen Lebens – auf seine Frau.

Papa war immer auf der geistigen Höhe seiner Zeit, hielt nur gute Zeitungen und Zeitschriften, und der Inhalt seines Bücherkastens war gut gewählt.

Wunderbar war es, wenn Papa sich ans Klavier setzte. Er spielte mit gut musikalischem Empfinden und ausreichender Technik die leichteren Pièces von Schumann, Schubert und Chopin, am liebsten aber Opernauszüge und auch die sogenannten „Potpourris“ aus den Opern, die er mit Mama besuchte. Das Liebste aber war ihm sein „Lohengrin“-Auszug. In dieser Musik schwelgte er. Oh, wie „zerspielt“ ist dieser Notenband, den ich noch besitze.

Für Gesang hatte übrigens auch Mama Vorliebe. Manchmal sang sie mir stundenlang vor: Opernarien, klassische Operettenchansons, Konzertlieder, Volkslieder. Bis heute hat mein Gedächtnis und mein Gehör alle diese Melodien und Texte fest bewahrt.

Die Liebe zum Theater war meinen Eltern von Prag her überkommen, wo zu ihrer Zeit kein Deutscher ohne sein Theaterabonnement hätte leben können. Außer Theater- und Konzertbesuchen hatten aber meine Eltern wohl nur wenig Anteil am Großstadtleben, und es gab auch keine richtige Geselligkeit bei uns; über eine ständige Tarock- und Skatpartie und über die Besuche der Verwandten ging sie kaum hinaus. Freilich war Papa mit seinem stillen, eingezogenen Naturell, seinen schon auf die Sechzig zugehenden Jahren und seinen neuen Existenzsorgen längst nicht mehr der Mann, der Geselligkeit gesucht hätte – oh, ganz im Gegenteil! Den angestammten Prager Bekanntenkreis hatte er noch mehr oder weniger gern um sich geduldet, doch jetzt in Wien etwas Ähnliches neu aufzubauen, daran war ihm weniger als nichts gelegen.

Wenn die Familie beisammensaß und das Läuten der Türglocke einen Besuch vermuten ließ, sprang Papa auf, lachend zwar, aber doch sichtlich peinlich gestört in seiner „Gemütlichkeit“, und – suchte das Weite. Die Brüder – zu dieser Zeit etwa vierzehn- bis achtzehnjährig – mußten es ihm natürlich pflichtschuldigst gleichtun; daß ich wie ein geschrecktes Häschen mit aufflog, versteht sich von selbst. So blieb denn die arme, schwerhörige Mama, die „Ministerin des Inneren und Hauses“, in nicht sehr angenehmer Lage mit den Gästen allein.

Kein guter Start für die Fortsetzung geselliger Beziehungen, fürwahr!

In dem ängstlichen, anschmiegsamen Kind aber, das sosehr auf Führung und Autorität hingeordnet war, mußte die Meinung entstehen, daß Geselligkeit etwas der Sphäre des Elternhauses Widriges, etwas Abzulehnendes, ja Feindliches sei. Die ohnehin vorhandene Neigung zu Eingezogenheit und Eigenbrötelei erhielt neue und nachhaltige Nahrung.

Aber nun zurück zur adventlichen Zeit des schon erwähnten Dezember 1903. Sieben Jahre! Eindrucksvollste Zeit! Mittagshöhe des Kindseins!

Da hatte nun Mama in der Zeitung vom „Christkindlmarkt Am Hof" gelesen, und sie führte mich also an einem Nachmittag – samt Tatta natürlich – in dieses Vorweihnachtsparadies der Wiener Kinder. Wäldchen großer und kleiner Tannenbäume gab es da und viele Buden, über deren Weihnachtsware Lamettagespinst im Schein der Acetylenlampen schimmerte. Wenn auch damals unter Hinweis auf das nahende Fest nichts Größeres gekauft werden durfte – Mama liebte es manchmal, aus erzieherischen Gründen nicht alle Kinderwünsche zu befriedigen –, so trug ich doch von diesem Marktbesuch den bezauberndsten Bogen Papierpuppen, den ich je besaß, nach Hause: Ich kann der Versuchung nicht widerstehen, von dieser Akquisition genau zu berichten!

Die damaligen Ankleidepuppen waren den heute angebotenen dadurch überlegen, daß sie nicht nur die Puppen und ihre Kleider, sondern auch ein ganz bestimmtes „Milieu" für diese Puppen in einer Art von Kulissen zeigten: ein Wohnzimmer, einen Gartenplatz, eine Küche, einen Strand oder andere, Kindern geläufige Schauplätze mehr. Ihnen entsprachen dann die Requisiten und die Art der Kleidung, mit denen die Papierpuppen versehen waren. Es waren fast immer ein Hintergrundprospekt und Soffitten aller Art vorhanden – fast wie bei dem großen Kindertheater der Brüder. Wie herrlich regte das zum Spielen an! Aber dieser Bogen vom Christkindlmarkt, der war noch etwas ganz Besonderes! Niemand kann erraten, was er darstellte!

Der Hintergrund war eine üppig-grüne Sumpflandschaft; ergänzt wurde sie durch dazu passende Vordergrund-Soffitten, die man an den zwei Enden an den Hintergrund anklebte. Die Mitte blieb frei, denn hier wurden die Hauptakteure des Bogens eingesteckt, und diese waren – winzige, nackte Kindchen! Dazu gab es Störche auszuschneiden, stehende und fliegende, meist mit offenen Schnäbeln, in die man die Babys klemmen konnte, um sie von den Störchen aus dem Sumpf heraus und zu den Kinderpflegerinnen bringen zu lassen, die – nebst Wiegen, Badewannen, Wickeltischen und Steckkissen – gleichfalls aus dem Bogen herauszuschnipseln waren! Wer beschreibt die Wonne eines solchen Spieles für ein siebenjähriges Mädelchen! Hier war ja Märchenzauber, Märchengetier und Puppenpflege vereint!

Jedenfalls verflogen damit nur so die sonst so harten Wartetage auf Weihnachten, die Tage, in denen sich der Reihe nach die wichtigen, bejubelten Vorzeichen des herannahenden Festes einstellten. Auch die Lernstunden hatten nun weihnachtliches Gepräge: während ich an einem Strick-Waschfleck zum Geschenk für Mama herumstocherte, memorierte Fräulein Ehrl mit mir ein Weihnachtsgedicht zum Aufsagen unter dem Christbaum. Der Salon war schon lange versperrt, nur die Eltern gingen mit fröhlichen Gesichtern wie beschwingt dort aus und ein. Die Wonne der Erwartung wurde fast bedrückend für so ein kleines Ding wie mich.

An einem Nachmittag schickte Mama sich an, selbst, unter bloßer Assistenz der Köchin, die traditionellen Bäckereien, vor allem die unerläßlichen „Haselnußstangerln“, zu bereiten. Auch mir wurde dabei der eine oder andere kleine Hilfshandgriff gestattet. Das alles waren die seligen, sich immer wiederholenden Etappen auf dem Wege zur Weihnacht.

Am Vormittag des Heiligen Abends hatten die Brüder ihre große Stunde. Da durften sie mit Papa „ausgehen“, als richtige Herren, abgesondert von den weiblichen Familienmitgliedern, die an diesem Tag zu strengem Fasten verhalten waren bei Kaffee und „Striezelanschnitt". Sie aber wanderten mit Papa – nach kurzem Besuch der Karlskirche – in die Bodega auf dem Kolowrat-Ring, wo sie Sandwiches und einen Aperitif bekamen und sich groß und erwachsen fühlen konnten.

Ich durfte, wenn es Nachmittag wurde, bei den Vorbereitungen zur festlichen Weihnachtstafel helfen. Während Mama das beste Tischzeug und ganz bestimmte, für diesen Tag bewahrte Platten, Schüsseln und andere Geräte aus Kredenz und „Silberkasten" herausgab, durfte ich mit einem Tuch Äpfel blank reiben und Bäckerei und Giardinetto auf den dazu bestimmten Schüsseln nach eigenem Geschmack herrichten. Solche hausfrauliche Tätigkeit beglückte mich schon ob ihrer Ungewohntheit.

In der sinkenden Dunkelheit hörte man die „drei Herren" nach Hause kommen. Nun konnte es „ernst werden"! Bald vernahm denn auch das aufgeregt lauschende Ohr vom Speisezimmer her das leise Geklapper des Tischdeckens. Um sieben Uhr war die Stunde des weihnachtlichen Abendessens im tannengeschmückten Speisezimmer. Da gab es „Fischbeuschelsuppe", Sardinen als Vorspeise (die geöffneten Büchsen mußten mit gefranstem Seidenpapier und roten Bändchen geziert sein), Karpfen blau, Karpfen gebacken und den berühmten „Schwarzfisch", der nach besonderem Großmama-Rezept mit vielen Ingredienzien (unter anderem geriebenem Lebkuchen) hergestellt wurde; am späteren Abend folgten endlich noch „Äpfel im Schlafrock" und Giardinetto. Von allen diesen Herrlichkeiten bekam ich freilich nur mein Sardinenbrötchen und mein Stückchen gebackenen Fisch. Die blauen und die schwarzen Fischgerichte lockten mich nicht, das wußte Mama gut. Aber ich wartete brav und erwartungsselig, bis die Fischspeisen abserviert waren und in einem feierlichen Augenblick Papa sich schmunzelnd erhob, um mit einem: „Jetzt werden wir einmal schauen ..." in Richtung Salon zu verschwinden.

Minuten seligster Spannung einten dann uns fünf Zurückbleibende, Mutter und Kinder und die treue Tatta. – Die Brüder mimten mir noch rasch vor, daß sie auf geheimnisvolles Öffnen und Schließen der Fensterflügel von drinnen lauschten – und dann erschien beim Ton des Glöckchens Papa in der sich öffnenden Doppeltür: „Also, das Christkindl war da . . ." Wie sein liebes Gesicht strahlte, darauf achteten wir Kinder in diesem Augenblick gewiß nicht, denn hinter ihm stand ja der Glanz des brennenden riesigen Christbaumes!

Auf dem mit weißem Schutzüberzug bezogenen Salondiwan war für mich, auf zwei großen Fauteuils für die Brüder, die Bescherung gerichtet; auf dem weißbedeckten Klavier tauschten die Eltern ihre Geschenke aus, etwas seitlich auf Tischen waren Tatta und die zwei Dienstmädchen bedacht. Mama hat später oft erzählt, daß es bei mir lange dauerte, bis ich die Blicke vom Christbaum abwenden konnte, vor dem ich bezaubert stand. Dann freilich ließ ich mich selig gern zu meinen Geschenken hinführen.

Zum größten Glück der folgenden Feiertage gehörte es, daß man da ausnahmsweise auf dem Teppich unter dem duftenden Baum sitzend spielen und die Geschenke ausbreiten durfte. Da konnte man hingekuschelt lesen, und da wurden mit sämtlichen verfügbaren Bausteinen die Häuser gebaut, in die die Puppenstuben und der Kaufmannsladen und die Puppenschule der Kleinstpüppchen sich einfügten. An den Abenden aber – das war für uns drei Geschwister ein selbstgegebenes Gesetz – mußte jedes Geschenk wieder wie unberührt an seinem ursprünglichen Platz liegen und der Eindruck vom Heiligen Abend wieder vollkommen hergestellt sein. Das ging so bis zum Abräumen des Baumes am Silvesterabend. Dann erst durften neue Puppenmöbel im Kinderzimmer installiert, neue Bücher definitiv zu den alten gestellt werden. Zugleich nahm der Salon wieder sein Alltagsgepräge an.

Eines Tages riet Fräulein Ehrl, der das etwas Unkindliche und Lebensferne meines Treibens aufgefallen war, meiner Mama, mir eine kleine Freundin zu geben. Sie hatte noch eine zweite Privatschülerin, die gleichfalls ein etwas einsames Kind war, die kleine Baronesse Grete H. in der Florianigasse.[1]) Das Baroneßlein war zwar um volle zwei Jahre älter als ich, aber die Idee, uns zusammenzuführen, erwies sich doch als überaus glücklich – zu dieser Zeit und noch viel mehr in einer damals noch sehr fernen Zukunft, denn die Freundschaft hat gehalten –, Gott sei Dank dafür!

In regelmäßigen Intervallen fuhr nun Tatta in die Florianigasse, um Greterl zu einem Spielnachmittag abzuholen. Auf Gegenbesuche war von den beiderseitigen Eltern einvernehmlich verzichtet worden, da ich ja soviel kleiner war.

Mit vor Erwartung angehaltenem Atem wartete ich dann unter Mamas Aufsicht auf Tattas Wiedereintreffen mit der neuen Freundin. Diese war im Vergleich zu mir schon ganz „weltläufig" – gar nicht schüchtern und tolpatschig – und imponierte mir sehr mit der Art, wie sie den Großen Rede stand, mit mir aber ganz wie die Ältere zur Jüngeren sprach und mich aus der Verschüchterung herauszulocken wußte. Bald hatten wir uns ganz aneinander angepaßt und liebten uns sehr. Als Brücke diente in erster Linie das Puppenspiel, in zweiter Linie die gemeinsam geliebten Kinderbücher.

Mein Umgang mit Kindern beschränkte sich – von den Spielen im Park abgesehen – fast ganz auf die Besuche Greterls. Nur selten wurde eine der kleinen Parkfreundinnen mit dazu eingeladen. Ins Haus zu anderen Kindern durfte ich nie gehen. „Es könnten Buben dort sein", hörte ich Mama diese Maßnahme vorsichtig begründen. „Buben" galten ihr nun einmal als Quelle von Gefahren für kleine Mädchen – Quelle von Verdruß und „Weinerei" – Verwandte einzig ausgenommen.

Die Ferien verbrachten wir im Sommer 1904 zum erstenmal in Aussee. Es war dies einer unserer drei

---

1 Siehe Abb. 21.

„Ausseer Sommer", die sich mir alle als leuchtende Glückserinnerung eingeprägt haben.

Ich war zu der Zeit schon alt genug, um auch die Reise als Freude zu erleben. Von Attnang-Puchheim an, wenn der Traunstein als erstes Wahrzeichen des Salzkammergutes sich in der Ferne abzuzeichnen begann, wurden die Buben lebendig. In freudigster Aufregung, Namen von Orten, Bergen und Sehenswürdigkeiten ausrufend, flitzten sie zwischen Coupé und Gang hin und her, während Papa, seine grauseidene Reise-Schirmmütze auf dem Kopf, lächelnd und in der Stille nicht weniger selig als seine Söhne, ihnen die Stichworte für ihr Treiben lieferte.

Ich saß indessen mit Mama und Tatta im Coupé, nahm die immer duftiger und kräftiger hereindringende Gebirgsluft schnuppernd wahr und schaute nach dem Wunder des blauen, hochstengeligen Enzians aus, der damals noch in reichster Fülle aus allen Bahnböschungen, sogar aus den ausgemauerten, hervorquoll – umso reicher, je tiefer die Bahn ins herrliche Salzkammergut eindrang. Es war alles reinste Seligkeit.

Die „Villa Hungaria", auf die die Wahl der Eltern gefallen war, steht heute noch, und ich muß diese Wahl noch heute bewundern, denn ihre Lage (gegenüber dem damals ganz neuen „Hotel Elisabeth") ist wohl die günstigste, die Aussee bietet. Dem Trubel der Sommerfrischler entrückt, die den eigentlichen Kurort durchfluteten, liegt sie an der Straße nach Altaussee. Beim damaligen bescheidenen Verkehr war Straßenlage nur ein Vorteil, denn sie ermöglichte bequemste Verbindung zu den beiden Seen. Zugleich aber gab es von hier aus nach zwei Seiten hin leicht ansteigende schöne Fußwege in die nahe Bergumgebung hinauf.

Das Haus stand in einem netten Garten, der mir damals groß schien. Die Zimmer waren reichlich bemessen und zeigten als Wandschmuck schöne alte Stahlstiche mit romantisch gesehenen Jagdszenen im Gebirge. Vor diesen Bildern stand ich gern und ließ das aufregend Unwirkliche, Traumhafte, das sie mit wolkenverhangenen Bergen, gefährlich gezeigten Sturzbächen und gestürzten Baumriesen ausströmten, in mich ein. Vor dem Haus war eine mit wildem Wein umrankte Veranda, von der Stufen ins Vorgärtchen hinunterführten. Hier war bei regnerischem oder unsicherem Wetter Papas Lieblingsplatz, und mit leisem Lächeln stillen Genießens ruhte er dann dort lesend im Liegestuhl. Bei schönem Wetter aber lockten ihn die nahen Berghänge mit ihren Spazierwegen. Zu einer Lederhose – wie Onkel Peppi in St. Wolfgang sie trug – verstieg Papa sich zwar nicht, aber er ließ sich bei seinem Wiener Schneider eine feine steirische Trachtenjoppe „bauen“, die ihm zu Breeches sehr gut stand und eine gute Wandertracht abgab. Absichtslos elegant, distinguiert und soigniert, wie er immer war, erschien er auch hier. „Ausnasen“ nannte er die von ihm so geliebte Tätigkeit des Auskundschaftens der näheren Umgebung, und ich höre ihn noch tief beglückt beim Mittagstisch zu Mama sagen: „Mutti, heut hab' ich wieder ein Wegerl ausgenast – ein Wegerl, sag' ich dir!“ Mama nämlich hielt bei solchen Spaziergängen fast nie mit. Sie konnte es auch nicht – ihr Herzleiden behinderte sie damals schon zu sehr. Sie saß an den Vormittagen mit einer Handarbeit im Garten, oder sie schrieb auf der Veranda Familienbriefe.

Die Buben aber, in weißen Tennisdressen, waren im Kurort auf den Tennisplätzen zu finden und hatten eine unendliche Wichtigkeit mit den internationalen Tennisturnieren, die dort abgehalten wurden und die ihnen der Gipfelpunkt des Eleganten und Interessanten schienen. Sie spielten selbst auch, aber ohne eigentlichen sportlichen Ehrgeiz, mehr, um „dabeizusein“. Wichtig war vor allem, daß die langen weißen Tennishosen und langärmeligen weißen Tennishemden immer untadelig blütenrein, daß die Rackets von „Slazenger“, die Racketpressen von erster Qualität waren und daß die vieldiskutierten „Backhands“ genau nach den Meistern, den „Daugherty Brothers“, geübt wurden. Wem diese Dinge nicht Begriffe – hohe Begriffe! – waren, der zählte einfach nicht vor „Egis“ hocherhobener Nase – die Eltern nicht ausgenommen. Wie hätte man erwarten können, daß solche jungen Herren sich herbeilassen sollten, – etwa einer kleinen Schwester – die Grundregeln des Spieles zu erklären! So spielte ich dann selbstgenügsam und still-fröhlich meine Bälle gegen die Hauswand …

Wenn unsere Spaziergänge ins Zentrum des Kurortes und somit an den Tennisplätzen vorbeiführten, sah ich mit Erstaunen, daß dort auf den Zuschauertribünen unter dem eleganten Kurpublikum auch Kinder saßen – Kinder, sogar jüngere als ich, die mit ihren Eltern und deren Bekannten am Spiel Anteil nahmen und mitredeten; ja, in turnierfreien Stunden konnte man sie selbst auf den Plätzen spielen und Tennis üben sehen! Es faßte mich eine Art Staunen darüber, daß hier Erwachsene und Kinder wie Gleichberechtigte dieselben Interessen zu haben schienen! Kleine Mädchen mit schönen Lockenköpfen waren dabei – ja, die mochten den Großen gefallen! Ich faßte unwillkürlich nach meinen steif geflochtenen Zöpfchen. Tatta hatte einmal Mama gefragt, ob sie mir nicht auch „Korkzieherlocken" drehen dürfe, war aber streng abgewiesen worden: „Sie darf nicht eitel und gefallsüchtig werden; das überlassen wir ruhig den – Judenkindern."

Mama hatte nämlich einen wahren Horror vor allem, was an Kindern absichtsvoll, posenhaft oder selbstgefällig erscheinen mochte. Da sie der Ansicht war, daß Bedachtnahme auf hübsches Äußeres notwendig zu dem führen müsse, was sie „affektiert" nannte, verbot sie sie lieber kurzerhand. Sie selbst wählte Kleidchen, Haartracht und alles übrige so, wie es ihr gefiel und – unschädlich schien. Aber leider gefiel ihr eben nur die Kinderkleidung, die nach dem schon versinkenden Motto „das Kind ist ein kleiner Erwachsener" ausgerichtet war, und so mußten es eben die Federhütchen, Stehkrägelchen und Rüschen sein … Die Kinder auf den Tennisplätzen dagegen und viele andere, die man täglich sehen konnte, waren schon nach dem sich mächtig durchsetzenden Geschmack des 20. Jahrhunderts hygienisch und kindertümlich, nicht anders als unsere heutigen Kinder, gekleidet. Aber diese Art schien Mama „salopp“, „unsolid“ und einfach unmöglich ...

Ich hatte dafür eigentlich nur ein ganz leises Bedauern. Mamas Wille und seine Berechtigung waren unmöglich anzuzweifeln. Auch wünschte ich damals eigentlich schon gar nicht mehr, mich unter die Großen zu mischen. Das wohl von Papa ererbte Einsamkeits- und Absonderungsbedürfnis überwog bereits und machte, daß ich mich an der Hand meiner Tatta am wohlsten fühlte. Von diesem sicheren Hafen aus schaute ich dann bewundernd und nur ein klein wenig sehnsüchtig auf die als „Judenkinder“ bezeichneten kleinen Mädchen mit ihren duftigen, halsfreien Kleidchen, ihren zierlichen Schuhen (ich selbst trug feste, hohe „Orthopädenschuhe“) und ihren lockigen Köpfen. Wie hübsch und lustig sie sein durften! Aber das war wohl eben nichts für mich. Auch das Lustigsein war nämlich von Mama nicht unbeschränkt geduldet. Jedes Zuviel an fröhlichem Herumspringen bei Wald- und Wiesenspaziergängen wurde von ihr mit energischen Befehlen brüsk abgestellt. Ich erinnere mich auch noch recht gut des niederschmetternden Blickes, der uns traf, als zu Hause Tatta einmal zu Papas Klavierspiel mich umfaßte und mit mir fröhlich um den Tisch tanzte.

Mit solchen Maßnahmen wollte Mama, die ach so gute Mama, durchaus nicht hart sein; sie tat ganz einfach ihren Vorstellungen von anständiger Mädchenerziehung Genüge an ihrem so geliebten Kind.

Es war November 1904 geworden – ich war in meinem dritten Lernjahr bei Fräulein Ehrl –, da wurde es ernst mit der Übersiedlung. Ich hätte das Datum nicht mehr gewußt – aber es ist, als hätte es mir Mama für diese Aufzeichnungen liefern wollen: Erst kürzlich fand ich in einem ihrer aufbewahrten Haushaltsbücher ganz zufällig die Eintragung: „Spediteur D. für Übersiedlung – 120,– Kronen, 14. XI. 1904.“ Die neue Adresse lautete Wohllebengasse 18 und war nur wenige hundert Schritte von der alten entfernt.

Als im Frühling die Parkbesuche wieder begannen, machten wir wieder neue Bekanntschaften. Zwei kleine Mädchen, etwas jünger als ich, Mizzi und Hella K., gehörten dazu. Sie waren „Vormittagsgespielinnen", weil sie gleich mir nicht zur Schule gingen, und ihr Fräulein war bald sehr befreundet mit Tatta. An Nachmittagen kam auch der größere Bruder der beiden mit, der dann schulfrei war. Er hieß Fritz und war ein lebhafter, lustiger, gescheiter Junge, der so viel zu reden und zu erzählen wußte, daß mir vom Zuhören das Spielen verging. Nach seinem Alter gefragt, erklärte er sich lachend für „halb zwölf" und belehrte mich, daß ich mich „drei Viertel neun" zu nennen habe. Er erzählte auch manches aus der Zeitung, die er zu meiner Verwunderung schon lesen durfte.

Eines Tages nun packte mich Freund Fritz an der Hand und verhieß mir ein neues Spiel. Meine Erwartungen waren sofort hochgespannt – ich mußte ja geradezu an eine neue Froschfangmethode denken. Gleich darauf aber war ich ernüchtert und enttäuscht, denn was kam, war nur die Aufforderung: „Du mußt mir einen Kuß geben." „Wie langweilig", dachte ich, „das ist doch kein Spiel! Er tut ja, als wenn er eine Tante wäre", und ich sagte etwas ungehalten: „Nein!"

Er ließ aber nicht ab, eindringlich zu beharren, so daß ich, verträglich, wie ich war, ihm endlich den Schnabel hinhielt. „Aber doch nicht hier", sagte er eifrig, „hier sehen es doch die Fräuleins!" Ja, warum sollen sie denn das nicht sehen, dachte ich, natürlich wieder, ohne es zu sagen, da ich mir wieder einmal dumm vorkam. „Hierher auf den Seitenweg komm", flüsterte er und zog mich mit. Im selben Augenblick aber hatte ihn auch schon sein Fräulein „am Schlafittel" erwischt.

Wir mußten Rede stehen; das Fräulein schien sehr böse, und dennoch war es deutlich, daß sie kaum das Lachen verbeißen konnte, Tatta hingegen schien ganz verdonnert, so etwas wäre ihr gewiß nicht im Traum eingefallen. Fritz gab irgendeine trotzige Antwort, und ich, mich inmitten eines solchen Aufsehens und mißbilligender Blicke findend, brach vor Schrecken in Tränen aus. Es erfolgte schleunige Heimkehr, und Tatta mußte natürlich den Vorfall der Mama berichten, da ich mich noch immer nicht beruhigt hatte.

Es zeigte sich übrigens, daß ich allen Grund zum Weinen hatte. Mama war viel mehr erzürnt, als man hätte denken können. An diesem Tag wollte sie mich überhaupt nicht mehr ansehen. Erst am nächsten Morgen war sie soweit besänftigt, daß sie mit mir über die Sache sprach – „mit großem Ernst, aber nicht ohne Gütigkeit" wäre wohl ein Romanschreiber älteren Stils versucht zu schreiben, wenn er von der Verzeihung für den Fehltritt einer Frau zu berichten hätte. Manche ihrer damaligen Worte haben sich mir unvergeßlich eingeprägt, denn, mag auch die Situation für einen Außenstehenden noch so lächerlich scheinen, aus meiner Kinderperspektive war sie sehr ernst, ja, sie bildete wirklich so etwas wie einen Abschnitt in meinem Leben. Wie völlig doch Erwachsene dem Erleben des Kindes, sogar des eigenen Kindes, entfremdet sein können! Was für eine Kränkung für sie das sei, daß ihre Tochter sich so vergessen (?) konnte, das könne ich mir gar nicht vorstellen, sagte Mama. Ich müsse doch wissen (?), daß ein Mädchen gegenüber einem Mann (Fritz K. – ein Mann?) sich gar nicht genug stolz und abweisend, kalt und zurückhaltend verhalten könne. – Das waren unter den vielen Worten, die Mama damals sagte, die, die mir im Gedächtnis geblieben sind. An diesem Tag hörte ich die Worte: „stolz, kalt usw. usf." zum ersten Mal, die Mama von da an oft gebrauchte. Sie hat zeitlebens nicht mehr aufgehört, sie mir einzuprägen.

Dieses Erlebnis von Mamas schwerer Mißbilligung kostete mich in diesen Tagen noch viele Tränen, und ich wurde noch ein gut Teil befangener, ängstlicher und unsicherer angesichts der Erfahrung, daß es möglich sei, sich so unversehens so schwere Vorwürfe und Liebesentzug zu verdienen. Die Sache endete damit, daß Tatta, die auch ihr Maß an Vorwürfen wegen schlechter Beaufsichtigung erhalten hatte, Weisung bekam, in der nächsten Zeit mit mir nur den Belvederepark zu besuchen. Also auch hier wieder „Glassturzprinzip“ statt Abhärtung. Die Anleitung zum eigenen Agieren, die ich so nötig gehabt hätte, blieb aus. Und natürlich lautete Tattas Instruktion jetzt: „Es darf nie wieder mit einem Buben gesprochen werden!“ – während ich, unter dem nachhaltigen Eindruck von Mamas Zorn und Mißbilligung, weit davon entfernt war, damit nicht einverstanden zu sein.

Von dieser Zeit an mußte ich, übrigens trotz Protestes, meine Zöpfchen fest und straff um den Kopf gesteckt tragen – wohl zum Zeichen des beginnenden Lebensernstes. Ich verabscheute diese Haartracht, doch sie blieb von nun an auf Jahre Diktat. Auch die geliebten „Sockerln“ (die Tatta erst kürzlich für mich durchgesetzt hatte) wurden für unziemlich erklärt, die Kleidchen neuerdings verlängert. „Nicht ein bloßes Knie hätten meine Brüder von mir zu sehen bekommen dürfen“, erklärte Mama in dem stolzen Ton, den sie bei Belehrungen gern anwandte, und überließ es mir, darüber zu grübeln, was denn die Brüder und das Knie mit der sommerlichen Wohltat der Sockerln zu tun hätten.

Heute weiß ich, daß schon damals jene fatale Entwicklung einsetzte, mit der durch Mamas etwas larmoyante Autorität bei mir dem Streben und dem Willen nach Schönheit, Jugendlust und Bewegungsfreude entgegengearbeitet wurde, während eine mutlos-ohnmächtige Sehnsucht danach, die ich vague als etwas Verbotenes empfand, nie ganz zum Schweigen kam.

Bald nach jenem Erlebnis endete das Schuljahr 1904/1905. Es stimmt, ich kann es nachrechnen: Ich war eben „drei Viertel neun“ in jenem Juni 1905. Der Jahresabschluß brachte die übliche Abschlußprüfung der kleinen Privatistin an der staatlichen Übungsschule der Lehrerinnenbildungsanstalt in der Hegelgasse. Zugleich brachte er diesmal den Abschied von Fräulein Ehrl, denn die Eltern hielten mich nun endlich für genügend gekräftigt zum Besuch einer öffentlichen Schule. Nach einigen Beratungen wählten meine Eltern die mir schon bekannte Lehrerinnenbildungsanstalt in der Hegelgasse. Dort kam ich nun, im September 1905, neunjährig, in die vierte Volksschulklasse – eine Klasse von fünfundfünfzig Kindern!

Fünfundfünfzig Mädchen, große und kleine, dicke und dünne, dürftig und wohlgekleidete, kluge und dumme, hübsche und unhübsche! Alle aber hatten mir eines voraus: Sie kannten sich untereinander, plauderten von gemeinsamen Schulerlebnissen, von gemeinsam bekannten Dingen – und ich, der kleine Neuling und Angsthase, stand isoliert unter ihnen und hatte – bei meiner Neigung zum „Nicht-Fragen", zum „Nur-Schauen" und „Gedanken-Wälzen" – Schwierigkeiten, die ähnlich, nur noch viel größer waren als die, die mir einst im Park das „Einspringen" am Springseil gemacht hatten. Wenn ich mich bemühte, eine Pause in ihrem Geplauder abzuwarten und dann mit leiser Stimme etwas ins Gespräch einzuwerfen, schienen sie mich überhaupt nicht zu hören und zu sehen. So fühlte ich mich übersehen, bald sogar angefeindet und verspottet, und fing an, sehr ungern in die Schule zu gehen.

Es war ein Glück, daß Tatta beim Abholen mit Müttern ins Gespräch kam und ihnen von meinen Schwierigkeiten erzählte. Mit Hilfe der Erwachsenen wurden dann doch Brücken geschlagen. So, gleichsam „einander vorgestellt", ging es ganz anders und viel besser. Manches Gesichtchen, mancher Name steht mir noch in liebem Erinnern aus diesem ersten Schuljahr, das das einzige in dieser Schule bleiben sollte.

Die Besuche meiner Freundin Gretl bekamen in dieser Zeit wieder neue Reize und wurden uns beiden noch wertvoller, denn nun gab es ja Schulerlebnisse auszutauschen. Auch die Freundin war nämlich im gleichen Jahr für schulfähig erklärt worden; sie trat, da sie mir ja im Alter voraus war, gleich in die Mädchenmittelschule, damals Lyzeum genannt, ein. „In dieses Lyzeum, Reserl, könntest du noch nicht gehen, da muß man zehn Jahre alt sein", erklärte sie mir wichtig im Hochgefühl ihrer reifen

Jahre, und ich zollte gern die gebührende Bewunderung. Nur eine ungewollte Kränkung fügte ich ihr damals zu, als ich, verwirrt von der Fülle neuer Namen, die auf mich einstürmten, sie einmal mit „Koritschoner“ (wie meine Schulnachbarin hieß) anredete – eine Verirrung, die sie mir noch jetzt, in unseren wahrhaftig reifen Jahren, zuweilen lachend vorwirft.

Das waren also die Eindrücke, mit denen das Jahr 1905 zu Ende ging. Es schloß die Kinderzeit in Wien ab, denn 1906 brachte die Übersiedlung nach Baden und leitete schon ernste Lebensschicksale ein.

# Richard Seeger

## *Mittelpunkt war der Vater ...*

„Es ist der fränkische Raum, aus dem die Sippe der Seeger stammt. Zwei Mitglieder mochten vor rund zweihundert Jahren einen gewissen Bekanntheitsgrad besessen haben. Einer war Intendant der Württembergischen Militärakademie Solitude und sohin Vorgesetzter von Friedrich Schiller; der andere fungierte zu etwa gleicher Zeit als Berater Kaiser Josephs II. bei den Teilungen Polens.“[1])

Die unmittelbaren Vorfahren sind Metallschmiede in Gunzenhausen bei Nürnberg gewesen. Einen davon verschlug es zur Zeit des Dreißigjährigen Krieges nach Österreich. Sein Sohn Johann Georg ließ sich darnach in Hall in Tirol nieder, dort eine Ärztedynastie begründend.

Dr. Seegers Großvater Rudolf war nach Studium in Padua und Wien der erste graduierte Doktor der Medizin. Ein interessanter, wohlerhaltener Brief an seinen Bruder schildert peinlich genau die Ereignisse der Revolution von 1848, deren Märztage er in der Herrengasse miterlebt hatte.

Dr. Seegers Vater, gleichfalls mit Namen Rudolf, tanzte aus der Reihe der Ärzte und wurde Jurist. Er ist Advokat und später Richter gewesen und zeigte vielseitige Begabung, vor allem als Pianist. Zu seiner Wiener Studienzeit schon war er eifriges Mitglied des Akademischen Gesangsvereins und dadurch eng mit Anton Bruckner befreundet.

1 Vgl. auch „Österr.-Ungarische Monarchie“, Wien 1899, Band Bukowina, Seite 118.

Zusammen mit seinem Jus-Kollegen und langjährigen Freund Ignacy Paderewski nahm er Klavierunterricht bei Theodor Leschetitzky[1]), und in Linz war er mehrmals oberösterreichischer Schachmeister, vor allem aber auch begeisterter Bergsteiger und guter Kenner unserer Alpen.

Dr. Seegers Mutter, eine Wienerin, entstammte einer alten Winzerfamilie aus der Retzer Gegend, ihre Mutter war eine Apothekerstochter aus Kirchdorf im Kremstal; ihre Voreltern Ärzte und Sensenschmiede (Redtenbacher).

Über Dr. Richard Seegers Kindheit gibt dessen eigene Darstellung Aufschluß. Er besuchte dann das Linzer Akademische Gymnasium und promovierte im Herbst 1920 an der Innsbrucker Universität zum Doktor der Rechte. Nachher Tätigkeit bei Gericht und den Magistraten Linz, Steyr und Villach. Dort schuf er die magistratische Verwaltung, wurde aber im März 1938 durch die neuen Machthaber entlassen. Hernach kurzfristig mit der Umorganisation der Stadt Znaim in Südmähren betraut, mußte er mit der Familie gegen Kriegsende in die Tiroler Heimat fliehen. Bald darauf wurde er zum Bezirkshauptmann von Kufstein bestellt. Am 1. März 1947 Ernennung zum Magistratsdirektor von Salzburg, wo er die rechtlichen Voraussetzungen für eine zeitnahe Verwaltung geschaffen hat.

Erwähnenswert langjährige Mitarbeit im Städtebund und zahlreiche fachliche Veröffentlichungen, auch solche rechtsphilosophischer Natur; dafür Anerkennung durch das Goldene Doktordiplom.

Seeger war sieben Jahre Soldat. Im ersten Krieg k.u.k. Leutnant der Artillerie, im zweiten Hauptmann der Deutschen Wehrmacht beim Nachschub.

*Verfaßt von Richard Seeger*

---

1 Theodor Leschetitzky, 1830 bis 1915, Konzertpianist und umworbener Klavierpädagoge in Petersburg, seit 1878 in Wien. Ignacy Paderewski, 1860 bis 1915, bedeutender Klaviervirtuose seiner Zeit und Staatsmann, der 1917/18 die Selbständigkeit Polens vorbereitete und dann Ministerpräsident war. Im Jahr 1940 Präsident des Exilparlaments.

Dr. Seeger verfaßte seine „Augenblicksbilder von meiner Lebenswanderschaft" im Jahr 1967. In dem 238 Seiten umfassenden maschinschriftlichen Manuskript nimmt der Abschnitt „Frühe Jugend" 18 Seiten ein. Dr. Seeger lebt als Pensionist in Salzburg-Gnigl. Seine Gattin starb nach 64 Jahren währender Ehe Ende 1986. Dr. Seeger hat zwei Söhne und eine Tochter sowie acht Enkel.

Kein anderer Weiser hat das Wunder des Eintrittes ins Dasein naiv-einprägsamer ausgedrückt als der große Wilhelm Busch mit den Versen: „Kaum, eh' man sich's recht bedacht, Schlupp! ist man zur Welt gebracht."

Meine mütterliche Großmutter Julie Neubauer aber schreibt darüber aus meinem Geburtsort, dem oberösterreichischen Perg, am 9. Februar 1896 an ihre Tochter Johanna, unsere nachmals geliebte Tante, nach Wien. Sie hielt meine Ankunft für ein weltbewegendes Ereignis; sonst hätte ihr Brief wohl nicht mit dem Vorwurf begonnen, sie sei erstaunt und tief gekränkt, daß bis zur Stunde auf das von ihr aufgegebene Telegramm noch keine Gratulation von ihren Nächsten eingelangt sei. „Poldi (damit meint sie meine Mutter) begann", so schreibt sie, „mit den ersten Wehen am Donnerstag um 3 Uhr früh, die sich gegen 2 Uhr nachmittags verstärkten, so daß wir die Entbindung für Mitternacht erwarteten. Infolge ihrer Ermattung verringerten sich aber die Wehen, so daß Rudolf mit ihrer Einwilligung um 5 Uhr morgens beschloß, den Dr. Mayr zu rufen, der das kräftige Kind am Freitag, den 7. d. um ¾6 Uhr mit der Zange zur Welt brachte. Was Rudolf und ich, die wir nicht von ihrem Bett wichen, gelitten haben, kann ich nicht beschreiben. Der Bubi ist kugelrund und ein herziges Kindl . . ."

Heute, als Siebziger, ist er nicht mehr kugelrund, und herzig ist er gewiß auch nicht mehr. Aber trotz und trotz noch immer lebensfroh und blickt gern sein nun schon langes Leben in tiefer Dankbarkeit für alles, was immer es gebracht hat, zurück.

Es drängt mich, einige Erinnerungen zu Papier zu bringen; mögen sich Kinder und Enkel dafür interessieren. Aber es ist mir auch selbst ein Bedürfnis, noch einmal rückblickend nachzuleben, was viel zu geschwind vergangen ist. „Vergangen“ nach unserer unzureichenden Vorstellung über Zeit und Zeitablauf.

Ich habe keine Erinnerung mehr an Perg aus der Zeit, in der dort mein Vater Advokat gewesen ist. Er hatte von Kitzbühel seine Kanzlei dahin verlegt und in dem neuen Ort seines Wirkens am 19. September 1892 Einzug gehalten. Wiewohl ihm als Tiroler und passioniertem Bergsteiger Heimweh nach seinen Bergen zugetraut werden konnte, hat er sich in der neuen Umgebung von allem Anfang an wohlgefühlt. Einerseits war's die Musik, die ihm, dem meisterhaften Pianisten, immer wieder über Leeren hinweghalf, andererseits aber die Aussicht, mit seiner Schwiegercousine, meiner Mutter, bald vereint zu sein. Am 6. April 1893 haben sich die beiden in Wien vermählt; unmittelbar darauf aber in Perg ihren Hausstand begonnen, wo sie ein geselliges Leben führten, oft aufgesucht von Bekannten und Verwandten aus nah und fern. Im Markt auf Nr. 79 neben dem Gasthaus Waldhör hatten sie ihre geräumige Wohnung; es ist mein Geburtshaus.

Die Eltern waren glücklich in Perg, leisteten sich auch kleine Reisen und die Haltung von zwei Hunden mochte ihnen viel Spaß gemacht haben. Aber über all dem ist doch ein Schatten gelegen: der schlechte Geschäftsgang in Vaters Kanzlei. Dieser war ein exzellenter Jurist und ein seriöser Anwalt; aber er mochte etwas wortkarg gewesen sein und verstand es vor allem nicht, mit den Einheimischen und den Bauern richtig umzugehen. Meine Mutter, die dies gewiß vorzüglich gekonnt hätte, notierte darüber in ihrem Tagebuch einmal: „Trotz des Markttages kam heute keine Seele in die Kanzlei.“

Beruhigung in dieser Hinsicht brachte erst die Übernahme Vaters in den Justizdienst, die Übersiedlung nach

Linz. Er bekam dort keineswegs mehr bezahlt, als er bisher im Durchschnitt verdient hatte, aber es war ihm um die Sicherheit, um ein dauernd gleichbleibendes Einkommen zu tun. Und noch etwas: Vater war zartbesaitet und überaus objektiv, daher schien ihm auch der Beruf des Anwaltes, der für Geld die Sache einer Partei zur seinen macht, nicht angemessen.

Am 31. Oktober hat Vater Perg verlassen, um beim Bezirksgericht in Linz als Gerichtssekretär (so nannte man damals die Bezirksrichter) einzutreten. Die Familie folgte bald nach. Ich bilde mir ein, an die nun folgenden Tage des Einpackens die allerersten Kindheitserinnerungen zu haben.

Am 6. November erfolgte nunmehr die Übersiedlung der Familie mit Sack und Pack nach Linz in eine südseitig gelegene, kleine Wohnung in der Schillerstraße. Dort war aber die Anfangsfreude über die Erfüllung des großen Wunsches bald getrübt. Vater erkrankte kurz vor Weihnachten an einem Nervenübel mit Symptomen, die auch Rückenmarkkranke aufweisen. Lähmungsartige Erscheinungen, vorzugsweise in den Beinen, machten ihn, der doch eben erst den öffentlichen Dienst angetreten hatte und sich nur mit äußerster Anstrengung und Hilfe fortbewegen konnte, sehr besorgt und ängstigten vor allem Mutter, die in der Jugend bereits viel Not kennengelernt hatte und nun begreiflicherweise an den schlimmsten Ausgang dachte. Dies umso mehr, als die Eltern vermögenslos waren und die Familie im Fall des frühen Ablebens Vaters keinerlei Rente oder Pension erhalten hätte. Wie durch ein Wunder ließen aber die sich zunächst mehrenden Krankheitsanzeichen urplötzlich nach. Irgendetwas ist aber zurückgeblieben, was Ärzte bei gelegentlichen Untersuchungen immer wieder festgestellt haben: das Fehlen der Kniereflexe und die Unfähigkeit der Pupillen, sich zu vergrößern oder zu verkleinern. Das hat zwar sein Befinden niemals beeinträchtigt, Mutter aber um Vaters Gesundheit immer in Sorge sein lassen. Mußte doch schon der Umstand nachdenklich machen, daß sein Körpergewicht kaum je viel über zweiundfünfzig Kilogramm lag. Er war schreckhaft mager.

Mag sein, daß meine Erinnerung bezüglich vorhin erwähnten Einpackens in Perg nur eine Rekonstruktion späterer Zeit ist; mit Sicherheit weiß ich mich aber am Abend des 10. September 1898 beim halbgeöffneten Küchenfenster in der Schillerstraße-Wohnung sitzen und dem Geläute der Kirchenglocken zuhören, aus Anlaß des tragischen Ablebens unserer Kaiserin Elisabeth.

Bald darauf sind wir in die Schützenstraße ins Haus Nr. 7 eingezogen. Da waren wir aber nicht lang, denn im Spätherbst 1900 fand sich in der Kapuzinerstraße im Haus Nr. 3b, 2. Stock, eine besser konvenierende Wohnung für Dauer. Wir hatten dort zwei geräumige Zimmer, ein riesiges Kabinett, eine helle, ansehnliche Küche mit Speisekammer, Vorzimmer und Klosett. Freilich fehlte der heute unerläßlich gewordene Komfort. Also kein Badezimmer, die Wasserleitung auf dem Gang, kein Raum für die Hausgehilfin, die in der Küche in einem sogenannten Tafelbett schlief. Anfänglich gab's auch kein elektrisches Licht; das wurde erst gegen 1910 eingeleitet. Bis dahin hing in der Mitte der Räume eine Petroleumlampe. Auch einzelne Tisch- und Klavierlampen waren vorhanden. Auf den Nachtkästchen aber hatte man Kerzen stehen, mit denen ausgerüstet man auch den verschwiegenen Ort besuchte. Sogar die heute üblichen, damals Sicherheitszündhölzchen genannten Zünder waren noch nicht allgemein verbreitet. Die Eltern hatten auf ihren Nachtkästchen Schwefelhölzer stehen. Gas ist auch erst später eingeleitet worden. Die Warmwasserbereitung geschah in bescheidenen Mengen in einem sogenannten Schiff, das ist eine in den Kohlenherd eingebaute Kupferwanne. Das Geschirr wurde in Schaffeln abgewaschen, Heizmaterial war aus dem Keller zu holen, aber in Zimmer und Küche befanden sich für den augenblicklichen Bedarf Kohlenkübel und Holzkörbe; auch Eimer, in die man das Schmutzwasser schüttete, wenn man sich gewaschen hatte. Dies geschah an Waschtischen, die stilgemäß zu dem übrigen Meublement paßten, mit einer Marmorplatte ausgestattet waren und Wasserkrug sowie Waschschüsseln (Lavoir) aufwiesen. Viel pritscheln konnte und durfte man da nicht.

Der Küchenbetrieb erforderte damals auch allerlei kleine Gerätschaften, die man heute nur mehr als Antiquitäten kennt. Also den Mörser zum Zuckerstoßen, eine Maschine zum Bröselreiben, dazu eine Unzahl von kupfernen Pfannen und Modeln, die an der Wand hingen und zugleich recht schmuck aussahen. Den Kaffee kaufte man grundsätzlich nur in Form der grünen Bohnen, die man etwa einmal in der Woche bei Entwicklung von beißendem Rauch in einer Pfanne röstete. Da es keinerlei Konserven gab, man auch Backwerk, ja selbst Bandnudeln noch nicht fabriksmäßig herstellte, mußte das alles umständlich zu Hause produziert werden, wobei ganze Nachmittage vergingen. Die Teppiche trug man zum Klopfen in den Hof, weil Staubsauger unbekannt waren. Das waren siebzig oder achtzig Stufen, die oftmals täglich gestiegen werden mußten, wenn man Holz und Kohle aus dem Keller holte oder Wein und Kartoffeln. Auch eine geregelte Müllabfuhr kannten wir nicht. Zweimal in der Woche erschien der Mistbauer, der sich auf der Straße durch ein Glockenzeichen bemerkbar zu machen pflegte. Da hieß es dann mit einem schweren Kistchen (Misttrücherl hat das geheißen) die angesammelten Abfälle, wie Asche usw., nach unten tragen. Durch bekannte Rufe haben sich auch die Gemüsehändlerinnen gemeldet, die vom Land her mit einem von einem Hund gezogenen zweirädrigen Karren kamen und Obst, Gemüse, Butter usw. darboten. Die Milchfrau erklomm aber selbst den zweiten Stock und schenkte aus ihren gewaltigen Kannen unter sich eintönig hinziehenden Jammerreden die Milch in bereitstehende Töpfe. Es war ein ältliches, beklagenswertes Weib, die bei Leonding ein winziges Anwesen mit zwei Kühen und einigen Obstbäumen besaß. Im Sommer haben wir sie ab und zu besucht; ein schöner Spaziergang über die Höhen des Bauernbergs, der überdies dann in einem schattigen Gärtchen durch Genuß eines Glases Milch oder später Birnenmost gelohnt wurde.

Daß wir in der Wohnung kein Badezimmer hatten, erwähnte ich bereits. Bleibt noch zu sagen, daß wir dennoch zuweilen daheim badeten. Auf der Oberen Donaulände gab es nämlich den Herrn Pindäus, bei dem man für einen Tag eine hölzerne Wanne mieten und in Fässern Warmwasser beziehen konnte. Ein Pferdefuhrwerk brachte alles ins Haus, und ein Halbidiot, der aber bewundernswerte Kräfte besaß, trug die schwere Last mit Leichtigkeit in den zweiten Stock. Besonders appetitlich war die ganze Sache freilich nicht. Denn in ein und derselben Wanne nach jedesmaligem Abschöpfen und Zugießen reinen Wassers badeten zuerst wir Kinder, dann der Vater, nach ihm die Mutter und schließlich die Hausgehilfin Pepi. Außer der Tatsache, daß man seine kleine Notdurft so angenehm in dem lauen Wasser verrichten konnte und vom Wasser heraus nach Abfrottieren gleich ins vorgewärmte Nachthemd schlüpfen durfte, waren mir die Reinigungstage unwillkommen.

Nun mache ich mir das Vergnügen und unternehme nach einem mir im Geist zurechtgelegten Wohnungsplan auch noch einen Spaziergang durch unsere Zimmer. Zuerst betrete ich das „große", in dessen Mitte der Mittagstisch steht. Mit dem Rücken zum Fenster bin ich immer gesessen, sah auf die dumpf schlagende Pendeluhr und die Flügeltür, durch die herein die gute Pepi die Speisen brachte. Meine Mutter saß links von mir, blickte zur Kredenz und der Polstergarnitur mit dem gipsernen Beethoven und Mendelssohn darüber. Zwischen uns stand auf dem Tisch ein blauer Emailkrug mit frischem Wasser, den wir oft leerten. Schwester Klara mußte gegen das Fenster blinzeln, und neben ihr befand sich der Brotlaib auf einem hölzernen Teller, der einen frommen Spruch aufwies. Das beste zuletzt: der gütige Vater; sein Blick war nach dem Ehrbarflügel gerichtet, den Bildern von Bach und Händel und dem lieben Photo seines besten Freundes aus der Innsbrucker Gymnasialzeit, Ludwig

Wohnung der Eltern in Linz
Kapuzinerstraße 3 b, 2. Stock

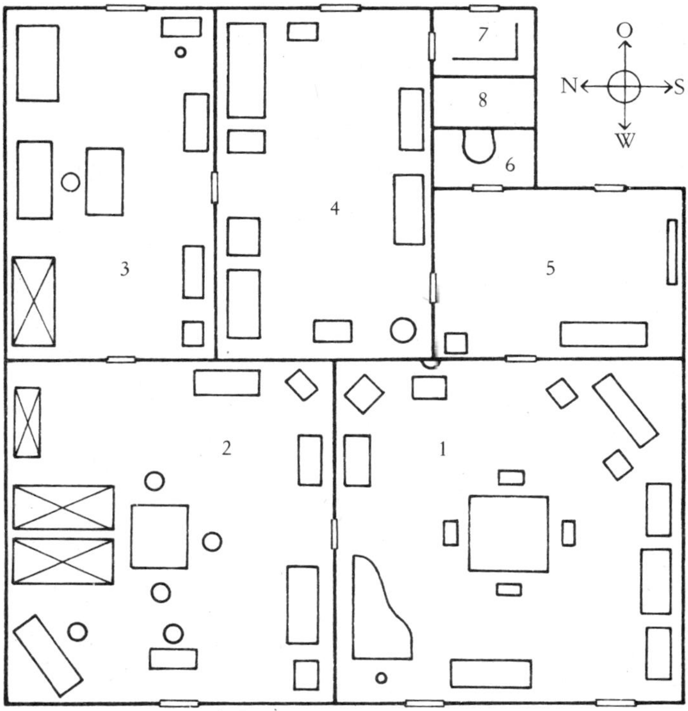


1 Großes Zimmer
2 Schlafzimmer
3 Kabinett
4 Küche
5 Vorzimmer
6 Abort
7 Speisekammer
8 Lichtschacht

Thuille, nachmals berühmter Komponist und Musikwissenschaftler in München (1861 bis 1907).[1])

---

1 Ludwig Thuille, 1861 bis 1907, Komponist und Professor an der kgl. Musikschule in München; schrieb Opern, Klavier- und Kammermusik. Berühmt durch seine „Harmonielehre“.

Nun betrete ich das Schlafzimmer. Da fällt mein Blick fürs erste auf den schräg gestellten Schreibtisch in der Fensterecke mit ansehnlicher Rückwand und einem Brett in halber Höhe, auf dem einladend zur steten Entnahme die zwanzig Bände von Meyers Konversationslexikon standen. Es war dies ein geheiligter Platz. Denn hier wurde jeden Ersten, wenn der Vater sein Gehalt nach Hause brachte, budgetiert und das Geld in kleine Behältnisse verteilt. In eine Schachtel kam das Mietgeld, in andere, was für Heizung, Beleuchtung, Bekleidung und an Lohn für das Dienstmädchen bestimmt war. Am höchsten dotiert war eine Büchse mit dem Kostgeld. Mit diesem mußte meine Mutter für unsere leiblichen Bedürfnisse sorgen. Und es war ihr natürlich überlassen, Einsparungen zu machen, die ihr persönlich zugute kommen sollten, womit sie aber allzeit nach anderer Seite Freude zu machen pflegte. „Aus dem übriggebliebenen Kostgeld", hieß es, hätte meine Mutter dieses und jenes erstanden.

Es ist bei uns bescheiden zugegangen. Ein jeder sparte. Und wer sich selbst bescheidet, hält auch bei anderen zurück. Die Freitagsbettler, die sich die sechzig Stufen in den zweiten Stock bemühen mußten, wurden mit einem einzigen Heller abgefertigt.

Solche Bronzemünzen hingen in einem Säckchen zwischen Eingangs- und Klotür. Und man bedenke: vier Heller kostete eine Semmel. Weil ich den verschwiegenen Ort erwähnt habe: der war ganz in Ordnung, darin hing ein Kästchen mit Seidenpapier zur Verrichtung. Aber dem Dienstmädchen ward dezent bedeutet, daß sie sich besser mit dem daneben aufgespendelten Zeitungspapier begnügen möchte.

In unserem Haus war jeder Standesdünkel fremd, aber doch das Bewußtsein wach, daß hier ein angesehener Mann mit Frau und Kindern logiere. Das zeigte eine ovale Emailtafel mit der Aufschrift: „K. k. Landes- bzw. Oberlandesgerichtsrat und Hofrat". Wenn ein Mitglied der Familie überheblich war, dann konnte nur ich es gewesen sein. Und ich ertappe mich rückschauend und mir darob heute zürnend, zu den kleinen Geschäftsleuten von geringerer Bildung vis-à-vis ziemlich herablassend gewesen zu sein. Da war der Herr Habison, gewiß ein guter Verdiener, aber doch nur ein Bäcker. Und die Kamleitner gegen die Klammstraße zu, die mit Fischen, Geflügel und Wildbret handelten, schienen mir bei aller Anerkennung der hübschen Larve der Töchter nicht beachtenswert.

Ich kehre aber jetzt wieder zu meinem Plan zurück. Das Kabinett war dank der Fürsorge meiner Mutter durch fast acht Jahre meine Studierstube. Das Fenster gewährte herrlichen Ausblick über die weiten Gärten, den ich in Lernpausen gern genoß.

Wer dazumals die Wohnung unter uns gemietet hatte, bedurfte guter Nerven, um sich mit dem stundenlangen Klavierspiel abzufinden, das von unseren Räumen den Ausgang nahm. Die Betroffenen, teilweise Kollegen von Vater mit Familien, registrierten das musische Treiben teils mit Vergnügen, teils mit Besenstößen zur Zimmerdecke, oder sie ertrugen den Lärm einfach geduldig.

Was sich in der Welt tat, erfuhr man durch die Linzer Tagespost, ein liberal-nationales Blatt, das abends zugestellt wurde. Wer aber gründlich über allen Tratsch informiert sein wollte, mußte sich an Frau Pollak wenden, die im Erdgeschoß eine kleine Wohnung hatte.

Lange schon liegt die Zeit zurück, zu der meine Mutter gewissenhaft und manchmal mit unbarmherziger Strenge mein Lernen überwacht hat. Lassen wir die Pädagogen von damals an unserem geistigen Auge vorüberziehen. Lauter Persönlichkeiten, wahrhaft ohne Furcht und Tadel. Wie in Marmor gemeißelt stehen sie für mich in einer Ruhmeshalle. Und ich spüre heute noch die Glückseligkeit, wenn ich die „Einser“ für meine Schul- oder Hausarbeiten nach Hause gebracht habe, aus verschiedenen Fächern öfter gesammelt, meinen Eltern auf den Mittagstisch zu legen. Dank im Herzen, daß ich lernen durfte und mit dem beruhigenden Gefühl, ihnen so gut wie keine Kosten zu verursachen. Stand doch dem Primus automatisch ein Stipendium zu und Befreiung vom Schulgeld!

Nach diesem Spaziergang durch unsere Wohnung drängt es mich nun, auch derer zu gedenken, die sie zeitweilig Dienste leistend mitbewohnten, vor allem der Dienstmädchen. Da fällt mir als erste die Pepi ein. Meist sahen unsere Dienstmädchen äußerlich recht ansprechend aus. Pepi Steininger war nicht von Schönheit geplagt, aber als Charakter, als pflichtbewußtes Menschenkind, das in unwandelbarer Treue zur Familie stand, war sie ganz hoch einzuschätzen. Und Mutter lohnte auch diese Verläßlichkeit durch wahrhaft freundschaftliche Anteilnahme an allen ihren Sorgen und Nöten. Knapp vor Ausbruch des Ersten Weltkrieges hat uns Pepi verlassen; sie heiratete einen braven, ältlichen Jagdbediensteten des Grafen Weißenwolf in Steyregg. Oft danach haben wir Kinder sie dort besucht, und immer war sie gern, wenn man ihrer bedurfte, zur Stelle. Eingetreten in unsere Dienste aber war sie knapp vor der Geburt meiner Schwester Klara, die am 18. März 1901 zur Welt kam. Ich weiß mich noch so gut an diesen Tag zu erinnern, der ein Gewimmel dienstbarer Geister ins Haus geführt hatte. Neben der Pepi traten eine Bedienerin, die dickliche Hebamme Danner und eine gewisse Frau Krebs, die sich mit mir sehr viel beschäftigt hat, in Erscheinung. Der Lohn für die Leute war damals gering. Nur rückblickend von heute scheint der Personalaufwand erstaunlich. Er war es bestimmt nicht, denn meine Eltern lebten bescheiden und sparten in allem sehr.

Sie hatten ohne Rückhalt eines Vermögens geheiratet. Das taten wir später auch und machen heutzutage die meisten Menschen. Aber vor dem Kapitalszerfall nach dem ersten großen Krieg gehörte es bei dem durch Bildung gehobenen Mittelstand zur Regel, daß wenigstens der weibliche Teil mehr oder weniger Ansehnliches mitbrachte. Durch solche Mitgift sollte der nach damaliger Auffassung erforderliche höhere gesellschaftliche Lebensaufwand einer Familie ermöglicht werden, den der

Staat als Dienstherr nicht zur Gänze gehaltlich honorierte; er lastete dies zum Teil der wohlhabenden Gattin auf, die dafür die Ehre hatte, einen durch Funktion und Titel ausgezeichneten Gemahl zu haben.

Bei den Richtern, die standesmäßig nach dem Offizierskorps und nach den Beamten der politischen Verwaltung rangierten, wurde ein besonders gehobener Lebensstandard nicht erwartet; ich glaube aber, daß die meisten Kollegen Vaters – vermutlich dank vorhandenen Privatkapitals – einen etwas aufwendigeren Haushalt führten als wir. Ich habe als Bub unter der Bescheidenheit des heimischen Milieus zuweilen gelitten. Denn das, was meine Eltern auszeichnete und menschlich so wertvoll machte – neben dem Charakterlichen die hohe Bildung meines Vaters, seine Belesenheit, seine eminente Musikalität, Toleranz, Güte und Objektivität –, hat niemand gesehen, das trat nicht in Erscheinung. Gesehen mag man nur haben, daß meine Eltern weniger auf Äußeres hielten als andere.

Nach der Jahrhundertwende, der Zeit der Geburt meiner Schwester, setzten die einzigen etwa vierzehn Jahre ein, in denen meine Eltern und mit ihnen die Familie glücklich und ganz sorgenfrei leben konnte.

Ich habe einmal gemeint, nirgends anders als in Linz sein zu wollen. Es war geruhsam in dieser Stadt, wenig Industrie noch. Die Feigenkaffeefabrik Franck war das bedeutendste Unternehmen; sie machte sich bemerkbar durch einen feinen, süßlichen Duft, der bei Südostwind über die ganze Stadt hinzog. Autos mochten nicht mehr als einige Dutzend zu zählen gewesen sein. Dafür konnte man Fiaker oder Einspänner mieten, die in zwei Farben, gelb oder schwarz lackiert, auf dem Franz-Joseph-Platz, dem Taubenmarkt und bei der evangelischen Kirche Aufstellung nahmen; sie wechselten die Straßenseite, um die Pferde vor der Sonne zu schützen. Hatten, wie mir vorkam, nicht allzuviel zu tun. Die Kutscher verträumten so manche Stunde im Wagen liegend, und die Rösser knabberten in ihrem Hafersack, den sie geschickt immer auf der Deichsel zurechtrückten, um der wenigen Körner habhaft zu werden.

Vom Taubenmarkt war die Rede. Heute nur mehr ein Kreuzungspunkt der Landstraße mit der Promenade und dem Graben, war er zu meiner Zeit Zentrum der Stadt, in dessen Mitte das Tramwayhütterl stand. Linz war immer schon, nicht ganz zu Unrecht, die Stadt „an der Tramway" genannt worden, denn die Hauptverkehrsader der Stadt, die Landstraße, die einigermaßen repräsentabel wirkte, zog sich, von der schmalspurigen Tramway durchfahren und sich nach Norden in Hauptplatz, Donaubrücke und Urfahr an der Hauptstraße fortsetzend, in etwa fünf Kilometer Länge vom Bahnhof bis zum Pöstlingbergaufstieg. Alle anderen Straßen fielen dagegen ab; sie waren meist ungepflastert und ungepflegt. War doch der Verkehr auch gering und ging meist still vor sich. Mich beeindruckten immer die sogenannten Versehgänge. Ein katholischer Priester im Chorhemd, begleitet von einem Ministranten mit Laterne und Glöcklein, brachte einem Kranken, der nach ihm gerufen hatte, das Allerheiligste. Da pflegten viele Gläubige das Knie zu beugen, und andere machten sich in einem gerade zugänglichen Hausflur unsichtbar, um durch Teilnahmslosigkeit kein Ärgernis zu erregen. Auch die Form des Bestattungswesen war zu diesen Zeiten aufdringlicher. Lange Züge vom Trauerhaus zum Gottesacker waren die Regel. In der Kapuzinerstraße sahen wir fast täglich solche zur nahen Kirche hinauf schwenken. Das Gebetsgemurmel und die Trauermusik machten melancholisch. Sie erregten das Gemüt meiner frühzeitig schon zu seelischer Labilität neigenden Schwester, die zur Stunde des Schlafengehens dann immer von ihrem Gitterbett aus unter heftigem Schluchzen die Versicherung einholte, es werde doch bestimmt keine Leichenmusik kommen.

Aber die Straßen ließen auch wissen, daß sie zu flottem Marschieren da seien. Linz – so will es mir heute scheinen – war voll von Soldaten. Unter Trompetenblasen zogen sie die Landstraße hinan, und weit war der Weg, den fahrende und reitende Kanoniere von der Kaserne bis zum Exerzierplatz zurückzulegen hatten. Der Generalmarsch hallte dabei durch die Straßen. Durch die bunten Uniformen, Paraden mit klingendem Spiel, flatternden Fahnen und wehenden Federbüsche wurde die Armee, die unterm alten Kaiser das Reich bewundernswert zusammenhielt, auch der Masse des Volks, selbst manchen Kritikern schmackhaft gemacht.

Fremde sah man in Linz äußerst selten, obwohl sie als solche vielmehr auffielen als heute, wo alle Menschen mehr oder weniger im gleichen Habit ausgehen.

Aber wer um die Jahrhundertwende reiste, kleidete sich extravagant. Wir setzen heute nur den Hut auf und ergreifen einen Regenschirm, wenn wir nach Wien oder Tirol fahren. Aber damals war's anders. Das demonstrierten schon die Eltern und Verwandten, wenn wir auf Sommerfrische fuhren. Vater legte einen grauen Steireranzug an, der das übrige Jahr in einer Mottenkiste schlummerte. Dazu hatte er eine lange und eine kurze Hose, ein Jägerhemd mit Quasteln an Stelle einer Krawatte und ein kleines Hütel, nicht zu vergessen die Schernken, das sind benagelte Bergschuhe. Absonderlicher war die Kostümierung der Damen. Statt der Hutungetüme, die sie in der Stadt trugen, mit Federn, Bändern, ausgestopften Tieren und ganzen Vogelnestern, setzten sie kleine Hüte auf. Auf keinen Fall aber durfte darauf der Reiseschleier fehlen, der lustig, aber höchst überflüssig und behindernd dahinwehte. Auch wurden an Stelle der städtischen langen Kleider kürzere Lodenkostüme angelegt.

Während des Jahres machte man kaum größere Ausflüge, zumal ein dienstfreies Wochenende unbekannt war. Vater kam an Samstagen nie vor halb sieben Uhr abends nach Hause, und wäre es auch der Weihnachtsabend gewesen. Sogar jeden zweiten Sonntag mußte er ins Büro. Die Geschäfte hatten Sonntag vormittag offen, vielleicht nicht alle, gewiß jedoch die Lebensmittelhandlungen. Die Mutter besuchte an kirchlichen Festtagen um elf Uhr den alten Dom, während Vater und ich einen kleinen Spaziergang machten, nach welchem man der sehr religiösen Pepi den Besuch der heiligen Messe vorschwindeln mußte, was diese allerdings nach einem mißtrauischen Blick auf unsere schmutzigen Schuhe des öfteren nicht glaubte. Nachher traf man sich zum Platzkonzert auf der Promenade, wo man im Sonntagsstaat bummelte. Die Musik des Infanterieregiments Nr. 14, die Hessen, spielten hervorragend, wie fast alle Militärkapellen im alten Österreich. Hernach geruhsames Mittagessen, meistens Vaters Lieblingsspeise: ein Nierenbraten mit Reis, dem irgendeine leckere Suppe vorangegangen war, wie ich sie auch jetzt so gern oft hätte, aber nie bekomme, weil's zuviel Arbeit macht, also etwa Schöberln, Milzschnitten, Leberknödel, Grießnockerl, Fleischstrudel und andere. Auch die guten Mehlspeisen von dazumal sind heute nur mehr Erinnerung wie die Biskuitomeletten oder der Tiroler Grießschmarren; ich nenne nicht mehr, um meine Sehnsucht nicht zu sehr nach diesen guten Dingen wachzurufen. Nach Tisch setzte sich Vater zu seinem Schwarzen, in den ich immer ein Stück Zucker eintauchen durfte. Und nachdem er sich etwas auf dem Diwan ausgestreckt hatte, kam der Familienspaziergang. Klara und ich erzwungen sittsam voraus, die Eltern hinterdrein. Gegen Abend aber besuchte man das Militärkonzert im Volksgartensaal. Heimgekehrt von dort, erfreute man sich an der sauberen Wohnung, die Mutter stets spiegelblank hielt und die im Sommer bei geöffneten Fenstern wissen ließ, daß man sich in einem gemütlichen Städtchen befand, wo sich auf der Straße bloßfüßige Gassenbuben herumtummelten und gegen ein ihnen vom Fenster zugeworfenes Sechserl (zwanzig Heller) Räder schlugen und Purzelbäume machten und wo rückwärts auf der Gartenseite in weiten Kreisen voll stürmischer Freude zwitschernd die Schwalben flogen.

In der Vorweihnachtszeit redete ich einmal mit meinem Vater über den Krampus, der doch nun bald kommen würde, und zeigte darüber Furcht. Vater, der nüchterne

Freund der Wahrheit und Feind von jedem Kinderschreck, erklärte mir kurz und bündig, daß das alles Unsinn sei und kein Krampus existiere. Da sich aber Mutter und Pepi ganz anders äußerten, konnte ich ihm diesmal doch nicht glauben. Vater war nie redselig, wenn ich nach allerhand immer wieder fragte und auf mein ewiges „Warum?“ bekam ich zum Schluß immer nur zu hören: „Ich weiß nur, daß es so ist, aber nicht, warum es so ist.“ Vater war ganz und gar freisinnig, in religiösen Dingen keineswegs unduldsam, aber etwas spottlustig. Als ihm einmal unsere Pepi sagte, der liebe Gott anerkenne die Anbetung zu einem Hochamt mit Musik besonders, meinte er zu ihr, er hätte gar nicht gewußt, daß der liebe Gott so musikalisch sei. Und als wieder einmal vom Teufel die Rede war, ein Thema, dessen Urheberin stets nur die fromme Pepi sein konnte, Klara abends deswegen aus Furcht nicht einschlief und in einen erregten Schreikrampf ausbrach, platzte die Geduld meines sonst ungemein gütigen und kaum irgendeine Gemütsbewegung erkennen lassenden Vaters. Er fuhr, vor Zorn einen Stuhl zertrümmernd, auf und herrschte die Pepi an, er ließe sein Kind mit solchem Unsinn von Teufel und Gespenstern nicht schrecken. An diesem Tag hat Pepi wie schon so manches Mal den Dienst gekündigt, wenn es um weltanschauliche Fragen ging. Aber Mutter verstand sie immer wieder zu halten, zu begütigen und zu versichern, daß es der „Herr“ nicht so gemeint hätte.

Vaters Weltbild stand absolut fest. Er war von allerhöchster Güte und Menschenliebe erfüllt, aber nicht religiös. Er war sich darüber klar, daß die Erforschung der letzten Dinge dem menschlichen Verstand nicht zugänglich sei. Jeder müsse in dieser Hinsicht mit sich selbst fertig werden. Außer Zweifel stand ihm aber, daß die Kirche Ammenmärchen verkünde, wobei er ihr auch den guten Willen absprach. Aus heutiger Sicht mag vielleicht die unbarmherzige Ablehnung jeder Konfession schockieren. Doch bedenke man, daß wenige Jahrzehnte zuvor erst die Ungeheuerlichkeit von der Unfehlbarkeit des Papstes verkündet worden war und der Heiligenkult, die Reliquienverehrung, Ablaßunfug blühten wie im Mittelalter. Die Kirche mußte einem Freisinnigen von hoher Ethik auch dadurch suspekt werden, daß sie sich stets nur mit den irdischen Mächtigen verbunden fühlte, mit dem Adel, den konservativen Militärs, den Reichen. Die armen Teufel hat man nur mit Almosen abgespeist und dem Versprechen einer schöneren Zukunft nach diesem Leben.

Mutter ist in späteren Lebensjahren auch zu dieser Auffassung gekommen, die ihren Seelenfrieden nicht störte. In jüngeren Jahren war sie unsicherer und schien einen gewissen, wenn auch skeptischen Kirchenglauben gehabt zu haben. Zu diesen Zeiten ging sie manchmal auch noch zu Maiandachten, wobei ich sie öfter begleiten mußte. Ich, der ich mich eben erst vom Glauben an das Christkind freigemacht hatte, war fest überzeugt, daß die Erzählungen von den Engeln und Heiligen auch für uns Kinder erfundene Erziehungsmittel seien. Ich wunderte mich nur immer, daß man darob solch ungeheuren Aufwand treibe.

Zeigte es sich doch sonst im Leben, daß die Erwachsenen durchaus zunächst auf sich sahen und dann erst die Kinder kamen; auch waren schließlich die Gaben vom Christkind im Gegensatz zu der verschwenderischen Pracht in den Kirchen sehr bescheiden. Ich dachte viel über die Kosten von all dem nach und untersuchte oft verstohlen mit den Händen, ob die Säulen der Altäre aus Stein oder nur aus Pappe waren. Und wenn ich neben Mutter in der Kirchenbank saß, schaute ich immer um mich und suchte nach anderen Kindern. Oft waren keine zu sehen, aber auch an solchen Tagen hatten die erwachsenen Frauen eine fromme Haltung angenommen, taten so, als ob sie im Gebet versunken seien. Taten so natürlich nur, denn dann und wann sah ich diese oder jene nach mir blicken, wohl damit sie sich überzeugte, ob ich nach Wunsch reagierte. Das machte mich fast stolz, denn es war sonnenklar, daß aller kostspieliger Hergang nur um meinetwillen stattfand. Wie seinerzeit beim Christkind.

Beim Christkind, da hatte sich auch bald der Spieß umgedreht, und man ließ die Erwachsenen glauben, daß man die Mär noch für wahr nehme. Wie oft guckte ich zur Weihnachtszeit vor der Bescherung durchs Schlüsselloch in das große Zimmer, in dem der Weihnachtsbaum schon stand und die hilfreichen Tanten allerlei Gaben auflegten. Besonders die etwas überspannte Tante Laura war intensiv am Werk, sowohl als Spenderin wie auch als Dekorateurin. Es war unterhaltsam, mit ihr dann über Güte, Allwissenheit, Flugvermögen und andere Eigenschaften des Christkinds zu plaudern, wobei ich mich diebisch freute, in der Tante die Gefoppte zu sehen.

Weihnachten war bei uns wirklich noch ein Fest. Das Vorhandensein dienstbarer Geister hat auch den „Herrschaften" die Möglichkeit gegeben, ohne allzuviel Gehetze dem Abend entgegenzusehen. Die Anwesenheit der geliebten Wiener Verwandten strahlte Beglückung aus und auch stets materiellen Segen. Aber toll große Geschenke hat es nie gegeben, meist nur praktische Sachen, etwas zum Anziehen, was sowieso fällig war. Mit Spielzeug wurden wir nicht verwöhnt, und manche Spielsachen, zum Beispiel ein großer Bierwagen, wurden, wenn sie uns nach einigen Wochen nicht mehr interessierten, wieder vom Christkind eingezogen, vielfach mit der Begründung nicht pfleglicher Behandlung; sie tauchten das nächste Jahr wiederum auf.

Den Hoch-Zeiten im Jahr, Weihnachten und Ostern, reihten sich immer wieder eintönigere an. Äußeres Anzeichen dafür im Stadtbild waren die Konditorläden, aus denen Krampusse und Nikoläuse oder Osterhäschen verschwanden und Bonbonnieren Platz machten, langweiligen Schachteln, deren Inhalt uns überdies ewig verborgen blieb. Die Anverwandten sind auch wieder nach Wien abgezogen, und Mutter nahm erneut ihren dürftigen Verkehr mit einigen wenigen alten, vergilbten

Leuten auf, die sie anscheinend noch von ihrer Mädchenzeit her kannte.

Besuche kamen meist für den ganzen Nachmittag und nahmen da auf einem Sessel Platz, auf dem sie ihre paar Stunden mit einem gewaltigen Hut auf dem Kopf kleben blieben, bis sie sich zur Erleichterung der Aufgesuchten wieder verfrachteten. Solch ein Besuch war auch Frau Eigl, ein weiblicher Koloß mit laut dröhnendem Organ, einem entsetzlichen oberösterreichischen Dialekt und Riesenfüßen, mit denen sie unter dem Tisch nicht zurechtkam. Es wurde ihr also ein Sessel mitten ins Zimmer gestellt, wo sie gestikulierend ihre Zeit absaß. Frau Eigl gehörte übrigens zu den besonders bevorzugten Eindringlingen; bevorzugt nicht von mir, denn sie brachte mir nie etwas mit, was sie mir von vornherein unsympathisch machte. Aber sie war eine nahe Verwandte von dem Landesgerichtspräsidenten gleichen Namens, den Mutter um Vaters Karriere willen via seine Cousine umschmeicheln zu müssen glaubte.

Mit allen unseren Bekannten hielt eigentlich nur die Mutter, der weitaus geselligere Teil der Eltern, Kontakt. Vater hatte nur Bindung zu seinem Vetter (von Schellmannseite), Diplom-Ingenieur Georg Strele,[1]) und den beiden Staatsanwaltsfamilien Dr. Franz Greinz und Dr. Fritz Staudinger. Dieser letztgenannte war mit Mutter verschwägert und galt als besonders warmherziger Freund unserer Familie, mit dem man Spaziergänge und Wanderungen unternahm und sich auch wechselseitig zu Abend einlud. Onkel Fritz, wie wir sagten, hatte ein Hobby: das Photographieren, das damals keineswegs verbreitet war. Oft und oft rückte er mit seiner „13 mal 18"-Kamera und einem mächtigen hölzernen Stativ an und machte blendende Aufnahmen von uns

---

1 Dr. h.c. Dipl.-Ing. Georg Strele begründete die moderne Wildbachverbauung. Vgl. dazu aus seiner Feder „Grundlagen der Wildbach- und Lawinenverbauung", 1950.

allen. Seine Tochter Steffi ist Dr. phil. und heute Gattin des bekannten Historikers Dr. Otto Brunner[1]) in Hamburg.

Von unseren Wohnungsnachbarn in der Kapuzinerstraße habe ich noch kurz zu erzählen. Es war dies der Mittelschulprofessor Höfner, ein bärtiger Mann, der – schon Pensionist zu unserer Zeit – den ganzen Tag hinter Zeitungen und Büchern saß, stets eine lange Pfeife im Mund. Wir kamen als Kinder mit dem Alten nur in Berührung, wenn wir einen Milchzahn zu ziehen hatten. Das besorgte er ausgezeichnet mittels eines Fadens, den er um das Zähnchen wickelte und dessen anderes Ende an der Klinke einer Tür befestigt wurde, die er, wie wenn sie ihm aus der Hand gekommen wäre, plötzlich zuschlug. Heraußen war der Zahn, und weh tat's auch nicht. Überdies wanderte man danach mit einem großen Stück Butterbrot heim, das dick mit aromatischem Abtenauer Honig bestrichen war. Weniger war dem Sohn Franzl zu trauen. Obwohl er ein gern gesehener Spielkamerad im Garten war, hatte ich doch zuweilen Furcht vor ihm, weil er etwas älter, größer und stärker war. Als einmal zu Hause von Kindererziehung die Rede war, was immer ungeniert in unserer Gegenwart geschah, meinte Vater: „O doch, der Richard hat schon vor den Eltern Respekt." Worauf ich versicherte: „Nein, gar nicht; ich hab' nur vorm Franzl Respekt."

Als letzte in unserem Bekanntenkreis stelle ich die Adoptivtante Emma Unden vor. Eine geschiedene Frau. Heute regt dieser Status niemanden auf. Aber zur Zeit meiner Kindheit waren Ehescheidungen nicht häufig und geschiedene Frauen geradezu geächtet. Dabei war die damalige Ehescheidung nach dem altösterreichischen Eherecht nicht das, was man heute darunter versteht.

1 Dr. Otto Brunner, 1898 bis 1982, Universitätsprofessor in Wien und Hamburg, bedeutender Historiker mit bahnbrechenden Arbeiten auf dem Gebiet der Verfassungs- und Sozialgeschichte des Mittelalters und der frühen Neuzeit.

Keine richtige Trennung des Ehestands, sondern etwas halbes, das keinem der Partner Freiheit und schon gar nicht die Schließung einer neuerlichen Ehe gestattete. Tante Emma hatte als Sommergast in Perg, wo sie mit meinen Eltern schon befreundet war, den Bezirkshauptmann Ferdinand Rippelly kennen- und liebengelernt. Da dieser bald als Rat der Statthalterei nach Linz versetzt wurde, zog sie auch dorthin. Sie hat meine Mutter sehr ins Herz geschlossen und fast täglich besucht. Sie war sehr wohlhabend und hatte in der Jugend allerbeste Erziehung genossen. Ihre Art zu sprechen, ihr ganzes Gehabe hat mich beeindruckt und auch auf mich etwas abgefärbt. Sie war gütig und liebevoll zu uns Kindern. Als im Jahr 1906 durch Krankheitsfälle in unserer Nachbarschaft eine Scharlachgefährdung für mich entstand, nahm sie mich in ihr schönes Heim in der Schubertstraße für viele Wochen auf. Da genoß ich mit Behagen eine komfortable Wohnung, wie solche zu unserer Zeit in Linz nur wenige bestanden.

Noch einmal möchte ich mich unserem harmonischen Hauswesen zuwenden, will vom Alltag darin berichten. Mittelpunkt war der Vater, als Verdiener, als intellektuelle Säule, als der Überlegene in allen Situationen, der Ausgleichende, der selbst nie fehlte und so gern verzieh. Als der, der einfach „vorlebte", der die Umgebung durch seine Güte beglückte, der viel Interessantes aus seinem Dasein und von seinem Beruf zu erzählen wußte und der durch seine mit Preisen ausgezeichneten Erfolge als Schachspieler glänzte, aber vor allem als seelenvoller und zugleich mit großer Technik begabter Pianist zu erfreuen wußte. Um Vater am Flügel zu hören, kamen häufig musikverständige und musikdurstige Menschen in der Dämmerstunde zu uns. Vater verstand es auch vortrefflich, mit verbindenden Worten an Hand eines Klavierauszuges auf den Besuch von Opern vorzubereiten. Er beherrschte im wesentlichen die bis zu seinen Tagen vorhandene Klavierliteratur, kannte aber auch die großen Symphonien und die gängigen Opern und Operetten aus

Bearbeitungen. Die Erziehung von uns Kindern hat er vorwiegend der Mutter überlassen, die mit eiserner Strenge verfuhr, solange wir klein waren. Vater war in seiner Güte meist nur Tröster und Verteidiger.

Manche Situationen oder Erlebnisse bleiben einem durchs ganze Leben geläufig, auch wenn sie von geringer Bedeutung waren. Etwa der Besuch des Kaiserpanoramas. Es waren dies Stereoskope, die in einem dunklen Raum so angebracht waren, daß man auf Stockerln um ein vielleicht fünf Meter im Durchmesser betragendes Rund herumsaß und durch in Augenhöhe angebrachte Objektive hineinguckte. Gezeigt wurden fast ausnahmslos Landschaftsbilder in meist sehr guter Qualität, natürlichen Farben und ganz plastisch. Heute ist diese Einrichtung überlebt, wo alles reist, in Farbe photographiert und man sich im Kino alle Gegenden der Erde ansehen kann. Das Panorama aber hatte einmal einen hohen Bildungswert und stellte sich als ein sehr billiges Vergnügen dar. Überdies war's anheimelnd, um diese Scheibe herum zu sitzen und dabei mit dem Vater zu flüstern. Man schnupperte auch gern an den nach „Optik" riechenden Betrachtungslinsen und freute sich an dem leisen „Kling", mit dem das Bild nach links abtrat, um von der rechten Seite her einem neuen Platz zu machen; bis die Runde vorbei war und die erst besehenen Bilder wiederkehrten.

Linz liegt bekanntlich an der Donau, heute beiderseits des Stroms – zu unserer Jugendzeit noch nicht. Da hieß der Stadtteil am linken Ufer Urfahr und war ein völlig selbständiges Gemeinwesen. Zwischen den beiden Städten zog sich der Verzehrungssteuergürtel hin. Wer nahrhaftes Zeug nach Linz einführte, mußte dafür an die Stadt eine Maut zahlen. Deshalb saßen an allen Einfallstoren städtische Bedienstete, die die Abgabe einhoben und bei den Kontrollen in den Taschen und Gepäckstücken der Passanten wühlten.

Meine Mutter kaufte, wie viele sparsame Hausfrauen, mit Vorliebe in Urfahr, wo zahlreiche Lebensmittel etwas billiger waren. Was man erstanden hatte, wurde freilich nicht in der Einkaufstasche über die Brücke getragen und damit den Steuereinnehmern präsentiert, sondern auf irgendeine Weise versteckt. Manche Damen verwahrten das eine oder andere Paket am Busen, andere wieder schneiderten sich eigene Taschen unter den Röcken und erwarteten mit Recht, daß sich da kein Zöllner Eingriffe erlauben würde. Meine Mutter zeigte im Hintergehen der Amtspersonen, die vor einem kleinen Hütterl am rechtsufrigen Brückenkopf standen, anerkennenswerte Geschicklichkeit.

Mutter war sehr darauf bedacht, daß ich neben dem Gymnasium moderne Sprachen lernte, und hat mich bewogen, im Französischen bei einer Dame aus Vevey (Schweiz) Lektionen zu nehmen. Sie sah sehr wohl in die Zukunft und war bestrebt, alles zu tun, damit ich mir für den späteren Beruf möglichst umfassende Kenntnisse beizeiten aneignen könnte. Was damals angebahnt worden ist, hat der Krieg nicht ausreifen lassen. Die projektierten Reisen nach Frankreich und England mußten zurückstehen gegenüber dem Feldzug nach Rußland. Dabei hätte mich das alles nichts gekostet. Ein großes, mir für meine Studienerfolge gewährtes Stipendium stand zur Verfügung.

Sollte mir seitens der Eltern eine möglichst intensive Ausbildung für den Beruf, der allerdings noch nicht feststand, gewährt werden, so war beabsichtigt, Schwester Klara durch eine Mitgift, durch ein Vermögen auf eigene Füße zu stellen und heiratsfähig zu machen. Dazu schien das Schicksal im Jahre 1913 weitherzig die Hand zu bieten. Die schon erwähnte Tante Emma, mit der meine Mutter nach wie vor rührende Freundschaft hielt, erkrankte im Herbst 1912. Als sie selbst nach Monaten die Schwere ihres Leidens erkannte, traf sie alle Anordnungen für den Fall ihres Ablebens. Danach sollte Schwester Klara Universalerbin ihres Vermögens sein, die Eltern und ich aber ansehnliche Legate erhalten. Da trat, als es mit ihr zu Ende ging, eine unerwartete Wendung der Dinge ein. Tante Emmas Schwester, die sich jahrzehnte-

Abb. 1: Emilie Molnar mit ihrer Tochter Emilie; 1878

Abb. 2: Emilie Deutelmoser-Molnar mit ihrem Bruder Felix; 1882

Abb. 3: Johann und Katharina Leb, die Eltern Josef Lebs; nach 1867

Abb. 4: Josef Leb mit seinem Kindermädchen Mathilde Kafka; 1875

Abb. 5: „Das Weißgärberhäuschen“ (Wien 3., Obere Weißgärberstraße 8), Wohnhaus der Familie Leb 1884 bis 1893

Abb. 6: „Großmutter Praschak“, die Großmutter Josef Lebs

Abb. 7: Richard Seeger in der zweiten Volksschulklasse; 1903

Abb. 8: Richard Seeger mit seinen Eltern; ca. 1901

Abb. 9: Georg Stransky mit der russischen Amme Mascha; 1902

Abb 10: Claire Eugenie Mollik-Stransky mit der gefürchteten Kinderfrau Agathe; 1903

Abb 11: Claire Eugenie und ihr Bruder Georg im Biedermeierkostüm auf einem Faschingsball; ca. 1908

Abb 12: „So sieht die Straße aus, in der wir wahrscheinlich wohnen werden.“ Die Grand Rue de Pera in Istanbul, Wohnort der Familie Kamler; um 1903

Abb. 13: Ella v. Kamler mit ihren Kindern Lorle und Bernd; Istanbul 1907

Abb. 14: Lorle Schinnerer-Kamler und ihr Bruder Bernd auf Sommerfrische in Leisach (Osttirol); 1912

Abb. 15: Lorle Schinnerer-Kamler mit ihrem Bruder Bernd in der Uniform eines Zöglings des Theresianums in Wien; ca. 1918

Abb. 16: Retz (Niederösterreich), in der Mitte das einstökkige Haus des Arztes Dr. Edmund Schleifer

Abb. 17: Christine Schleifer mit ihrem Vater Vater; 1903

Abb. 18: Christine Schleifer; 1906

Abb. 19: Christine Schleifer mit ihrer Schwester Paula; 1912

Abb. 20: Therese Schobloch; um 1903

Abb. 21: Therese Schoblochs Freundin Grete; um 1903

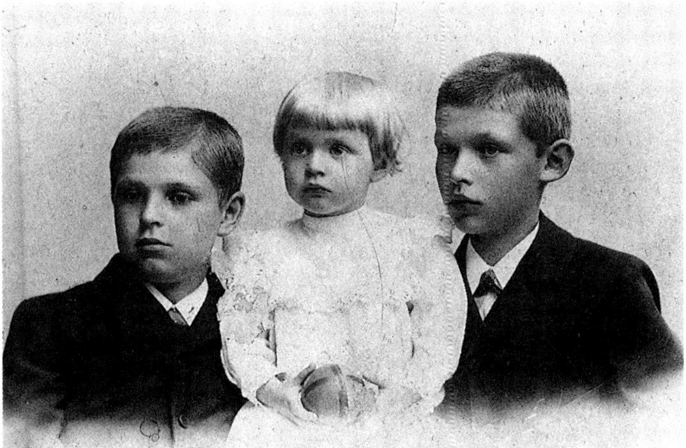

Abb 22: Therese Schobloch mit ihren Brüdern Egon und Viktor; ca. 1899

Abb. 23: Conrad Schobloch und seine Tochter Therese; um 1907

Abb. 24: Elisabeth und Friedrich Weber mit ihrem Sohn Fritz; 1918

Abb. 25: Die „Schindlervilla" am Attersee (Oberösterreich)

Abb. 26: Strandgesellschaft in Grado, Hans Heinz Weber auf dem Schoß seiner Großmutter (3. v. links); 1925

Abb. 27: Hans Heinz Weber mit Bruder Fritz; 1927

Abb. 28: Elise und Dr. Richard Wolfram mit ihrem Sohn, zur Erinnerung an den 10. Hochzeitstag der Eltern; Mai 1909

Abb. 29: Richard Wolfram im Matrosenanzug, der bevorzugten Kleidung von Kindern gehobener Bürgerfamilien; ca. 1905

Abb. 30: Richard Wolfram in Spielkleidung; ca. 1905

lang nicht um sie gekümmert hatte, erschien plötzlich und stimmte die Sterbende um. Diese änderte nun, ihrer Sinne kaum mehr mächtig, wenige Stunden vor dem Erlöschen das Testament. Klara bekam ein Legat von zwanzigtausend Kronen und wertvolles Silber. Für mich waren eintausend Kronen ausgesetzt. Übriggeblieben ist letztlich für uns alle nichts. Die Geldentwertung im Gefolge des Ersten Weltkrieges hat verschlungen, was mündelsicher in Papieren angelegt war.

Die seinerzeitige Übersiedlung von Perg in die Stadt und die damit verbundene Umstellung hat nun begreiflicherweise meine Eltern veranlaßt, im Sommer alljährlich auf dem Land Erholung zu suchen und auch zuweilen nach der Reichshaupt- und Residenzstadt Wien zu fahren.

Im Jahr 1898 verbrachten wir den Juli in Klam bei Perg. Die vier folgenden Sommer aber in Steinhaus am Semmering. Im August 1902 saß ich dort zum ersten Mal in einem Auto. Herr Eifinger, ein wohlsituierter Kaufmann aus Wien, der einen von einem livrierten Chauffeur gelenkten Daimler besaß, lud zu einer Fahrt nach Mürzzuschlag ein. Ich durfte mitfahren. Gut weiß ich mich noch an den Tag zu erinnern. In meiner Familiengeschichte[1]) führte ich darüber folgendes aus: „Mir ist's wie heute; doch meine man nicht, daß mir diese Fahrt viel Freude gemacht hätte. Ja, am Anfang, da sehr. Aber dann kam's anders. Ein Kraftwagen bedeutete damals noch höchste Sensation. Durch das Lärmen des Motors, das Hupen, den aufgewirbelten Staub kamen von überall her schaulustige Kinder gelaufen. Und da meinte jemand von den Erwachsenen zu mir, was ich doch für ein großes Glück hätte. Denn ich dürfe in einem Automobil fahren und die armen Kinder da müßten in dem von uns verursachten Staub stehen und sich damit begnügen,

---

1 Umfangreiche bebilderte Darstellung des Lebens und Schaffens der Vorfahren von Dr. Seeger nach beiden Elternseiten, die Ahnen der Gattin Maria Anne, geborene Eysn-Hintrschweiger, einbeziehend.

Wagen und Insassen vorbeirasen zu sehen. Das fiel mir schwer aufs Herz. Ich kam mir zu unverdient beschenkt vor mit einem Mal, konnte mich nicht weiter freuen, und stumm und traurig kehrte ich vom Ausflug heim. ‚Wie blasiert die Kinder doch heutzutag sind', hörte ich dann jemand sagen."

Meine übrigen Erinnerungen an die Steinhauserzeit sind gering. Wir wohnten in der heute noch bestehenden Villa „Edelweiß" zusammen mit den geliebten Wiener Verwandten und in freundschaftlichem Verkehr mit zahlreichen anderen, zum Teil prominenten Sommergästen. Das Ehepaar Dr. Wildgans wäre da zu nennen mit dem damals vor der Promotion stehenden, später berühmt gewordenen Sohn, dem Dichter und Burgtheaterdirektor Dr. Anton Wildgans, der Schriftsteller Theodor H. Mayer, weiters der nachmalige Ingenieur und Erbauer der Glocknerstraße Wallack, damals noch ein vierzehnjähriger Bub, und schließlich Peter Rosegger, der der ihn verehrenden Tante Laura einmal einen Besuch abgestattet hatte. Nicht zu vergessen der Tondichter Dr. Wilhelm Kienzl, dessen „Evangelimann" kurz vorher an der Hofoper aufgeführt worden war und einen Welterfolg gebracht hatte.

Wenn man von unserer Sommerfrische-Wohnung durchs Fenster den Hang aufwärts blickte, gewahrte man den Bahnkörper. Sehr bedeutungsvoll für mich, denn ich durfte täglich so lang aufbleiben, bis der Abendschnellzug in Richtung Graz vorbeisauste. Auch spazierten wir zuweilen zur Station, um jemanden abzuholen oder zum Zug zu geleiten. Der Eisenbahnbetrieb hat sich damals auf den Bahnhöfen viel geräuschvoller vollzogen als heute. Da blies vor der planmäßigen Abfahrt zunächst ein Schaffner, „Kondukteur" genannt, der den letzten Wagen zu betreuen hatte, mit einem hochgestimmten Pfeiferl; danach ertönte ein trompetenartiger Ton, den der Zugsführer neben dem ersten Wagen abgab. Und darauf erst erscholl der lang hingezogene Pfiff aus der Dampfpfeife der Lokomotive. Nun setzte sich der Zug langsam in

Bewegung. Ich höre in Erinnerung daran meine Eltern diesen überflüssigen Spektakel kritisieren; bei den Bahnen in Deutschland gehe alles viel angenehmer und geräuschloser vor sich. Ich machte mir darüber meine eigenen Gedanken und hielt das mehrmalige Pfeifen von vorn und hinten für durchaus richtig. Wie wüßte man sonst, wann der Zug tatsächlich losfährt? Und ich malte mir aus, wie da weit von uns weg in einem fernen Land das Reisen gefährlich sein müsse. Kinder sitzen dort vielleicht schon im Wagen, die Eltern sind noch heraußen; oder ein Kind will grad einsteigen, während der Zug anfährt, ohne daß man durch ein Signal gewarnt ist. Also malte meine Phantasie grauenhafte Schicksale von Familientrennung, Kinderelend und Unglücksfällen aller Art sich aus. Wie gut, daß wir in Österreich waren!

1903 verbrachten wir den Sommer in Perg, wohnten dort am Hauptplatz im Gasthof Lettner, der mit einer Landwirtschaft verbunden war und alle Freuden bot, die mit solchem Milieu verbunden sind. Besonders interessant war es, den Nachmittagsvorstellungen eines Kasperltheaters beizuwohnen, wo ich eindutzendmal die Geschichte von einem Haderlumpensammler in Versen mit Gesang anhörte. Als ich mich wieder einmal unter Wagen durchkriechend dahinstahl, stieß ich mir einen von einer Deichsel herausstehenden Nagel in den Kopf und mußte stark blutend zum Arzt gebracht werden. Der flickte mich rasch wieder zusammen, und bald war alles vergessen.

In den beiden folgenden Jahren fiel die Wahl der Sommerfrische auf Kirchdorf an der Krems, wo Großmutter Julie als ältestes der siebzehn Kinder des dortigen Apothekers ihre Jugend verlebt hatte. In der idyllischen Stelzmühle am Weg nach Lauterbach waren wir gut untergebracht, wieder mit allen Wiener Verwandten, 1905 auch Onkel Julian Neubauer und Gottfried. Onkel Julian, dessen Gattin Mina im vergangenen Herbst nach langem Kranksein an TBC verschieden war, meinte sich wieder verheiraten zu müssen und suchte eine neue Frau, wobei die ganze Verwandtschaft zu assistieren hatte, was allem

Anschein nach mit gewisser Passion geschah. Auch Mutter hielt eine häusliche Dame aus ihrem Bekanntenkreis für geeignet und lud sie nach Kirchdorf zu einem Treffen mit ihrem Bruder ein; dieser lehnte aber ab; ihm war vermutlich weniger um die Bravheit und Häuslichkeit zu tun, er verlangte Knuspriges.

Meine Erinnerung an die Kirchdorfer Zeit ist noch recht lebhaft. Auch die an den Aufbruch zu dieser und anderen Sommerfrischen. Mutter fuhr immer bereits im Frühling Quartier machen. Und bald nach Schulschluß begann das Einpacken. Ein riesiger Strohkorb wurde angefüllt und als erstes Frachtgut an den Bestimmungsort vorausgesandt. Die Stunde der Abreise war zu Vaters Verdruß, der gern lang schlief, für zeitig in der Früh festgesetzt. Herr Reisinger, der Einspänner von vis-à-vis, führte uns zur Bahn mit seinem ausgemergelten Roß. Mutter und Vater saßen im Fond des kleinen Wagens, Klara dazwischen; die Pepi auf dem Notsitz, der aber auch einen Großteil des Handgepäcks aufzunehmen hatte, ich auf dem Kutschbock, wo auch noch viele Koffer Platz finden mußten. Die Bagage war so umfangreich, weil man auch allerlei an Lebensmitteln mitnahm. Auf dem Bahnhof war Mutter mit dem wehenden Reiseschleier meist am aufgeregtesten; sie hastete mit Vater, mich und Klara an der Hand, durch ein mir turbulent erscheinendes Gedränge zu den Kassen und auf den Bahnsteig. Das war dazumal auch nicht so einfach wie jetzt. Die Bahnsteige, Perrons genannt, waren geheiligte Räume, die man nicht ohne weiteres betreten durfte. Wer nicht verreiste, mußte hiezu eine eigene Karte für zwanzig Heller lösen, und wer verreiste, hatte sich im Wartesaal bei der Tür anzustellen, bis diese, etwa eine halbe oder eine Viertelstunde vor Abgang des Zugs, geöffnet wurde. Dann jagte alles in wildem Durcheinander über die Gleise auf die Waggons zu, um darin einen möglichst guten Platz zu ergattern.

In Kirchdorf wurden wir von der Bahn durch Pistl, den jungen Dutzler, abgeholt. Der lud uns alle samt Koffer und Körben auf einen mit Sitzbrettern und Decken ausgestatteten Leiterwagen, den der Hengst Stark zog, und brachte uns zur Mühle. Diese war schon längst nicht mehr in Betrieb, wies aber noch Mühlsteine, Transmissionen, ein altes Mühlenrad, Reste von duftendem Getreide und Mehl auf. Die Wasserkraft der Krems aber, die durch eine geschickte Fluderanlage gewonnen werden konnte, trieb ein Sägewerk, in dem auf Entdeckungen zu gehen höchst interessant war. Mit Riesenkräften und allerhand Haken holte der Pistl die Stämme in den Werksraum, wo eine gewaltige Säge die an sie herangeführten Blöcke in Bretter schnitt. Pistl lachte immerzu, pfiff und sang den ganzen Tag, und der Stark wieherte ihm dabei fröhlich zu. Aber die alte Witwe Dutzler weinte sich die Augen rot über alles, was ihr schon widerfahren war und was noch alles kommen würde. Und die Tochter Marie sah abgemüdet drein und rackerte getreulich mit ihrer Mutter auf Wiese, Feld und in dem finsteren Stall, wo neben drei oder vier Kühen auf schmutzigen Decken ein alter Mann sein Lager hatte, den man aus Barmherzigkeit dieses bescheidenste Obdach gewährte. Alle aber rügten den Pistl, er sei ein großer Hallodri; ich merkte jedoch nichts davon und hatte ihn recht gern, denn er setzte mich immer auf den Stark, auf dem ich allein ums Haus reiten durfte. Wunderbar hat's auf dem Heuboden gerochen, der mir hoch und gewaltig wie eine Kathedrale vorgekommen ist, modrig aber und nach saurem Rahm in der Küche, wo einem jeder Appetit vergehen mußte. Tausende von Fliegen waren da zu Hause. Wir mußten nach unserer im ersten Stock gelegenen Wohnung durch diese Küche gehen, wo man Tag für Tag nur eine breiige Milchsuppe mit Brotbrocken zubereitete. Aus einer einzigen großen irdenen Schüssel löffelte so die kleine Familie freud- und wortlos nach Herunterratschen eines unverständlichen Gebets.

Die Stelzmühle ist reizend gelegen am kleinen Wasser inmitten fetter Wiesen; ein Lusthaus nahe daran und jenseits des Flüßchens unter schattenspendenden Bäumen in die Erde eingerammte Tische und Bänke, wo die Erwachsenen gruppenweise saßen, lasen und Briefe schrieben. Die gütige Tante Johanna hielt sich meistens im Lusthaus auf, das von wildem Wein zugewachsen und mit Illustrationen aus alten Bildzeitschriften austapeziert war. Da war sie für mich die Prinzessin und ich der junge Leutnant, der auf einem Steckenpferd zu ihr heranritt und sie besuchte. Jeweils am 12. August, Klaras Namenstag, lud Tante Laura zu einer Überlandpartie ins Stodergebiet ein. Wir fuhren in einem Brake, das ist ein offener, mit Plachen versehener und Seitensitzen ausgestatteter hoher, einem kleinen Buik ähnlicher Wagen, der bequem acht Personen faßte. Das war reizvoller als eine Fahrt mit der Pyhrnbahn, die damals auch noch nicht ausgebaut war und in Kirchdorf oder Klaus endete.

Morzg bei Salzburg war der Ferienort von 1906. Wieder waren die Großmutter, die Tanten und auch Vetter Gottfried mit. Wir wohnten dort neben der Kirche in einem kleinen ebenerdigen Häuschen und speisten im Morzger Hof, meist im Freien. Es war ein schöner, trockener Sommer. Die Tanten wohnten etwas weiter nördlich in einer Villa – besser und wohl kostspieliger als wir. Ich habe unser Quartier als ein düsteres, blau getünchtes Zimmer im Gedächtnis. In einem unsauberen Klo krabbelten abscheuliche Asseln. Wir Kinder trieben uns in dem gelsenreichen nahen Wäldchen umher oder begleiteten die Erwachsenen auf ihren Spaziergängen. Mein besonderes Vergnügen bestand darin, mit einem von den Wiener Tanten gespendeten Leiterwagerl als Eisenbahn auf der Dorfstraße hin und her zu rasen. Passagiere waren Klara, Gottfried und die kleine Anny Ursprung, Tochter des Wirtsehepaars „Zum Römischen Kaiser“ in Salzburg.

Im Jahr 1907 war ich schon verständiger. Wieder hielten wir uns in der Gegend von Salzburg auf. Es taugte meinem Vater hier gut, der im Gebirge Ausflüge machen, bei Schlechtwetter aber ein Kaffeehaus aufsuchen konnte. Die Eltern mieteten diesmal ein großes Zimmer im

Brauhaus Anglberger in Grödig. Auch Hall in Tirol haben wir in diesem Sommer besucht, sind dort zehn Tage Gäste der Tanten im alten Seegerhaus gewesen, das über zweihundertfünfzig Jahre im Besitz der Familie stand. Ich sehe uns dort noch allabendlich um den großen Speisezimmertisch sitzen und meist „geschmälzte Erdäpfel" verzehren. Das alte Haus hat einen großen Eindruck auf mich gemacht. Besonders das reichliche blitzblanke Kupfergeschirr an den Wänden in Halle und Küche, der Salon mit den schwarzen Empiremöbeln und die riesige Bibliothek des Urgroßvaters. Alles war dort noch so wie hundert Jahre zuvor. Das Klo erreichte man nur über eine Veranda, und wenn man dort in die Sitzöffnung guckte, sah man den Hallerbach fließen. An kühlen Tagen zog es da nicht wohltuend herauf. In diesem Sommer lernten wir auch die Familie von Vaters Bruder kennen, des Onkel Theodor. Diese wohnten damals in Innsbruck, in der Schöpfstraße, in einem eigenen Haus mit Garten. Dort trieben sich die etwas jüngeren Vettern fröhlich herum, kletterten auf die Bäume und wiegten sich in deren Kronen. Ein uns „Wohlerzogenen" unbekanntes, gefährliches und wohl auch „unfeines" Spiel, wenngleich ich etwas darum gegeben hätte, darin auch Erfahrung zu haben. Die Theodor-Buben haben unsere Zimperlichkeit bald erkannt und ergötzten sich daran, beim Gartenspritzen Klara und mich pudelnaß zu machen. Die schönen Sonntagsanzüge! Eigentlich waren die nun folgenden Schläge den Neffen vermeint, aber deren Kehrseite war der Erziehungsgewalt meiner Mutter entzogen. So machte sie sich an den unsrigen Luft.

Nun gedenke ich noch der wiederholten Wienaufenthalte. Sie stellten in unserer frühesten Kinderzeit Höhepunkte der Glückseligkeit dar. Fast immer zu Ostern und noch einmal im Herbst weilten wir bei den mütterlichen Verwandten. Das Haus, Diehlgasse 28 im fünften Bezirk, das Tante Laura im Jahr 1893 gekauft hatte, ist vielfach kritisiert worden, der Lage wegen. Und heute als verwahrlostes Mieterschutzobjekt macht es in keiner Weise mehr einen erfreulichen Eindruck. Aber einmal war's schön; mir schien es ein Märchenheim zu sein. Wiesen doch alle mit Tapeten versehenen Räume der Wohnung, das Speisezimmer überdies mit Vertäfelung und Butzenscheiben, einen Komfort auf, den wir daheim entbehrten. Ein Badezimmer, Gaslicht mit den neuen Auerstrümpfen, Blumen und Gewächse in allen Räumen, Parkettböden und eine Küche mit Wasserleitung und Gasofen. Und alles gut und bequem eingerichtet, von Wohlstand atmend. Dazu ein eigentümlicher, geheimnisvoller, vielleicht von einem zarten Parfum der Tante herrührender Duft und heilige, vornehme Stille, die zu stören einem unmöglich in den Sinn kommen konnte.

An diese Wohnung und diese Zimmer knüpft sich eine Früherinnerung. Hier wurden am 25. März 1900 für Großmutter Julie die Geschenke zu deren siebzigsten Geburtstag aufgelegt. Hauptüberraschung war das Erscheinen der ganzen Familie Seeger aus Linz und ein Gedicht, das ich aufzusagen hatte. In der mir sonst so groß erscheinenden Wohnung drängte sich alles. Ich sehe heute noch plastisch vor mir die zu Tränen gerührte Großmutter und eine Schar von Verwandten einschließlich der Weißgärbers, die das Fest musikalisch umrahmten. Meine nächtliche Unterkunft, wie auch später immer, war ein breiter Diwan in Großmutters benachbarter Kleinwohnung. Von dem aus konnte ich morgens dann mit Behagen dem Decken des Frühstückstisches zusehen, den bald ein feiner Germkuchen in der Form eines Schweinchens zieren sollte. Dann hieß es aufstehen, während Großmutter den Kachelofen in der Zimmerecke heizte. Und wenn es dann behaglich warm war und wir gespeist hatten, auch am Abend im Dämmerlicht, saßen wir nebeneinander und freuten uns des Zusammenseins. Im Jahr 1904, als wir aus Anlaß ihres vierundsiebzigsten Geburtstages wieder in Wien weilten, hat sie mir eine besondere Freude gemacht; sie ging mit mir in „die Josefstadt“, wo wir den „Struwwelpeter“ sahen. Mein erster Besuch eines Theaters!

Der Ernst des Lebens, die Schulzeit, begann für mich Mitte September 1902. Ich fasse es kaum, wenn ich diese Jahreszahl schreibe und nachrechne, wie lang ich schon kein Analphabet mehr bin. Die Linzer Übungsschule in der Honauerstraße, die ich besuchte, war eine hervorragende Anstalt. Nur beschwerte es die Eltern, mich im ersten Jahr auf dem langen Weg von etwa einer halben Stunde begleiten zu müssen. Aber da fand sich auch eine Lösung durch Abwechseln mit der befreundeten Familie des Forstrats Morandi, dessen kleiner Mario mein Mitschüler war. Mario war großsprecherisch und wußte mich, den Naivling, hervorragend zu täuschen, wenn er mir vormachte, selbst Lehrer zu sein und eine kleine Schulklasse zu leiten, wobei er sich mit Ausschmückungen aller Art nicht verlegen zeigte. So gern hätte ich ihm zugeschaut, aber seine Unterrichtszeit fiel leider immer, wie er sagte, in die Stunde zwischen halb ein und halb zwei Uhr, wenn wir zu Mittag speisten. Interessant, daß der damals schon aufschneidende Bub sich später immer mehr ins Phantastische hineingesteigert hat, Politiker geworden ist, aber bald strauchelte.

Mein erster Lehrer hieß Haschke, ein alter, weißbärtiger Mann, der sein letztes aktives Jahr mit uns in der Ersten durchexerzierte. Er war ein Musterpädagoge für Anfänger und soll dem Vernehmen nach vierzig Jahre immer nur die Erstklassler unterrichtet haben. Damals kannte man noch keinen Ganzheitsunterricht. Vielmehr wurden mit dem Griffel auf einer Schiefertafel zunächst Tag um Tag Haar- und Schattenstriche geübt. Dann kamen erst die Buchstaben dran. In die Taferlklasse fällt auch ein Ereignis, das von allen wichtig genommen worden ist, die im Zeitalter der Gott-Ähnlichkeit der Monarchen lebten. Es handelte sich um den Besuch des Kaisers Franz Joseph I. Der alte Herr stand im dreiundsiebzigsten Lebensjahr und verließ Wien grundsätzlich nur, wenn er im Sommer nach Ischl reiste. Er kam an einem frühen Maiennachmittag mit der Eisenbahn in Linz an und begab sich dann in einem offenen Landauer, begleitet von einigen voraus- und einigen hinterherfahrenden Wagen, über die Landstraße zur Statthalterei. Ein endloses Spalier aller Linzer Schüler und Schülerinnen hatte die Aufgabe, ihrer gehobenen Stimmung durch Jubellaute und Winken Ausdruck zu geben. Welche Staatsform auch immer, stets das gleiche Bild!

Vor mir liegt ein vergilbtes Photo aus dem Jahr 1904 oder 1905; Blick ins Klassenzimmer mit dem damaligen Direktor der Anstalt, Dr. Habenicht, und unserem Lehrer Franz Brunner, der, nachdem wir das erste Schuljahr absolviert hatten, uns durch vier Jahre unterrichtete. Brunner war ein ausgezeichneter Pädagoge, ein universell gebildeter, hochmusikalischer Mann von moderner, zukunftweisender Denkungsart. Ein großer, massiver Körper trug einen guten Kopf mit grauem, etwas gekraustem Haar und Brillen. Ich sehe mich auf dem Bild in der sogenannten Türreihe sitzen, an der Wand hingen unsere Mäntel und darüber nach dem Grundsatz, daß Dynastie und Kirche den Zusammenhalt des Staats gewährleisten, ein Kruzifix, rechts und links flankiert von Girlanden mit dem Text der Volkshymne „Gott erhalte, Gott beschütze" und „unseren Kaiser, unser Land".

Viele der Buben um mich herum haben schon Abschied genommen vom Leben. Die Kriege haben für eine Dezimierung gesorgt. Auch mein froh dreinsehender, lieber Nachbar in der Schulbank, der Konrad Rosenbauer, ist nicht mehr. Vor mir saß Karl Warhanek; sein Vater war Landesgerichtsrat und dem meinigen als Richter an Jahren und Rang etwas voraus, eine Tatsache, die der Sprößling mir häufig in Erinnerung brachte. Warhanek zappelte immerzu mit den Beinen und ging zu ungezählten Malen aufs Klo. Der Besuch dieses Ortes war in der Pause obligat. Der Lehrer führte alle Schüler ins Pissoir und stieß dort die zerstreuten Buben zu der jeweils frei gewordenen Stelle der schwarz geölten, duftenden Wand hin, daß sie mit den Händen daran anprallten. Da hieß es nun stehen, ob man „mußte" oder nicht. Wer aber während des Unterrichts ein Bedürfnis spürte, dem wurde zuweilen nicht geglaubt, bis er den drastischen Wahrheitsbeweis erbrachte. Ich hatte auch einmal höchste Nöte und zeigte auf. Der Lehrer erlaubte mir nicht, hinauszugehen. So biß ich die Zähne zusammen und hielt zurück, solang es ging. Aber bald begann es zu rinnen. Erleichtert läßt man den Dingen freien Lauf. „Seeger“, mahnte der Nachbar jenseits des Mittelgangs, „bei dir ist's naß.“ Ach, das sei nur vom Schwamm an der Schiefertafel, antwortete ich ihm und drückte zum Beweis dessen letzte Tropfen heraus. Als daheim dann die Sache „ruchbar“ wurde, machte Vater allerhand unpädagogische Bemerkungen über den Lehrer und die blödsinnige Erziehung. Er dürfte in vielen Belangen recht gehabt haben. Wenn ich mir die heutige Freiheit der Kinder vergegenwärtige, so muß ich unsere Selbstdisziplin von damals als einen Irrsinn bezeichnen. Zwei Stunden die Hände auf der Bank und sich kaum bewegen dürfen, das ist qualvoll und ungesund. In den Pausen hätte doch das Herumtollen nicht nur erlaubt, sondern geradezu geboten sein sollen.

Lehramtsschüler hörten zu gewissen Stunden dem Unterricht zu und mußten sich auch im Unterweisen von uns üben. Wir nannten sie die Herren Kandidaten. Ich hielt sie anfänglich für Diener, die uns beim Ablegen und Anziehen der Überkleider helfen sollten. Das haben sie auch immer getan und so manchen Buben vom ärgsten Dreck gereinigt, der der mangelnden Straßenpflege um die Jahrhundertwende zu danken gewesen ist. Keineswegs waren alle Straßen gepflastert. Asphalt kannte man nicht. Meist wurden die Straßen einfach geschottert, gekiest und mit einer Walze ohne Teerung einigermaßen glatt gemacht. Aber wehe, wenn es regnete oder Schneematsch gab. Dann zogen die Straßenräumer die schmutzige, breiige Gassensauce mit rechenartigen Geräten zusammen und bildeten in Abständen am Straßenrand kuhfladenartige riesige Haufen. Es ist zu gewissen Zeiten kein Tag vergangen, an dem nicht ein Bub der Länge nach in solch einen Kotfladen gefallen ist. Weil ich stets Überschuhe tragen mußte und diese auch wie fast alle meine

Kleidungsstücke aufs Wachsen eingestellt, also viel zu groß waren, verlor ich in diesen Kotkuchen, die eine eigentümliche Anziehungskraft auf uns Kinder hatten, zuweilen meine Galoschen, sie blieben darin stecken. Mit außen und innen schmutzstarrender Fußbekleidung kam ich an solchen Unglückstagen nach Hause. Zu Zeiten längerer Trockenheit hat freilich auch die Staubplage nicht behagt. Aber da gab es Spritzwagen, große, von Pferden gezogene tonnenartige Fahrzeuge, hinter denen ein Mann eine Brause hin- und herschwenkte. Auch an riesige Räder vermag ich mich zu erinnern, um die ein langer, dicker Spritzschlauch gewickelt war, der entrollt dann nach Belieben weite Strecken die Straße entlang dahingezogen werden konnte, wo der Einsatz nötig war und wo wir aus der Schule strömenden Buben mit Wonne eine kalte Dusche genossen.

Ich besitze noch ein zweites Klassenbild, das uns im Hof der Schule zeigt, wo wir auf einem ansteigenden Podium zu sehen sind. Einundvierzig von zweiundvierzig Buben, die wir insgesamt waren, was auf einen guten Gesundheitszustand schließen läßt. Arzberger, Aschinger, Brückner, Derfler; sie stehen nebeneinander, die vier, die der Lehrer aufzurufen und zum Katheder zu holen pflegte, wenn er prüfte. Schlimmer war's, wenn er von hinten das ABC begann; da war das S nicht mehr fern, aber dafür dauerte die Angst nicht lang. Schon manchmal eine Qual, die Schule. Wirklich, mit ihr beginnt der Ernst des Lebens. Wie oft litt man nach einem Versagen, mühte sich, es geheimzuhalten, und fraß den Kummer in sich hinein. Gestehen war nicht besser. Da kamen dann nur Tadel von daheim dazu oder Trostworte, die man auch nicht hören wollte. Meine Mutter war streng. Sie überwachte eisern mein Lernen, sprach oft beim Lehrer vor und setzte sich auch in den ersten Jahren beim Aufgabemachen zu mir. Da hat's oft Watschen gegeben. Es waren trostlose Stunden, wenn ich in dem elterlichen Schlafzimmer saß an einem an die Ehebetten angestellten Tisch vis-à-vis der Öldruckkopie einer Murilloschen Madonna.

Sie wollte nicht aus dem Rahmen treten, um mich zu erlösen oder mir Kraft zu geben, mein Pensum zu bewältigen und aufzukommen gegen etwas, was ich zeitlebens nicht verwunden habe, die Zerstreutheit. Lebhaft sehe ich mich noch vor einer Abschreibarbeit sitzen, die den Titel „Die Falschheit der Fledermaus" trug. Bei diesem Titel allein schon gab es zwei Ohrfeigen, denn ich schrieb „Die Falschheit der Falschheit", strich nach der ersten Ohrfeige die zweite Falschheit aus, um abermals eine „Falschheit" dazuzuschreiben. Daß die Murillo-Madonna mich in diesem Fall nicht trösten durfte, finde ich begreiflich. Aber sie hätte manchmal bei gutem Willen schon helfen können. Gleich in den ersten Monaten meines Taferlklassedaseins, bei der Darstellung der Ziffer „7". Eine ganze Seite des Heftes mußten wir mit Siebenern malen, die begreiflicherweise von Zeile zu Zeile windschiefer wurden, statt sich mit drei Parallelen wie ausgerichtete Soldaten zu erweisen. Ich möchte aber bei all dem meiner Mutter Dank wissen für ihre Ausdauer; gewiß war sie am Platz, hat mich Pflichtbewußtsein, Fleiß und Selbstüberwindung gelehrt und die Fähigkeit, mich anzupassen. Übrigens sind diese anfänglich qualvollen mütterlichen Nachhilfestunden allmählich angenehm geworden, bis sie bald ganz aufhörten. Mutter hat immer mehr meinen guten Willen erkannt und ihre Mühen durch meine Leistungen gelohnt gesehen. Wie man zu lernen hat, das erfährt man in den ersten Jahren der Volksschule. Wer es da nicht mitgekriegt hat, gewinnt es nicht mehr.

Und wie hat die Mutter auch sonst nur für uns gelebt, sich keine Entspannung gegönnt, kaum einmal ein bescheidenes Vergnügen. Sie hat nicht so eigentlich ein Eigenleben geführt, alles war bei ihr vorzugsweise ein Mitleben mit ihren Nächsten, ein sich beständiges Sorgen für uns. Das machte sie auch zu einer hervorragenden Krankenpflegerin. Ich gab ihr die unerfreuliche Chance, sich darin zu bewähren. Im April 1905 erkrankte ich an einer Angina, wonach ein nicht richtig zum Ausbruch gekommener Scharlach eine schwere Nierenentzündung zeitigte. Zunächst erkannte der Arzt das Übel nicht und riet, ruhig die in Aussicht genommene Osterreise nach Wien zu unternehmen. Dort aber mußte ich ins Bett. Ich lag müde auf dem Diwan in Großmutters Zimmer und tat, als ob ich schliefe, als Mutter vom Arzt, dem sie eine Harnprobe gebracht hatte, heimkam. Ich hörte sie in der Küche ganz außer Atem erzählen, sie habe leider recht gehabt; hoffentlich gäbe es noch eine Rettung. Ich stellte mich so, als ob ich vergnügt eben aufwachte und vernahm nun, ich sei doch etwas mehr krank, als es geschienen habe, man müsse darum sofort nach Hause fahren. Ein heißes Bad ward verordnet. So übersiedelte man in die Nachbarwohnung zu Tante Laura, die danach eingerichtet war. Dort, in deren Bett lag ich abends und sann und sann. Im anschließenden Zimmer diskutierte man über meinen Zustand. Dann wechselte das Gespräch auf das Lieblingsthema in der Verwandtenrunde, auf die Frage, ob und mit wem sich Mutters Bruder, Onkel Julian, dessen Frau, wie wir bereits wissen, vor nicht langer Zeit verschieden war, wieder vermählen sollte. Man sprach erregt und interessiert, und ich hörte ungeachtet meiner Müdigkeit aufmerksam zu; und bis heute habe ich's behalten, um was es damals ging und weshalb die Teilnahme der Familie so groß war. Dem damals vierzigjährigen Onkel führte ein hübsches Dienstmädchen die Wirtschaft. Sie tat das mit viel Liebe, mit viel Ordnungssinn und Kochkunst und mit soviel persönlicher Hingabe, daß sich dem guten Onkel der Gedanke aufdrängte, das Ding zu heiraten. Dagegen stand aber die Verwandtschaft auf, einig wie noch nie: Ein Dienstmädel als Schwägerin ist undenkbar.

Um weiterzuerzählen: der darauffolgende Tag brachte die Abreise aus Wien. Ich durfte und konnte keinen Schritt mehr gehen, die Füße waren so angeschwollen, daß ich Schuhe von Erwachsenen anziehen mußte. In einem Wagen ging es zur Bahn, ein Träger nahm mich auf seine Schultern, in einem Coupé zweiter Klasse (es gab damals deren drei) beförderte man mich liegend nach

Linz, wo mich ein Gepäckträger auf dem Bahnhof in Empfang nahm usw. Es folgte ein fast zweimonatiges Krankenlager; heiße Bäder, Milchkost, Wickel und Arzneien. Endlich ging's aufwärts, dank der Pflege meiner Mutter, die mich Tag und Nacht betreute. Etwas später kam meine väterliche Großmama zu Besuch. Viel saß die fromme Frau neben mir und las mir vor, meist Erzählungen des zur Zeit meiner Eltern und Großeltern schon viel gelesenen Jugendschriftstellers Christoph von Schmid, eines Zeitgenossen noch unserer Klassiker, dessen etwas rührselige Geschichten aber Generationen lang nicht ihre Wirkung verfehlten und sogar mir zuweilen fast Tränen in die Augen brachten. Und nach der Großmama kam die Tante Johanna. „Keine Ärzte und Arzneien", hat mein Vater immer gesagt, „haben unseren Buben gesund gemacht, das war nur Johannas Werk." Ich glaube, er hat den Nagel auf den Kopf getroffen. Was diese goldige Frau durch ihren Humor, ihre positive Einstellung zum Leben, ungeachtet ihrer eigenen Gelähmtheit und des Umstands, ohne einen Gatten mit dem Dasein fertig zu werden, sich selbst und ihrer Umgebung Gutes getan hat, ist ganz unvorstellbar. Sie ist gekommen, hat sich zu mir gesetzt und geplaudert und erzählt und ist wochenlang nur wenig von meiner Seite gewichen. Sie trug Dinge vor, die sich wirklich ereignet hatten, nur für Kinder etwas zurechtgelegt, und gruselige Geschichten und Witze. Und so zog auch bei mir wieder Fröhlichkeit ein, und ich durfte lachen und lachen. Als sie heimfuhr, war ich gesund.

# Hertha Sprung

## *Langeweile gab es für uns Kinder nicht*

Frau Hertha Sprung, am 4. Februar 1862 in Graz geboren, entstammte mütterlicherseits einer Tiroler Familie, den Reichsfreiherren von Risenfels, die im 16. Jahrhundert durch den Besitz von Silbergruben großen Reichtum sowie den Adel erworben hatten. Ihre Großmutter war eine Gräfin Adelheid Franking (deren Mutter wiederum eine Gräfin Fugger aus Augsburg war) aus Oberösterreich. Diese hatte sechzehn Kinder geboren, von denen zehn das Erwachsenenalter erreichten.

„Sie war eine kleine und zierliche, aber sehr energische und tätige Frau. Denn während ihr Mann Philipp Risenfels es vorzog, den Winter in Wien, den Sommer in Gmunden zu verbringen und nur zu den Jagden im Herbst und Frühjahr nach Hause zu kommen, verwaltete sie die acht Güter, regierte ihre große Familie mit den Hauslehrern der Buben und der Französin der vier Mädchen, beaufsichtigte die Patrimonialgerichtsbarkeit, für deren Besorgung ein Justizbeamter im Hausstand lebte, und war der Bauernschaft Arzt und Beraterin, ja sogar die Verwalterin ihrer Ersparnisse, die sie pünktlich verzinste und nach Bedarf zurückzahlte – eine Tätigkeit, wie sie vor dem Jahr 1848 viele Gutsfrauen zu leisten hatten."

Der Vater von Frau Sprung, Heinrich Hauser, geboren am 12. Juli 1800, stammte aus einer alten Kärntner Familie – er wurde als Sohn Paul Hausers geboren, der Bürgermeister in St. Veit war. Die Vorfahren waren zum Teil Gutsinspektoren, sowohl der Fürsten Porcia wie für die ausgedehnten Ländereien des Baron Dirmann in

Treibach-Althofen. Paul Hauser und seine Frau Helene, geborene Tusch, hatten neunzehn Kinder. Sohn Heinrich war Kaiserjäger, wurde 1849 in der Schlacht von Volta mit dem Maria-Theresien-Orden ausgezeichnet und dadurch in den Freiherrenstand erhoben. Wegen Differenzen mit dem Regimentsinhaber quittierte er als General seinen militärischen Dienst. Mit achtundfünfzig Jahren heiratete er die junge Anna, Reichsfreiin von Risenfels, geboren 12. März 1839.

Dieser Ehe entstammten Henriette, zeitlebens aber Hertha genannt, sowie drei Buben.

Nach dem Ende der Schulzeit legte Frau Sprung am Konservatorium in Wien die Staatsprüfung für Klavier mit Auszeichnung ab. Durch die Verehelichung mit Dr. jur. Franz Sprung – der ein Pionier auf dem Gebiet der Volksbildung war – lernte Frau Sprung Marianne Hainisch kennen. Durch diese Freundschaft ergab es sich, daß Hertha Sprung auf dem Gebiet der Schulausbildung für Mädchen tätig wurde. Dieses Engagement brachte es mit sich, daß sie jahrelang unentgeltlich im Handelsministerium arbeitete.

In Eisenerz gründete Frau Sprung eine Schule für Mädchen, für die sie den Lehrplan selbst erstellte. Ihre Absicht war es, den Mädchen eine praxisnahe Haushaltsführung zu vermitteln.

Nach dem Tod ihres Mannes (1921) wurde Frau Sprung im Handelsministerium ins Beamtenverhältnis übernommen. Sie ging als erster weiblicher „Wirklicher Hofrat" Österreichs in Pension. Bis zu ihrem Tod war sie Ehrenpräsidentin des Bundes österreichischer Frauenvereine.

Ihre 66 Manuskriptseiten umfassenden Lebenserinnerungen entstanden in den Jahren nach dem Zweiten Weltkrieg und wurden 1950 abgeschlossen.

Zwei Jahre vor dem Tod ihres Mannes hatte Frau Sprung den jüngsten Sohn ihres Bruders adoptiert, der als Dreijähriger seine Mutter verloren hatte und dessen Vater seine drei Kleinkinder nicht entsprechend betreuen konnte.

Als Frau Hertha Sprung das „Goldene Ehrenzeichen für Verdienste um die Republik Österreich" verliehen wurde, hielt sie im Alter von neunundneunzig Jahren eine dreiviertelstündige freie Rede.

Sie starb am 8. Mai 1961 in Wien.

Mein Vater hatte als Jüngling und als junger Mann häufige Auseinandersetzungen mit seinem Vater, weil dieser seinem Wunsch, Soldat zu werden, nicht nachgeben wollte. Nachdem mein Vater dreimal von zu Hause ausgerissen war, sah mein Großvater keine andere Möglichkeit mehr und schloß mit seinem Sohn einen Pakt: „Wenn du die Lateinschule gut beendest, darfst du Soldat werden“ – etwas, was der Großvater, ein alter Josephiner, von Herzen ablehnte, da es ja auch damals für Bürgerliche ein wenig aussichtsvoller Beruf war. Aber es geschah wie abgemacht. Mit achtzehn Jahren trat Heinrich als Kadett bei den Kaiserjägern in Bregenz ein, von seinem Vater so reichlich unterstützt, daß er sich Pferde halten und viele schöne Fahrten um den Bodensee und in die Schweiz machen konnte. Er kam bald nach dem damals österreichischen Oberitalien, diente unter Radetzky, den er, wie alle seine Kameraden, vergötterte, erwarb 1849 den Theresienorden und kam schließlich als Oberst eines böhmischen Jägerregimentes nach Josephstadt, wo er im Hause Schlick meine Mutter kennenlernte.

Meine Mutter hatte, als sie fünfzehn Jahre alt war, ihre Mutter verloren und war in der Folge zu ihrer Tante Sophie Schlick nach Böhmen gekommen. Hier lebten sie – im Winter in ihrem Palais in Prag, im Sommer auf einem der Güter – in ganz großen Verhältnissen, denn Schlicks waren sehr reich. Es gab immer viel Geselligkeit in der Stadt und auf dem Land, die „jungen Herren“ des böhmischen Hochadels – eine bis zur Arroganz exclusive Gesellschaft – gingen aus und ein, aber – sie erschienen der jungen und lebhaften Anna alle ganz schal und uninteressant neben dem ungewöhnlich gebildeten und erfahrenen Oberst Hauser, der geistig so viel zu bieten hatte, auf der Jagd und zu Pferd mit den Jüngsten wetteiferte und dessen Humor dem ihrigen entgegenkam. Und so heirateten sie – sie neunzehn und er achtundfünfzig Jahre alt – im Jahre 1858.

Nach großen Schwierigkeiten mit seinen Vorgesetzten, bei denen sich mein Vater im Recht fühlte und sogar die Einsetzung eines Kriegsgerichtes forderte, was aber abgelehnt wurde, verlangte mein Vater seinen Abschied. So zogen meine Eltern nach Graz, dem damaligen Pensionopolis Österreichs. Hier wurden wir, das heißt ich und meine beiden Brüder Max und Hans, geboren, kamen nach einjährigem Aufenthalt in Seisenegg bei Mamas ältestem Bruder nach Wien, wo wir die ersten Schuljahre verbrachten.

Es waren schwere Jahre für meine junge, lebensfreudige Mutter. Der Mann aufs tiefste durch seine Erlebnisse verdüstert, die finanziellen Verhältnisse auf einmal klein und schmal geworden. Aber sie wußte sich zu helfen. Hatte sie schon zu Beginn ihrer Ehe, um dem Mangel jeglicher wirtschaftlichen Ausbildung zu begegnen, sich gut geschulte Dienstmädchen genommen, bei denen sie unauffällig in die Lehre ging, so setzte sie diese Bemühungen jetzt systematisch fort, indem sie den Verbrauch von Material, Zeit und Kraft im Haushalt genau beobachtete, so daß sie den notwendigen Aufwand im Haushalt ebenso wie die Leistungen ihrer Angestellten übersehen und rechnerisch beurteilen konnte. Auf diese Weise gelang es ihr, das Hauswesen so gut zu organisieren, daß alles militärisch pünktlich klappte, die Mittel für eine gute und gesunde Erziehung der Kinder vorhanden waren, ihr selbst aber die Hände frei blieben, um unseren ganzen Bedarf an Wäsche und Kleidern zu nähen, aber auch Zeit für ein eigenes geistiges Leben – gute Bücher, Sprachstudien, etwas Musik – zu behalten. Es war die durch eigenes Nachdenken gefundene Geldwirtschaft, die ich dreißig Jahre später in den österreichischen Haushaltsschulen für Stadt und Industrie eingeführt habe. Denn man kann seinen Haushalt durch eigene Mitarbeit kontrollieren, wie es ja heute noch viele Hausfrauen in der Stadt und vor allem auf dem Land üben, oder aber rechnerisch mit genauer Kenntnis und Kontrolle des Aufwandes.

Daß sich unsere Mutter, wenn wir von der Nachmittagsschule, die es damals noch gab, zurückkamen, ausschließlich uns und unserer Erholung widmete, verstand sich von selbst. Auch Papa gewann nach und nach sein seelisches Gleichgewicht wieder und beteiligte sich lebhaft daran.

Meine Eltern hatten, nach langen Bemühungen bei der drückenden Wiener Wohnungsnot – eine Folge der enorm hohen Besteuerung der Mieten und der dadurch unterbundenen Bautätigkeit –, eine hübsche Wohnung im sogenannten Bürgerspital gefunden, einem riesigen Hauskomplex nahe dem Lobkowitzplatz, Neuem Markt und Kärntner Straße, der dem Bürgerspitalsfonds gehörte und der Vermietung diente. Unsere Wohnung lag dort, wo sich heute der Philippshof befindet, richtiger befand, im vierten Stock (heute wie ein zweiter!) nach dem Opernplatz und auf die Albrechtsrampe gerichtet, sonnig und luftig. Meine Brüder und ich besuchten – nach einem fehlgeschlagenen Versuch mit Privatschulen – die öffentliche Schule der protestantischen Gemeinde, damals und vielleicht auch heute noch eine der besten Anstalten Wiens. Den Religionsunterricht empfingen wir privat bei einem sehr gemütlichen alten Herrn des benachbarten Augustinerstiftes, einem großen Kinderfreund, geduldig und heiter, den wir sehr liebten. Wir kamen zweimal wöchentlich zu ihm, immer unter der Führung unseres Ältesten, Max, schon als kleiner Bub die geborene Führernatur, der wir uns, trotz aller sonstigen kindlichen Keppeleien, unbedingt unterwarfen, weil sie immer sachlich und selbstlos war.

Jeden Tag, wenn es das Wetter nur irgendwie gestattete, gab es Spaziergänge, immer zu Fuß, weil die Pferdebahn für fünf Personen für den Geldsack eines pensionierten Generals zu hoch kam. So wanderten wir in den Prater, oft mit Netzen und einem Einsiedeglas versehen, um die Insassen der zahlreichen Tümpel, Schwimmkäfer, Molche und Kröten etc. dann zu Hause mit zärtlichster Hingabe bis zu ihrem seligen, meistens leider bald erfolgenden Ende zu pflegen. Oder es ging – immer zu Fuß – nach Schönbrunn, wo die Menagerie mit ihren damals noch in engen Käfigen und daher meist ruppigen Insassen unser atemloses Interesse erregte.

Waren einmal die Buchen des Wienerwaldes voll belaubt, dann ging es auch mit Hilfe der Eisenbahn nach Westen hinaus, nur an Sonntagen und mit mitgenommenem Freßkober – rasend lustig!

Für den Winter, wenn es zu trüb und finster für die Umgebung der Stadt und das Ausgehen für uns Kinder sehr langweilig geworden war, hatte unser Vater ein Spiel erfunden. Er zeigte uns zu Hause auf einem Stadtplan einen bestimmten Punkt in einer entlegenen Vorstadt, auf den wir losgehen würden, und führte uns auf Umwegen dahin. Den Rückweg, möglichst direkt, mußten wir aber selbst finden, und es setzte Lob oder auch Spott, meist aber das erreichte Ergebnis; jedenfalls lehrte er uns, auf den Weg und seine Richtung und Kennzeichen zu achten und uns leicht zu orientieren.

Die Pläne und Karten spielten überhaupt eine große Rolle in unserem Leben, besonders in den Ferien, die wir immer an einem hübschen, aber unbekannten Ort verbrachten, wo Mama – damals ein Zeitgebot! – die verhaßten Handschuhe und den Sonnenschirm ablegen konnte, wir aber in unsern stets sauberen (des Morgens, abends nicht mehr!), aber abgetragenen Kleidern alle ländlichen Vergnügungen genießen konnten. Als da waren: fischen, rudern, schwimmen, Gebetläuten am Kirchturm, Räuber spielen, uns in den Ställen herumtreiben, Samstag Straßenkehren vor dem Haus, bei den Jahrmärkten der Lebzelter-Burgerl verkaufen helfen usw. Und dazu dann die vielen Wanderungen nach der Generalstabskarte! Wehe, wenn wir das Zeichen für eine Mühle für ein Feldkreuz hielten oder die Kategorien der Straßen und Wege verwechselten, Distanzen nicht ungefähr abzuschätzen verstanden, etwas, was mir mit meiner Kurzsichtigkeit nie gelingen wollte – es war aufregend und lustig. Ging es schon ermüdet heimwärts, dann wurde gesungen, was wir alle ganz gut konnten. Papa hatte den Baß, Max einen zweiten, ich den ersten Alt, Mama und Hans den Sopran. An vielen Winterabenden sangen wir nach dem Abendbrot österreichische Volkslieder, Kinder- und schöne Schullieder, alte Soldatenlieder aus dem Freiheitskrieg, die unser Vater noch alle kannte – es war ein sehr gemischtes Programm, machte uns aber viel Freude.

Für Geselligkeit war nicht viel Platz in unserem Leben. Wir Kinder hatten wohl hie und da Schulgefährten, mit denen Besuche ausgetauscht wurden. Auch die Eltern hatten einige Freunde, ein ehemaliger Adjutant Papas und seine Frau, die als Freunde unser Haus besuchten, sowie von Zeit zu Zeit jemand von der Verwandtschaft, der Wien und bei der Gelegenheit auch uns besuchte. Aber im allgemeinen lebten wir unter uns selbst, und Langeweile gab es auch für uns Kinder nicht, weil Papa öfters ins Erzählen aus seinem reichen Leben kam, von dem mir viele Erinnerungen aus Italien, in Scherz und Ernst, aber auch die an die mehrjährigen Mappierungen in den damals noch recht unzugänglichen Karpaten noch gegenwärtig sind, mit ihren schneeverwehten Urwäldern und Bären- und Wolfsjagden. Der Plan, der meinen Vater eine Zeitlang beschäftigte, sich der Expedition Kaiser Max' nach Mexiko anzuschließen, wurde zum Glück für uns alle aufgegeben. Davon habe ich erst viele Jahre später erfahren.

Unter unseren Kärntner Verwandten, die wir manchmal sahen, waren zwei ältliche Schwestern Hauser aus Klagenfurt, die meine Eltern sehr verehrten, aber die Art meiner Erziehung, ganz mit und unter Buben, ziemlich arg fanden. Daß ich in einer rohleinenen Kittelhose in einer Privatschule (der ersten Schule in Wien) unter einer sehr tüchtigen Lehrerin turnte und wie ein Affe an Stangen und Seilen herumkletterte, schien ihnen ebenso anstößig, wie daß ich mit acht Jahren schon wie eine Ente schwamm – ganz unweiblich! Auf eine schüchtern vorgebrachte Einwendung antwortete ihnen Mama trocken: „Warum soll ich sie strafen, daß sie kein Bub ist?“ – Worauf die zwei sehr gutmütigen alten Fräulein mit dem Vorschlag herausrückten, mich für das kommende Schuljahr zu sich zu nehmen, wo ich die Gesellschaft zweier Mädchen meines Alters, Kinder einer verheirateten Schwester, haben würde. Was meine Mutter annahm. Und so fuhr ich im Frühherbst mit Papa von Wien ab, zuerst nach Untersteier und Windischgrätz, um Verwandte zu besuchen, die ein Sensenwerk betrieben. Da lebte die Witwe von Papas Bruder, die sich mit einem Zeilinger aus der alten steirisch-oberösterreichischen „Sensendynastie“ verheiratet hatte, mit ihren acht Kindern, sechs aus der ersten, zwei aus der zweiten Ehe. Das heißt, ich sah nur die vielen Mädchen, die größtenteils schon erwachsen waren, während die beiden Brüder Hauser, Franz der Ingenieur und Fritz der Arzt, schon auswärts in Amt und Würden standen.

Das Getriebe in dem alten stilvollen Gewerkenhaus, in den Hämmern, auf Feld, Wiese und Gärten interessierte mich Stadtkind in hohem Maße. Die unablässige Arbeit, die jedermann in seinem Tagwerk leistete, von den „Herrenleuten“ bis zum letzten Schmiedbuben und Roßknecht, gefiel mir sehr und zog mich mehr an als die nähere Bekanntschaft mit meinen stets sehr beschäftigten Cousinen.

Nach einer Woche ging es weiter nach Klagenfurt, in das alte Biedermeierhaus am Theaterplatz, das die beiden Fräulein bewohnten, und nach ein paar Tagen war Papa plötzlich abgereist, ohne Abschied, wohl um mir das Herz nicht ebenso schwer zu machen, wie es ihn bedrückte, sein kleines Mädel sozusagen unter fremden Leuten allein zurückzulassen. Denn zwischen ihm und mir hatte immer eine Art von stillschweigendem Verständnis geherrscht, während die Buben in ihrer zwanglosen, fröhlichen Art mehr zur Mutter neigten. Ich erinnere mich noch an den tiefen Schreck, als ich beim Frühstück erfuhr, Papa sei fortgefahren. Am liebsten hätte ich losgeheult, aber – so etwas taten ja auch unsere Ideale, die Indianer, nicht, deren Stoizismus uns Geschwistern riesig imponierte und uns oft zu recht törichten Nachahmungen – wie Nadeln in den Körper stechen, sich büschelweise die Haare ausreißen und ähnliche Dummheiten – führte. Damit begann damals die strenge Übung des „Verschluckens" der Gefühle, die ich in Klagenfurt unablässig zu üben hatte, wollte ich mich in meinem kindlichen Kreis nicht bloßstellen. Denn es war eine ganz andere Welt als die gewohnte – die der Kleinstadt mit all ihren Vor-, aber auch Nachteilen. Während man in der Großstadt jahrelang neben Fremden selbst immer fremd und unbekümmert lebte, kannte hier jeder jeden und, was mich besonders betroffen machte, interessierte sich auch einer für den andern bis in die kleinsten Begebenheiten des täglichen Lebens hinein. Die Leute wurden stark nach Rang, vor allem aber nach ihrem Vermögen gewertet, ein Gesichtspunkt, der mir ganz neu war; denn wir hatten daheim niemals eine Bemerkung darüber gehört, ob unsere Bekannten arm oder reich seien, „nobel" oder einfach – das gab es eben nicht.

Dann war da die neue Schule, eine Klosterschule, die einzige für Mittelstandsmädchen. Da den Nonnen die Wiener Lehrpläne unbekannt waren und das – übrigens sehr gute – Zeugnis aus der evangelischen Schule als solches gewissermaßen verdächtig war, ließen sie mich eine Aufnahmeprüfung machen, auf Grund welcher ich von der vierten Wiener Klasse gleich in die siebente der dortigen Schule kam, so daß ich ein Jahr später schon mit elf Jahren in die achte aufstieg, die ich – schade um das Jahr! – mangels einer weiteren Möglichkeit dann noch wiederholen mußte, weshalb meine Eltern, die im Jahr 1873 nach Klagenfurt übersiedelt waren, wieder nach Wien zurückkehrten. – So sahen damals die Schulverhältnisse der Mädchen in einer Landeshauptstadt aus!

Als ich zu den Ferien im Sommer 1873 nach Wien zurückkam, innerlich vor Freude geschüttelt, äußerlich ruhig und gelassen – siehe Indianer! –, war die Weltausstellung in vollem Gange, aber auch der Entschluß meiner Eltern feststehend, nach Klagenfurt zu übersiedeln. Wir Kinder wurden fast täglich unter Führung des Ältesten in die Ausstellung geschickt, mit je zwanzig Kreuzern Menagegeld, die wir in sogenannten „Schusterlaberln" anlegten, aus derbem Schwarzmehl hergestellt, mit denen wir erfahrungsgemäß am längsten aushielten. Aber was bot uns diese Ausstellung mit ihren nach Nationen getrennten Pavillons, mit ihrer großen Maschinenhalle, deren meist in Bewegung gezeigte eiserne Ungeheuer uns maßlos imponierten! Kamen wir dann gegen Abend ausgepumpt und sehr staubig zurück, dann erwartete uns ein reichliches Abendbrot, bei dem wir nach Vermögen Bericht über das Gesehene zu erstatten hatten. Dann ein warmes Waschfest, und müde gingen wir in unsere Betten, um am nächsten Morgen wieder zu beginnen.

Aber plötzlich machten der große Finanzkrach und die Cholera unserer Freude ein Ende, die unglückselige Ausstellung wurde lange vor der Zeit geschlossen, und wir reisten nach Klagenfurt ab. Unterwegs, bei einem kurzen Aufenthalt bei Mamas Schwester in Amstetten, erkrankte Papa an Cholera, erholte sich aber rasch wieder, so daß wir heil an unserem neuen Bestimmungsort anlangten.

Auch dort gestaltete sich unser Leben ähnlich wie in Wien; wir lebten – trotz des Verwandtenkreises – meist unter uns, nur die herrliche Umgebung, der See, das Schwimmen, Rudern, das Eislaufen machten einen großen, frohen Unterschied.

Nach zwei Jahren aber, nachdem ich die famose achte Klasse der Klosterschule wiederholt hatte, kehrten meine Eltern nach Wien zurück, und ich kam in die Mittelschule des Frauenerwerbvereines, schamhaft „Bildungsschule" genannt, weil man Mädchen doch nicht nach Bubenart unterrichten durfte. Diese Schule hatte sechs Klassen, statt Latein und Griechisch, Englisch und Französisch, statt der an allen Bubenschulen vorgeschriebenen Dynasten- und Kriegsgeschichte, Kulturgeschichte und einen naturwissenschaftlichen Unterricht, der eine leichte Neigung zum Leben zeigte, das heißt eine gewisse Einstellung auf angewandte Physik, Chemie und sogar gelegentlich auch Gesundheitspflege. Der größte Vorzug der Anstalt aber war ihr hervorragender Lehrkörper, ausgewählte Professoren der Wiener Mittelschulen und Lehrerbildungsanstalten, denen der Unterricht an dieser neuen Mädchenschule Freude machte. Ich besuchte die Anstalt von der dritten bis zur vollendeten sechsten Klasse und danke meinen Lehrern heute noch für die gute Grundlage, die sie uns fürs Leben mitgaben.

Aber nun auch noch etwas von meinen musikalischen Studien, die mir, dank eines schlechten Anfangsunterrichts – ein junges Mädchen, die mich nie richtig Noten lesen lehrte, sondern sich nur auf mein gutes Gehör und Gedächtnis verließ – immer nur Pflicht, aber nur sehr wenig Vergnügen waren. In Klagenfurt hatte ich wohl einen guten Musiker gehabt, der aber dick, alt und müde war und statt meinen Mängeln Abhilfe zu schaffen, ein stets unzufriedener Lehrer war. Nach Wien zurückgekehrt, erhielt ich einen neuen Mentor, eine etwas mysteriöse Persönlichkeit, der mit seiner Frau mit einer unserer Bekannten befreundet und von ihr empfohlen worden war. Es war ein Pole, der lange in den Vereinigten Staaten gelebt hatte und sich, obwohl selbst guter Pianist, doch auf amerikanische Reklame verstand. Er war es, der zuerst in Wien öffentliche Schülerproduktionen einführte, eine im Herbst, eine im Frühjahr, mit dem kleinen Bösendorfersaal als Schauplatz und geladenen Gästen als Publikum. Da mußte dann auch ich ausrücken, mit meinen elenden Händen (Handschuhnummer 5¾!) und meiner mangelhaften Technik. Daß ich alles auswendig spielte, wurde mir als Verdienst angerechnet, aber die Vorführungen waren mir ein Greuel. Schließlich, als ich mit fünfzehn Jahren als langaufgeschossener Backfisch mir an einem sehr schwierigen Stück beide Hände überspielte, war die Sache zu Ende, ich konnte nicht mehr spielen, aber durch Jahre auch noch keine Feder oder einen Regenschirm halten oder die damals sehr lange getragenen Röcke bei Schmutzwetter raffen – von nähen oder sonstigen Handarbeiten nicht zu sprechen. Ein sehr bekannter Neurologe, zu dem mich meine Mutter führte, zankte die erschrockene Frau scharf aus, wie sie mich einem solchen Scharlatan von Lehrer anvertrauen konnte. „Sie können von Glück sagen, wenn Ihre Tochter nicht schwer nervös geworden ist", schloß er. Nun, nervös bin ich zum Glück nicht geworden, ich begann sehr viel zu lesen, vor allem Geschichte, die mich brennend interessierte, und lernte Englisch, das ich nach zwei Monaten soweit beherrschte, um jedes Buch lesen zu können, eine große Bereicherung meines Gesichtskreises. Englische Bücher waren uns jungen Mädchen erlaubt, von den französischen aber nur langweilige Backfischgeschichten, die ich ablehnte, obwohl sie mir sprachlich keine Schwierigkeiten bereiteten.

Im Jahre 1875, nach unserer Rückkehr von Kärnten, wurde mein Bruder Wulf geboren, ein blühendes, heiteres Kind, das uns älteren Geschwistern durch seine lustigen Streiche viel Spaß machte. Nach der Volksschule kam er ins Theresianum, nach der vierten Klasse in die Militäroberrealschule Mährisch-Weißkirchen, dann in die Wiener Neustädter Akademie, um Berufsoffizier zu werden. Max und Hans, die älteren, waren nach der Unterrealschule in die Marineakademie in Fiume gekommen und beide schon wohlbestallte Seeoffiziere. Nur selten hatte der eine oder andere eine Dienstesbestimmung in Wien, so daß wir sie nur mehr während ihrer Urlaubszeiten zu Gesicht bekamen. Die kleineren und großen Reisen, die sie mit den Kriegsschiffen machten, gaben viel Stoff zu Erzählungen und für mich neue Anregungen für interessante Lektüre.

Als ich siebzehn Jahre alt geworden war, wurde meine ungewöhnlich hohe und klare Singstimme entdeckt – eine Kinderstimme, denn ich war seit den überspielten Händen im Wachstum steckengeblieben und sah noch sehr unfertig aus. Ältere Damen duzten mich kurzweg, was mich heimlich sehr beleidigte. Da ich natürlich musikalisch gut vorgebildet war, steckte man mich im Konservatorium statt in die Stimmbildung, die ich dringend gebraucht hätte, gleich in die Opernklasse, in der ich Arien singen sollte, was ich natürlich nicht konnte. Ich erklärte meiner Mutter, daß diese Schule für mich ein Unsinn sei und ich daher nicht mehr hingehen würde. Eine neue Niederlage! Und die arme Frau, die trotz ihres klaren Verstandes doch eine Phantastin war, mußte ihren langgehegten Traum (wie ich erst später erfuhr), in meiner Begleitung durch Konzertreisen einen Flug in die Welt zu machen, definitiv aufgeben. Mir aber fiel heimlich ein Stein vom Herzen, daß ich damit den öffentlichen Vorführungen entgangen war.

# Hans Heinz Weber

## *Schlürfen und schmatzen waren Todsünden . . .*

Ing. Weber wurde 1919 in Wien geboren. „Am 11. Dezember 1917 kam mein älterer Bruder noch als Monarchist zur Welt. Ich jedoch, am 14. Dezember 1919 geboren, war schon ein waschechter Republikaner."

Die Eltern Ing. Webers – der Vater Offizier, später Prokurist und Direktor der Firma Danubia, die Mutter Schriftstellerin – entstammten wohlhabenden Familien, wie Ing. Weber selbst charakterisiert: „Großvater väterlicherseits war lange Zeit im Bankfach tätig und besaß den Titel ‚Kaiserlicher Rat'. Er war ein überaus vornehmer Herr, der auch im Sommer steifen, weißen Kragen, weiße Manschetten, Gilet, Hut und Handschuhe trug. Großvater Weber besaß ein Haus in Eichgraben, einem kleinen Ort des westlichen Wienerwaldes. Daneben war seine Jagd, und diese lag benachbart jener Seiner Majestät. Das Kostbarste war jedoch seine Villa am Mondsee."

Nach der Scheidung der Eltern (1925) wuchsen Hans und sein Bruder Fritz bei Mutter und Großmutter mütterlicherseits – von den Kindern „Bomama" genannt – im neunten Wiener Gemeindebezirk auf.

Nach einem Jahr Schulbesuch in der evangelischen Lutherschule trat Heinz Weber aus familiären Gründen in eine öffentliche Volksschule über. Danach besuchte er bis 1937 das RG. 8, wo er auch die Matura ablegte. 1937 trat er in das österreichische Bundesheer ein, um das „Einjährigen-Freiwilligen-Jahr" zu absolvieren. Nach der Übernahme durch die deutsche Wehrmacht nahm er an einigen Feldzügen teil (Polen, Frankreich und Tschechoslowakei) und wurde dann im Oktober 1940 aufgrund der „Nürnberger Gesetze" aus der Wehrmacht ausgeschlossen. Da ihm aus demselben Grund auch ein Hochschulstudium an der Technischen Universität verwehrt wurde, besuchte er von Herbst 1940 bis Frühjahr 1942 einen Lehrgang der Bundeslehr- und Versuchsanstalt für chemische Industrie.

Ing. Weber arbeitete dann bis Juli 1957 in den Wiener Glashüttenwerken, anschließend in den Vereinigten Chemischen Fabriken (Perstorp Austria). Am 1. Jänner 1980 ging er in Pension.

Ing. Weber investierte einen Großteil seiner Freizeit in gewerkschaftliche Arbeit.[1]) Es war nicht zuletzt dieses Engagement, weswegen ihm am 21. April 1980 das Goldene Ehrenzeichen für Verdienste um die Republik Österreich verliehen wurde.

Heinz Weber und sein Bruder, Univ.-Prof. Dipl.-Ing. Dr. Fritz Weber, hatten zeitlebens einen sehr engen Kontakt mit ihrer Mutter. Frau Weber verstarb am 15. Februar 1987 im Alter von dreiundneunzig Jahren. Ing. Weber schreibt seit seiner Pensionierung an seiner Lebensgeschichte. Das Manuskript hat bisher einen Umfang von 635 Seiten erreicht. Seine Schulerinnerungen wurden von Eva Tesar in den Band „Hände auf die Bank!" (Erinnerungen an den Schulalltag. Wien 1985) aufgenommen.

Das Leben jedes Menschen ist ein Spiegelbild der Geschichte seiner Zeit. Darum denke ich, daß es für dich (die Tochter; d. Verf.) von Interesse sein kann, durch die Kenntnis meines Lebenslaufes die Kräfte zu studieren, welche die Ereignisse dieser Zeit beeinflußten!

---

1 Seine Funktionen waren unter anderen: Mitglied des Sektionsvorstandes und der Sektionsleitung der Sektion Industrie und Gewerbe der Gewerkschaft der Privatangestellten, Obmann der Fachgruppe Chemie, Lehrlingsprüfer für kaufmännische und chemische Lehrlinge, Zollbeirat, Versichertenvertreter in der Pensionsversicherungsanstalt für Angestellte sowie Betriebsratsobmann der Vereinigten Chemischen Fabriken. Außerdem war er Beisitzer des arbeitsgerichtlichen Berufungssenates in Wien.

Eines habe ich erkannt, nämlich daß unser Schicksal ständig Veränderungen unterworfen ist. Was liegt näher, als daß wir selbst bemüht sein müssen, auf diese Änderungen Einfluß zu nehmen, soweit es in unseren Kräften steht.

Gesetze regeln den Ablauf des Zusammenlebens in der menschlichen Gesellschaft. Diese Gesetze so zu gestalten, daß sie allen Menschen – ohne Unterschied von Herkunft, Religion, Rasse, des Geschlechts oder etwa Körperbehinderungen – zum Nutzen gereichen, ist unsere Aufgabe!

Die Beurteilung eines Menschen hängt allein von seinen Handlungen ab, und diese sollen auch für die Gemeinschaft zur Wirkung kommen! Verständnis und Liebe zu allem Lebendigen sollen unser Leben so erfüllen, daß wir mit Ulrich von Hutten sagen können: „Es ist eine Lust zu leben!"

Wenn man die Geschichte eines Lebens kennenlernen will, ist es natürlich wichtig, die Vorfahren und die Umwelt dessen zu erfahren, denn nicht nur Erziehung, sondern auch das Milieu eines Kindes formen seinen weiteren Lebensweg.

Ich beginne bei den Eltern der Mutter, nicht nur aus reiner Höflichkeit den Frauen gegenüber, sondern auch, weil ich ja bei meiner Großmutter mütterlicherseits aufgewachsen bin, da meine Eltern geschieden wurden, als ich fünf Jahre alt war. Ich bin schon ein Kind der Republik, am 14. Dezember 1919 geboren, im neunten Wiener Gemeindebezirk, der das Prädikat „bürgerlich" trug, und „bürgerlich" war auch meine Familie. Die Großmutter mütterlicherseits war geborene Budapesterin, sie war am 11. August 1873 geboren. Ihre Erziehung war sehr streng. Man durfte zum Beispiel nicht „Unterhose" sagen, sondern nur „Unaussprechliche", was mich als Kind zu ungeheuren Lachsalven reizte und vielleicht eine der Grundlagen meines Humors wurde!

Großmutters Vater war in der Spitzenindustrie wohlhabend geworden und besaß neben einer schönen Stadtwohnung eine Villa in Hadersdorf-Weidlingau. Der Zeit entsprechend war seine Frau für ihn nur eine Gebärmaschine, und von den jährlich geborenen Kindern blieben acht am Leben, jeweils erst ein Mädchen, dann drei Knaben, meine Großmutter war die Älteste von allen. Die letzten drei kamen schon nach der Übersiedlung in die Kaiserstadt Wien zur Welt. Da ihre Mama früh starb, wuchs Großmutter bald in die Mutterrolle hinein.

Großvater mütterlicherseits stammte aus Prag, ging in Dresden in eine kaufmännische Schule, zusammen mit Hugo Thimig, dem später so berühmten Stammvater der Schauspielerfamilie, und besaß eine künstlerische Ader, die sich darin ausdrückte, daß er, in der Nähe der Volksoper wohnend, fast täglich in die Oper ging. Wie alle deutschsprachigen Prager war Großvater „deutschnational" eingestellt und betrieb ein kleines chemisches Unternehmen, außerdem war er Realitäten-Besitzer.

Die Damen der Gesellschaft waren damals stinkfaul, und so war er erstaunt, als er im Wohnhaus meiner Großmutter ein junges Mädchen bewunderte, das mit den Dienstboten zusammen auf den Dachboden stieg, irgendwelche Arbeiten zu erledigen, und selbst mit Hand anlegte. Er erkundigte sich nach diesem Wundermädchen, verliebte sich in sie und hielt um ihre Hand an. Vor der Hochzeit gestand er ihr noch, schon sechsunddreißigjährig, eine Glatze zu tragen, welche durch ein Toupet getarnt war. Großmutter hatte darauf eine wunderbare Antwort. Sie fuhr ihm über die spiegelnde Glatze und sagte: „Wenn nur das Herz echt ist." Und das war es auch!

Als einziges Kind konnte man annehmen, daß meine Mutter sehr verwöhnt war. Doch jedes Ding hat zwei Seiten. Dem Wohlstand der Familie und der Reiselust Großvaters entsprechend, wurde Lilli von Nizza bis Ostende, von Ragusa bis Meran in die piekfeinsten Hotels mitgenommen. Auch das Besichtigen der Museen ist für ein Kind im Spielalter nicht das reinste Vergnügen. So hat sie in Rom einmal eine Figur der Antike – böse Zungen würden behaupten: sogar schamlos – betastet, wodurch die Statue ins Wanken geriet. Dies ist für den, der Mutters Temperament kennt, nicht verwunderlich, denn noch heute macht sie alles, was sie angreift, kaputt. Also, der nackte, edle Grieche geriet ins Wanken, und Lilli bekam von ihrem Vater mit dem Regenschirm fürchterliche Prügel.

In Unterach am Attersee besaß mein Großvater eine Traumvilla. Dort verbrachte meine Mutter eine wunderschöne Kindheit und Jugend. Hier lernte sie radfahren, schwimmen, und außerdem wurden lange Wanderungen unternommen. Hier lernte sie auch viele junge Leute kennen, von denen einige später berühmt wurden, wie ihre Freundin Christl Mardayn.

Im Winter lernte sie bei norwegischen Schilehrern auf dem Semmering Schi fahren, und noch heute ziert der erste Preis eines Damenschirennens ihren Ausseer Hut.

Nach der Volksschule kam sie in die Schwarzwaldschen Schulanstalten. Dort gingen viele Töchter des gehobenen Mittelstandes hin. Die teils moderne, teils gefühlsbetonte Erziehung hatte bei meiner Mutter verheerende Folgen! Um den jungen Damen eine – ganz normale – Putzsucht abzugewöhnen, wurde Kleidung, ja, jede Pflege des Äußeren als Sünde hingestellt. Kleidung galt als „Fetzen", Friseur war schon fast etwas Bordellähnliches, und noch heute haben wir es schwer, meiner Mutter ohne Kränkung beizubringen, daß sie nicht wie eine Sandlerin, die unter der Brücke schläft, in die Oper geht.

Auch die Familie meines Vaters war unternehmerisch tätig. So starb Großvater Weber, nachdem er lange Zeit im Bankfach tätig gewesen war, kurz vor der Übernahme eines Unternehmens, das sich mit Spitzenherstellung beschäftigte. So stand Großmutter Therese mit ihren drei Kindern allein da. Die Firma setzte ihr eine Pension aus, Jagd und Villa in Eichgraben wurden verkauft, aber das Traumhaus am Mondsee blieb erhalten!

Vater war in der Handelsakademie nicht besonders ruhmreich, was wir Kinder daran erkannten, daß er niemals über seine Schulzeit, hingegen dauernd über seine Heldentaten im Ersten Weltkrieg sprach. Er war so erfüllt von der Rolle eines Offiziers, daß wir Kinder für ihn auch nur Rekruten waren. Am liebsten hätte er uns dauernd exerzieren lassen.

„Tanz' ma oder tanz' ma net?" sagte die tanzbegeisterte Lilli zu ihrem neuen Tänzer. Schmähstad stand er vor ihr, dann nahm er sie korrekt in seine Arme und machte Eindruck, indem er von Goethe sprach. Nach der rauschenden Ballnacht besuchte er sie später auf dem Semmering, wo sich Lilli beim Schifahren vergnügte. Die letzte freie Unternehmung Fräulein Lillis war eine Schitour mit dem österreichischen Wintersportklub auf den Kaibling bei Admont. Lilli erhielt von einigen Sportkameraden Heiratsanträge, aber im Mai war die Verlobung mit Friedrich Ludwig Weber, im Juli die Hochzeit. Man schrieb das Jahr 1913, und kein Mensch dachte an eine Änderung der politischen Verhältnisse.

Im Sommer 1914 mietete das junge Paar eine Wohnung in Klosterneuburg-Weidling, am 29. Juni 1914 besuchte Onkel Henri, Papas bester Freund, die beiden verliebten Leute in Weidling. Nach eines langen Tages Plauderei sagte er so nebenbei, so unwichtig erschien das damals den Leuten der wohlgeborgenen Gesellschaft, der Thronfolger wäre gestern ermordet worden. „Nur keine Aufregung, wir haben schon einmal einen neuen Thronfolger bekommen, der Kaiser wird's schon machen, und den Serben werden wir's schon zeigen! Eine kleine Strafexpedition, weiter nichts, Gott erhalte und beschütze unsern Kaiser, auf Wiedersehen!" und Onkel Henri bestieg den Zug nach Wien.

Papa mußte einrücken, und von seinen Heldentaten wissen vermutlich seine Freunde viel mehr als die traute Familie, sagte er doch zur Großmutter, als sie ungläubig seinen Erzählungen lauschte: „Und wann die Schwiegermutter noch so mißtrauisch schaut, die Hälft'n davon ist doch wahr!"

Später kam Vater an der rumänischen Front auf Etablierung nach Kronstadt. Mutter durfte nachreisen, kochte für die Offiziere, lernte reiten und war glücklich. So schön konnte zu diesen Zeiten der Krieg sein. Doch das Schicksal der Monarchie nahm seinen Lauf, und stetig steuerte das große Reich seinem Ende zu.

Nach Kriegsende übersiedelte Vater in die Villa am Mondsee. Ausgesucht von einem malerischen Auge, war die Lage der Villa einfach traumhaft. Am Ende des Sees, dort wo die Brücke über die Ache führt, war ein kleiner Hügel. Einer Burg gleich, in der man sich wohlgeborgen fühlte, gab sie nach Westen den Blick auf den langgestreckten Mondsee und die steile Drachenwand frei, nach Osten sah man vom Balkon des ersten Stockwerkes den Attersee und das mächtige Höllengebirge. Wen wundert es, wenn man weiß, daß der Erbauer ein Ender war, Mitglied der zu ihrer Zeit so sehr bekannten Malerfamilie.

Blutbuchen, Blutahorn, Silbertannen und Fichten verbargen die Villa zur Landseite vor den Blicken Neugieriger, während der weite Garten vom Achefluß begrenzt wurde. Über diesen führte eine große Brücke, damals aus Holz mit vielen Balken, die bei jedem darüberfahrenden Wagen einen polternden Lärm machten.

Der Eingang zum Park war ein Tor mit Schindeldach, welches einen gekrümmten Weg am Haus vorbei zur Ostseite freigab, denn dort war der Haupteingang. Die Tür des Hauses erreichte man über einen steinernen Stiegenaufgang, der seitlich von erhöhten Mauern begrenzt war. Auf diesen standen steinerne Schalen mit Blumen. Betrat man den Gang, war linker Hand die große Bauernstube. Rechts der Tür war ein großer, grüngekachelter Kamin, der vom Gang aus beheizt wurde. Um diesen herum lief eine gemütliche Ofenbank; neben dem Kamin die Tür zum Jagdstüberl, Papas eigentliches Reich. In der Bauernstube befand sich noch eine alte Bauernkredenz. Zwei große, helle Fenster waren voller Blumen, meist Pelargonien, und waren, wie alle ebenerdigen

Räume, vergittert. Weitere rustikale Möbel, ein gewaltiger Holztisch und eine alte Bauerntruhe machten die Atmosphäre dieses Raumes aus. Über der Truhe an der Wand befand sich ein Bord, auf dem mehrere Segelschiffe standen, die ich sehr liebte, aber nie berühren durfte.

Die der Bauernstube vorgelagerte, verglaste Veranda diente den Kindern bei Regen als Spielraum. Ein langer Tisch mit ebenso langen Bänken und vielen geflochtenen Korbsesseln boten für hinzugeeilte Kinder genügend Platz.

Beinahe hätte ich eine große Standuhr rechts der Gangtür vergessen, die aber niemals ging, wie alle braven alten Standuhren, da sie von niemandem aufgezogen wurde.

In diesem Paradies verbrachten mein Bruder und ich die ersten Lebensjahre. Auch nach erfolgter Scheidung meiner Eltern waren wir jährlich einige Wochen bei Papa in dieser Villa, das war im Scheidungsvertrag verankert.

Zu erwähnen sind noch die sanitären Einrichtungen des Hauses. Links der Gangtür war ein Waschtisch, wie ihn Kaiser Franz Joseph liebte, streng spartanisch mit einem Blechlavoir und darunter befindlichem Blechkrug. Das Wasser zum Waschen mußte in großen Kannen geholt werden, wie sie auch in der Stadt an der Bassena üblich waren. Trinkwasser allerdings holten wir vom Förster, der einige hundert Meter von der Villa entfernt wohnte. Das Wasserrecht hatte Großmama Weber einmal verkauft, als Großvater starb, und mein Vater sah es als heilige Handlung an, das Wasser zu holen, gleichsam als Zeremonie. Finanziell wäre Papa wohl in der Lage gewesen, als Direktor der Firma Danubia in den Jahren vor der Wirtschaftskrise Wasser einleiten zu lassen. Aber wer durfte an eine Änderung heiliger Überlieferungen nur denken?

Rechts des Eingangstores war das Klosett, welches ziemlich geräumig war. Weil aber Papa so traditionsbewußt war, durfte auch hier nichts geändert werden, das heißt, man mußte die Spülkästen immer mit Achewasser auffüllen.

Vom Schlafzimmer im ersten Stockwerk hatte man einen herrlichen Blick auf den Attersee und das Höllengebirge, man sah über die große abfallende Wiese vor dem Haus bis zum entfernten Sägewerk der Familie Polacek. Später verbaute der Besitzer dieses Sägewerkes leider den schönen Blick mit einer Magazinhalle am Ende von Papas Grund.

Das Dach der Villa zierte ein Salzburger Glockenturm, der Strang der Glocke ging durch das Schlafzimmer bis hinunter in die Bauernstube. Bei Feuersnot oder sonstiger Gefahr sollte das Sturmläuten Hilfe herbeirufen. Abends vor dem Schlafengehen mußten mein Bruder und ich zitternd vor Angst die Villa vom Keller bis zum Dachboden nach Einbrechern absuchen, während Papa schon im Nachthemd war. Es sollte eine Art Mutprobe sein, vielleicht fürchtete sich Papa auch selbst, denn ein Heros war er nicht, wenn er auch sein ganzes Leben diesen Eindruck erwecken wollte.

Meinem Vater gegenüber hatten mein Bruder und ich eine ambivalente Haltung. Auf der einen Seite war Papa sehr lustig und erzählte oft ganz schrecklich ordinäre Witze, die bei Bomama streng verpönt waren. Deshalb liebten wir ihn heiß, denn es ist für ein Kind wunderbar, von Blähungen und anderen Aktivitäten des menschlichen Verdauungstraktes zu hören, besonders wenn es zu Hause verboten ist, die Dinge beim Namen zu nennen. Andererseits fürchteten wir uns vor ihm, weil sein Erziehungsprinzip spartanische, notfalls auch körperliche Strafen waren. Durch Härte sollten wir zu echten Männern erzogen werden. Auch zu unserer Mutter verhielt er sich oft tyrannisch. Einige Erlebnisse, die Papas Verhaltensweisen beleuchten, weiß ich aus Erzählungen von Mutter, die bewußt kein schlechtes Wort über ihn hören ließ, und ihn selbst im hohen Alter noch als gottgewollte Autorität hinstellte.

Er litt schrecklich darunter, nach dem Ende des Ersten Weltkrieges nicht mehr der gefürchtete Offizier zu sein. Auch war das Ideal der in K.-und-k.-Zeiten aufgezogenen

Männer, Führerfigur zu sein. Er war also immer sehr bestrebt, die Nummer Eins zu sein. Wenn Mutter meinen Bruder, später mich, auf den hiezu vorhandenen Wickeltisch legte, befahl Papa immer irgendeine Dienstleistung. Mutter mußte das strampelnde und zuckende Patscherl nackt liegen lassen und den väterlichen Befehl sofort ausführen. Meist handelte es sich um ein frisches Hemd, ein Paar Socken – aus dem Wäschekasten gereicht –, oft aber, und das war infolge längerer Zeitbeanspruchung viel schlimmer, mußte sie ihm das Frühstück ans Bett servieren. Der faule Kerl machte keinen Handgriff, ergötzte sich sichtlich an ihrer Angst, und zitternd, ob das Kind nicht herunterfalle, gehorchte sie dennoch ohne Widerrede. Papa muß einen wahnsinnigen Komplex gehabt haben – vielleicht, weil er spürte, daß Mutter viel gebildeter und auch intelligenter war als er, wenn sie auch vollkommen realitätsfremd erzogen worden war.

Ein anderes Erlebnis ist mir noch deutlich in Erinnerung. Ich erhielt zu Weihnachten eine Eisenbahn, die mittels Uhrwerk bewegt wurde. An besagtem Festabend war unser Onkel Hubert, Papas jüngerer Bruder, zu Gast. Er spielte, was meist der Fall ist, wenn Kinder eine Eisenbahn bekommen, leidenschaftlich damit, aber nur so lange, bis er das Uhrwerk überdreht hatte. Dann empfahl er sich, und Papa, der nun auch spielen wollte, bemerkte den Schaden. Alle Beteuerungen meines Bruders und meinerseits halfen nichts, wir hatten die heißersehnte Bahn noch nicht einmal berühren dürfen, weil sich Onkel Hubert so daraufgestürzt hatte. Papa wickelte einige Ankerbausteine – es waren tatsächlich Steine – in eine Serviette und prügelte meinen Bruder und mich, solange seine Kräfte reichten.

Papa, der „Möchtegern-Held“, verlangte auch von meinem Bruder Fritz und von mir, daß wir uns vor ihm aufstellten – das geschah sehr oft – und im Chor sagten: „Der Papa ist ein Held.“ Mutter stand leidend dabei, getraute sich aber nichts zu tun, in ihren Augen war er vielleicht wirklich ein Held, aber nur, weil es gottgewollt war.

Doch zurück zu unserer Kindheit in der Villa am Mondsee. Wir spielten bei schönem Wetter rund um das Haus, „Räuber und Gendarm“, „Eckerl gucken“, „Fangerl“, aber am liebsten war uns mit dem Ball „Zur Suppe, zur Suppe, die Knödel werden kalt“. Da lag ein Gummiball in einer kleinen Grube, der Spielleiter sagte den Namen einer Nation – jedes Kind hatte sich einen anderen Staat gewählt. Der Gerufene mußte so schnell wie möglich den Ball ergreifen und durfte eines der davoneilenden Kinder „abschießen“. Wurde es getroffen, bekam es einen Strafpunkt, verfehlte es der Schütze, bekam er selbst den Strafpunkt.

Begann es zu regnen, übersiedelte die ganze Schar in die Glasveranda, und wir spielten „Testament machen“, „Böhmisch beichten“, „Schinken klopfen“ oder die „Schwarze Kunst“. Das waren alles Pfänderspiele, die meist, bei Vorhandensein weiblicher Spielgefährten, mit Küssen den Höhepunkt an Lust erreichten.

Wenn wir spielten, kamen die Kinder der umliegenden Villen zu uns. Kinder haben einen besonderen Instinkt, zu spüren, wo gespielt wird. Unsere Spielgenossen waren die Kinder der Familie Polacek, des Generals Straub und anderer Feriengäste, deren Namen ich heute vergessen habe. Papa vermietete einige Zimmer an Feriengäste. Da war eine Familie Hintermaier, der Vater Generaldirektor der Verbundgesellschaft. Sein jüngerer Sohn forderte mich eines Tages zu einem Dauerlauf nach Unterach auf. Das tat ich, weil Papa uns eingeschärft hatte, die Gäste hätten immer recht. Als wir zurückkamen, bekam ich Hiebe mit einer Gerte des Hollerbusches und zwei Stunden „Arrest“ im Jagdstüberl. Papa legte sich in der Bauernstube auf die Ofenbank schlafen, sperrte mich vorher sorgfältig ein, ich kletterte durch die Gitterstäbe ins Freie, spielte zwei Stunden, kletterte dann wieder hinein, und Papa war glücklich, mich mit Arrest bestraft zu haben, wie in seiner schönsten Militärzeit!

Von den einheimischen Kindern spielte einzig und allein der Sohn des Försters mit uns, niemals aber Bauernkinder. Der Förster stand nicht nur als Besitzer des Brunnens für unser Trinkwasser in hohem Ansehen, Papa hatte etwas für Blut und Boden über, und der Förster war eine Symbolfigur für deutschen Wald und Natur. Glücklicherweise war Rolferl Wiederhofer normal erzogen, und wir wurden von ihm aufgeklärt, wie Männlein und Weiblein sich vermehren. Sonst wäre es uns vielleicht so wie Mutter oder Tante Puppi ergangen, die noch am Hochzeitstag an den Storch glaubten.

Einmal waren wir bei Mutters Eltern zu Besuch. Diese besaßen in Unterach am Attersee ein Hotel, dessen Garten direkt am See lag. Eines Tages spielten dort Fritzi und ich, was meist darin gipfelte, daß wir Steine in das kristallklare Wasser warfen. Gibt es für Kinder etwas Schöneres, als Steine zu werfen? O ja! Natürlich! Nämlich, als mein Bruder einem Steinderl nachsah, in das Wasser plumpste und plötzlich am Grund des Attersees stand. Er sah durch die Lichtbrechung so urkomisch aus, daß ich in ein homerisches Gelächter ausbrach, mir mit beiden Händen auf die Oberschenkel patschte und vor Lachsalven beinahe keinen Atem mehr bekam. Gäste wurden auf mich aufmerksam, gingen der Ursache meiner Heiterkeitsausbrüche nach, Fritzi wurde gerettet, und Großmutter reihte mich seither in die Kategorie der herzlosesten Wesen, welche Gottes Erde bevölkern, ein.

Vor der Villa standen zwei riesengroße Hollerstauden. Wenn der Holler reif wurde, machte unsere Nanei Hollerschmarren. Nanei war die runzlige Perle, welche in einem kleinen Häuschen seitlich der Villa mit ihrem Mann Hansei, einem Straßenkehrer, wohnte, welchen ich niemals nüchtern angetroffen habe. Nanei sah aus wie Mutter Teresa, hatte nur einen Zahn unten in der Mitte, und an der rechten Hand fehlten ihr alle Finger bis auf den Daumen. Vermutlich war dies passiert, als Hansei Holz machte und wieder einmal ziemlich betrunken war.

Am Sonntag trug Nanei eine Goldhaube und war gekämmt, gewaschen war sie, glaube ich, nicht, das hob sie sich für die Marienfeiertage auf. Beim Hollerschmarrenmachen war Nanei fast eine Akrobatin, denn mit der fingerlosen Hand stach sie mittels des Daumens Proben zum Kosten aus dem Teig, den Rest stopfte sie wieder in den Schmarren hinein. Papa, der sonst ein I-Tüpferl-Reiter war und äußerst heikel, was das Essen anbelangte, fand dieses Biokunststück Naneis sehr gesund, und wir mußten begeistert das gelungene Werk loben.

Auch nach der Scheidung meiner Eltern verbrachten wir – wie schon erwähnt – laut Ehevertrag mindestens zwei Wochen bei Papa am Mondsee. Vielleicht waren wir in See schon aus dem Grund sehr glücklich, weil wir nicht so ängstlich behütet wurden wie daheim von Bomama und Mutter. Niemals hieß es: „Zieh ein Jackerl an, setz dir was auf den Kopf, verkühl dich nicht!“ Im Gegenteil, Abhärtung war ja Papas Parole, die er allerdings nur auf uns bezog, er selbst gab schon peinlichst acht auf seine Gesundheit.

Meist waren irgendwelche weiblichen Wesen, welche den Haushalt in höherem Sinne führten, Papas Gast. Vor diesen sprach er in poetischen Sätzen. Er liebte es besonders, bei Mondenschein am See entlang nach Pichl-Auhof und zurück zu wandern, dabei durften wir immer mitgehen und länger aufbleiben. Das ist auch ein sehnlicher Wunsch aller Kinder, die zu Hause mit ängstlicher Sorge, meist wenn das Leben am lustigsten ist, ins Bett gesteckt werden.

Als die Holzfirma, in der mein Vater Prokurist gewesen war, 1924 gesperrt wurde, übersiedelten wir wieder nach Wien. Da wurden sonntags schöne Ausflüge in den Wienerwald gemacht, und Papa, der uns spartanisch erziehen wollte, gab uns schwitzenden, keuchenden Kindern den ganzen Tag nichts zu trinken. Er selbst trank natürlich vor unseren Augen genüßlich sein Bier, und Mutter litt alle Qualen Medeas oder sonst einer antiken Größe. Wieder heimgekehrt, durften wir abermals nichts trinken, er trank wieder sein Bier, und dafür hatten wir noch dankbar zu sein.

Einmal waren wir in Vöslau im südlichen Wienerwald. Dort gab es eine riesige Höhle, wo uns Papa hinführte. Er erzählte uns noch, daß es Drachen gäbe, welche kleine Kinder zum Gabelfrühstück als Draufgabe verzehrten, dann verschwand er und brach in ein fürchterliches Gebrüll aus. Als wir zitternd vor Angst, uns an den Händen haltend, dem nahen Tod entgegenbangten, erschien er höchst wohlgestimmt und berichtete, er habe soeben den Drachen erschlagen, denn Siegfried, der heilige Georg und er wären die drei Drachentöter der Geschichte der Menschheit. Und das mußten wir brav auswendig lernen und ihm vorsagen, wenn kein anderer Mensch dabei war. So waren wir Papas Spielzeug und Rekruten. Daß aus uns doch halbwegs normale Menschen geworden sind, verdanken wir sicherlich der Erziehung von Großmutter, bei der wir nach der Scheidung der Eltern zusammen mit Mutter – aber die hatte auch hier nichts zu sagen – aufwuchsen.

Mutter sorgte in erster Linie für unsere geistige Entwicklung. Ich kann mich noch sehr gut entsinnen, daß ich, als ich im Sommer, lange vor der Scheidung der Eltern, Keuchhusten hatte, in der Prachtvilla des Großvaters mütterlicherseits, abgeschieden von den Kindern, mit denen ich so gern gespielt hätte, wohnte. Hinter der Villa war eine steile Wiese, an deren oberem Waldrand eine Bank mit einem Tisch stand. Dort mußte ich bis zur Bewußtlosigkeit Französisch lernen, gerade keine Erbauung für ein armes, leidendes Würmchen. Aber Mutter in ihrer grenzenlosen Naivität dachte wohl, es mache mir Vergnügen.

Zu Beginn der zwanziger Jahre verkaufte Großvater diese „Schindlervilla"[1]) und erwarb in Unterach das Hotel am See. Dafür waren wahrscheinlich zwei Gründe aus-

1 Siehe Abb. 25.

schlaggebend: die relativ sichere Versorgung mit Lebensmitteln in einer Zeit der Rationierung sowie die Annahme einer weniger anstrengenden Versorgung im Alter.

In diesem Hotel befand sich eine Konditorei. Dorthin holte ich, wenn ich den sorgenden Blicken der Erwachsenen entkommen war, die gesamte Dorfjugend und verteilte Ildefonsos, die ich auch ohne Fernsehwerbung mit „Don Alonso“ überaus schätzte. Für die arme Angestellte war das sehr peinlich, da sie keinen Überblick hatte, wieviel ich gegrapscht hatte, und die Kasse mußte stimmen. Bopapa war ein sehr gütiger und humorvoller Mensch, der über mich und meinen Bruder folgendermaßen urteilte: „Der eine ist ein Depp, der andere ein Gauner“, wobei er mit dem Gauner mich meinte. Erlaubt waren diese Attentate mit der Dorfjugend auf unsere Konditorei nicht, aber ich war in meiner sozialen Umverteilungsideologie nicht zu bremsen. Und das ist mir bis heute Lebensinhalt geblieben.

Zu Mutters Kompetenzen gehörte auch unsere musikalische Ausbildung. Mutter selbst hatte ein Antigehör, spielte entsetzlich hart Klavier, und mein Bruder und ich mußten bei einer Klavierlehrerin lernen, die schreckliche Methoden anwendete. Sie legte besonderen Wert darauf, daß die Hände ganz flach lagen und stellte mir aus diesem Grund ein Glas auf die Handoberfläche, welches nicht herunterfallen durfte bei den eintönigen Diabellischen Läufen. Das ist die beste Methode, einem Kind jegliche Freude an der Musik zu nehmen. Dann bekam ich eine moderne Lehrerin, bei der ich bald herausgefunden hatte, daß sie meinen Geschichten gern zuhörte. Aber meine Mutter, deren Obhut manchmal lästig war, lauschte an der Tür und unterbrach die gemütlichen Pausen durch ihr Dazwischentreten. Die ertappte Lehrerin setzte wieder ein strenges Gesicht auf, und das Geklimper begann von vorn.

Als ich neun Jahre alt war, besuchte ich den Kindertanzkurs der Tanzschule Elmayer. Der Tanzlehrer hieß Löw und war ein älterer, untersetzter Herr, der uns

Manieren beibringen sollte. In die Tanzstunden wurde ich immer von Frau Lina, unserer Bedienerin, geführt, die am Rande des Saales Platz nahm und mich wieder nach Hause begleitete. Mein armer Bruder, der aussah wie ein Mastochse, wurde in den Jugendkurs eingeschrieben. Die zwei Damen muteten meinem Bruder zu, mit kurzen Hosen, langen Strümpfen, die mit Strumpfbändern gehalten wurden, allerdings mit weißen Handschuhen und steifem weißem Kragen in die erste Tanzstunde zu gehen. Dort wurde er zum Gespött der kichernden Weiblichkeit und hatte nicht einmal beim schüchternsten Mauerblümchen Glück. Der Rittmeister ersuchte daraufhin Mutter, Fritz eine lange Hose zu kaufen, was Bomama unverständlich fand, weil der Bub ja noch so ein herziges Kind war. Dennoch gehorchte sie, der Ruf des armen Knaben aber war für dieses Jahr zerstört.

Um zu verstehen, wie ein Mensch sich entwickelt, muß man seine Umwelt kennen, denn die Kindheitseindrücke prägen sein ganzes Leben. Nicht nur die ihn umgebenden Menschen, auch die Wohnverhältnisse spielen da eine entscheidende Rolle!

Unsere Wohnung war sehr groß! Sie umfaßte das ganze Mezzanin eines Eckhauses.[1]) Ich beginne beim rechten, der Volksoper zu gelegenen Ende. Dort befand sich das Schlafzimmer von Großmutter und Mutter. Die Möbel waren nachgemachter Rokokostil, aber sehr gut gearbeitet. Über den Schlafzimmerbetten waren zwei grausliche Blumensträuße unter gewölbtem Glas von ansehnlichem Ausmaß, anstelle von Bildern: die Hochzeitssträuße meiner Großmutter. Die Farbe aller Möbel war ein düsteres Braunrot, die der Tapeten ein sehr dunkles, kaltes Blau. Neben den Betten auf den Nachtkästchen befand sich allerlei Kram, der nie verändert werden durfte, weiters war der Gasse zu, zwischen den Fenstern, ein Toilettentisch mit großem Spiegel, unter der Tischplatte hinter

1 Bleichergasse 6, 1090 Wien.

„WOHNUNG. MEZZANIN, WIEN IX.,
BLEICHERGASSE 6 / FLUCHTGASSE 5“

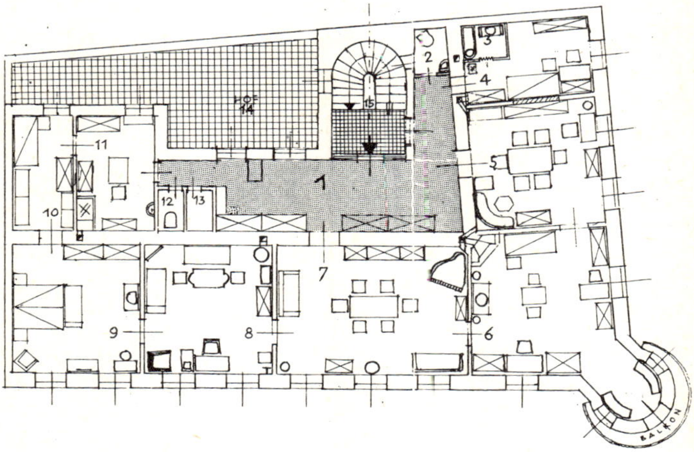


| | | | | | |
|---|---|---|---|---|---|
| 1 | Vorzimmer | 6 | Eckzimmer | 11 | Küche |
| 2 | WC I | 7 | Speisezimmer | 12 | WC II |
| 3 | Bad I | 8 | Wohnzimmer | 13 | Speis |
| 4 | Kabinett I | 9 | Schlafzimmer | 14 | Hof |
| 5 | Eßzimmer I | 10 | Kabinett II | 15 | Stiegenhaus |

grauen, dicken Vorhängen ein geheimnisvolles Gestell, das Bidet! Der Waschtisch besaß ein schwenkbares, ganz kleines, geblümtes Porzellanlavoir, das keinen Abfluß besaß, vielmehr befand sich hinter den Türen des Tisches ein Kübel, der entsetzlich stank. Das Waschwasser wurde immer aus der Küche geholt, in der Früh das heiße Wasser in einem Metallkrug, der so heiß durch die Wärmeleitung war, daß man ihn nicht anfassen konnte. An der Rückwand des Raumes standen zwei monströse Kleiderkästen, daneben befand sich eine kleine Tür ins Dienstbotenzimmer. Die große Tür in den Salon befand sich neben dem Waschtisch, und man konnte nur einen Flügel öffnen, weil davor, dem Fenster zu, eine alte Nähmaschine stand, welche mit Fußtritt betätigt wurde. Einmal wöchentlich kam eine Flickschneiderin, die Frau Zarda, die von morgens bis abends surrte und auch dort ihr Mittagessen bekam.

Der Salon war Bomamas Bereich. Auch er hatte zwei Fenster, vor denen ein großer Eichenschreibtisch mit einer gewaltigen Lampe stand. Vor dem rechten Fenster war das Nähtischerl mit einer Unmenge offener Schachteln, in denen es nur so von Zwirnen, Spulen, Nadeln und Fleckerln wimmelte, dahinter stand das Radio, das keinen Netzanschluß hatte, das wäre ja viel zu gefährlich gewesen, sondern Akkumulatoren besaß, und diese waren immer leer. Da kam der Herr Wardegger, ein kleines Männchen, der stundenlang, mit Kopfhörern versehen, herumbastelte, bis man ein erbärmliches Quäken vernahm, dann ging er. Er wurde nach Stunden bezahlt, und ich vermute, daß er von der Verwandtschaft und uns seinen Lebensunterhalt bestritt. Vor dem sagenhaften Nähtischchen stand Bomamas Fauteuil, der schon etwas eingedrückt war und auf den nur sie sich setzen durfte, nicht einmal Mutter wagte es, dort Platz zu nehmen.

Über dem Diwan an der Wand hing ein Gobelin, den Bomama als Kind mit ihrer Gouvernante gestickt hatte und dessen Darstellung fast pornographisch war. Ließ sich da doch eine schöne Rokokodame von einem Kavalier die Hand küssen, während ein anderer feiner Herr, der hinter der Dame stand, auch deren nach hinten zu gehaltene Hand mit tiefem Bückling küßte.

In der Ecke neben dem Diwan hing schräg nach vorn geneigt ein überdimensionaler Barockspiegel, dessen Rahmen zwei goldene, posaunenblasende Engel zu halten schienen.

An der Wand, die dem Speisezimmer zu gelegen war, stand ein schwarzes Kastel, fein mit Elfenbein ausgelegt, in dessen Mitte eine große Porzellanvase hinter Glas stand. Auf den offenen, regalartigen Seitenteilen standen auch wundervolle Porzellanfiguren, meist Schäferin und Schäfer darstellend, sowie eine perlenbesetzte, dunkelblaue Standuhr, die nie ging. Zwischen Fenster und Speisezimmertür waren ein Fauteuil und das Telephon. Meine Mutter oder Bomama meldeten sich immer nur mit einem langgedehnten „Hallooooh?", worauf der Anrufer ebenso „hallooooh?" sagte, bis endlich das Ratespiel den wahren Namen des Rufenden an den Tag brachte. Neben der Schlafzimmertür hing ein kleines Ölbild, den 1925 verstorbenen Bopapa darstellend, von Onkel Hermann aus München nach einer Photographie gemalt, welches jeder Besucher anschauen mußte. Meist standen die Besucher schweigend davor, bis sie herausknödelten: „Man sieht, daß er ein guter Mensch gewesen sein muß!" Worauf Bomama völlig unbedacht sagte: „Es sieht ihm nicht ähnlich!"

Das Speisezimmer hatte drei Fenster. Die Möbel waren aus Eiche. An der Rückwand war eine riesige Kredenz in altdeutschem Stil, und daneben stand ein Klavier. An der Wand, dem „Eckzimmer" zu, war Bopapas Bücherkasten mit Butzenscheiben und mit „Lastbüchern" angefüllt, die meisten für damalige Zeiten verbotenen pornographischen Inhalts, die mein Bruder und ich uns heimlich entlehnten und unter der Bettdecke mit der Taschenlampe oder beim Schein der elektrischen Straßenlampe verschlangen, um nicht entdeckt zu werden!

Vor dem mittleren Fenster stand das „Blumentischerl", zu dem man schwer dazukam, weil davor das „Vogeltischerl" stand, mit einem kleinen Kanarienvogel, der nur einen Tag gesungen hatte – als er gekauft worden war – und dann, vermutlich psychosomatisch erkrankt, nie wieder einen Ton von sich gegeben hatte. Zwischen mittlerem und drittem Fenster stand das Pfeilerkastel, ebenfalls altdeutsch. Auf dem befand sich das gewichtige Barometer, dann viele Zettel, die Bomama erst vergeblich auf ihrem Schreibtisch gesucht hatte. Nun, an der Seite des Salons, neben der Tür, stand ein Diwan mit Aufsatz, auf dem viele Krüge, Vasen und dergleichen standen. An jeder freien Stelle waren an den Wänden Porzellanteller, die mich ärgerten, weil es mir verboten war, sie mit dem Fußball herunterzuschießen. In allen Ecken standen am Fußboden riesige chinesische Vasen, die im Krieg zu Schmalz verwandelt wurden. In Bomamas Salon war noch ein echter mittelalterlicher Schild, der Rest von Bopapas Waffensammlung. Eine Glastür neben der Kredenz führte ins Vorzimmer.

Nun gelangen wir ins Eckzimmer. Dieses war viel heller als alle bisher bekannten Räume, weil es ein Fenster zur Bleichergasse und das andere zur Fluchtgasse besaß und im Eck einen Vorbau, den Erker mit schmalen Seitenfenstern, und in der Mitte eine Doppeltür auf einen runden, mit Eisengittern begrenzten Balkon hatte. Von diesem sah man von der Volksoper die ganze Bleichergasse hinunter, bis zum Versorgungshauspark, dann in die Nußdorfer Straße und in die Fluchtgasse bis zur Fuchsthallergasse. Außerdem waren die Fenster nicht mit so dunklen, schweren Portieren an den Seiten verhängt wie in Bomamas Reich. Hier begann Mutters Lebensraum, wenn sie Zeit dazu hatte, ein eigenes Leben führen zu können. Im Eckzimmer war, der Speisezimmerseite zu, im Eck ein großer Kamin, der auch durch eine Klappe das große Speisezimmer und ebenso Mutters Speisezimmer, der Fluchtgasse zu gelegen, heizen mußte. Er brauchte Stunden, bis er soviel Wärme ausstrahlte, daß das Zimmer

„überschlagen" war. In den angrenzenden Räumen war noch keine Rede von Wärme. Neben dem Kamin war ein Waschtisch aus Kirschholz, oben mit einer Marmorplatte bedeckt, darauf ein Lavoir mit großem Porzellankrug, hier stand ein Kübel frei daneben. An des Zimmers Rückwand war ein riesiges Kirschholzbett, aus Mutters Wohnung vor der Scheidung, dann kam die Tür zu Mutters Zimmer. Neben dem Fenster zur Fluchtgasse war ein großer Kirschholzkleiderkasten, vor dem Fenster ein kleines weißes Tischerl, das einst mein Arbeitstisch gewesen war, bevor ich das Zimmer verlassen mußte. Nun kam Mutters Toilettetisch mit Spiegel und dem üblichen Krimskrams an Fläschchen, Salben, Nähschachteln und dann der Erker. In dem befanden sich zwei schmale weiße Gartenbänke mit Jugendstilpolsterung. Der Bleichergasse zu war eine riesige Kommode aus der Villa in Unterach, in der Fritzens Malsachen verstaut waren. Vor dem Bleichergassenfenster stand der große Schreibtisch von Bruder Fritz, ein ausrangiertes Stück von Onkel Lajos.[1]) Der Tür ins große Speisezimmer zu stand der zweite Kirschholzkasten, wo Mutters Kleider drin waren. Also, wenn man zurückdenkt, alles höchst unpraktisch angeordnet, denn ihre Kleider hätten ja in Schlafzimmernähe gehört! In der Mitte des Zimmers befand sich noch ein kleines Tischchen, das eigentlich niemals benutzt wurde.

Mutters Speisezimmer war in schwarzer Jugendstileiche eingerichtet, hatte auch zwei Fenster. Wieder an der Rückwand ein prachtvoller, runder Diwan, mit grüngemustertem Gobelin bezogen. An einer Flanke ein schwarzes Pfeilerkastel, an der anderen ein schwarzer Serviertisch. In der Mitte ein riesiger schwarzer Eichentisch, den man ausziehen konnte und der sehr geeignet

---

1 „Onkel Lajos" war ein Bruder von Ing. Webers Großvater mütterlicherseits, ein Schwager von „Bomama" also. In dieser Familie Schöffer waren sechs Brüder und zwei Mädchen großgeworden. Onkel Lajos war derjenige, der die Firma des Vaters übernahm; durch die Heirat kamen dann noch zwei Firmen in seinen Besitz.

zum Tischtennisspielen war. An der Wand zu „meinem Kabinett“ war Mutters große Kredenz, in der es vor Silbersachen und geschliffenen Gläsern nur so blitzte und blinkte. Vor dem linken Fenster war Mutters großer schwarzer Eichenschreibtisch, zwischen den Fenstern der Bücherkasten mit Mutters Bibliothek, die gesammelten Werke Goethes, Schillers, Nestroys usw. bergend.

In allen bisher geschilderten Räumen waren immer ganz eigenartige Luster. In Bomamas Schlafzimmer einer mit tulpenförmigen Gläsern und schwachen Glühlampen, welche ein kümmerliches Licht gaben, denn im Schlafzimmer war es nicht schicklich, alles deutlich zu sehen. Im Salon das von mir heißgeliebte Lusterweibchen mit frechen Brüsten und Hirschgeweih, im großen Speisezimmer ein riesiger Luster, der so weit herunterhing, daß man sich den Kopf anstieß, und der eine Glocke besaß, um das Dienstmädchen hereinzuläuten; diese durfte ich betätigen, denn die anderen fürchteten sich, den Kopf anzustoßen. Auf die Idee, den Luster höher zu setzen und das Klingelkabel zu verlängern, kam niemand, außerdem durfte sowieso an althergebrachten Gegenständen um Gottes willen nichts geändert werden. Das Eckzimmer besaß einen wundervollen schmiedeeisernen Luster aus der Zeit der Wiener Werkstätte, der eigentlich in Mutters Speisezimmer gehört hätte, dort aber hing ein Ungetüm im Jugendstil, mit grüner Seide bespannt, aber man konnte wenigstens den Luster hinauf- und hinunterradeln.

Mein Kabinett war mein Reich: Erst hatte ich zum Schlafen einen kleinen Diwan, der sehr praktisch war, da man auch tagsüber darauf „herumlümmeln“ konnte. Das Kabinett war ein langgestreckter Raum, einst Bopapas Büro gewesen, und hatte eine durch Holzverschalung abgeteilte Ecke mit Schiebetür. In der befand sich das Bad, natürlich neben der Badewanne ein riesiger Waschtisch mit Lavoir und Krug. Der Vorteil für mich war, daß ich das Wasser vom Bad nehmen konnte und zum Ausleeren die Badewanne hatte. Der Ofen im Bad war ein vorsintflutliches Monstrum, dessen Gasheizung beim Anzünden immer eine Serie unanständiger Geräusche von sich gab. Außerhalb des Holzverschlages war ein kleiner Gasofen, der meine Raumheizung war, den Mutter jeden Abend abdrehte, damit nichts passierte. Beim Fenster in die Fluchtgasse war ein Kirschholztisch, der mir als Schreibtisch diente. Hinter diesem Tisch war ein sehr hübsches Biedermeierkastel für meine Bücher und Spielsachen, aber ich konnte nur die Türen des Oberteils öffnen, wenn ich den Schreibtisch abräumte, den Unterteil konnte ich überhaupt nicht benützen, da ja der Tisch davorstand. An der Rückfront war Mutters riesiger Wäschekasten mit Rolltür, davor eine Truhe für das Bettzeug des Sofas. Die Tür zu Mutters Speisezimmer war verstellt, also blieb nur am Ende des langgestreckten Raumes die kleine Vorzimmertür, die bald ein Schild mit meinem Namen bekam, und daneben eine Türglocke, denn niemand durfte herein, ohne vorher anzuläuten! Das war meine Revanche dafür, daß ich Bomamas Schlafzimmer auch nicht ohne anzuklopfen betreten durfte.

Die hölzerne Wandverschalung des Badezimmers war bald von meiner Indianerschmucksammlung zugedeckt, auch sämtliche Waffen, die ich besaß – Bärentöter und Henrystutzen, Silberbüchse, alles aus Holz und sehr primitiv gebastelt, sowie Pfeile und Bogen, Tomahawks usw. –, bildeten den Grundstock dieser Sammlung. Auf Packpapier malte ich spannende Fußballszenen, die Rudolf Hiden, den Tormann des Wunderteams, robinsonierend[1]) oder in den Lüften schwebend, darstellten, denn Hiden und Old Shatterhand waren meine Idole, die ich öffentlich bekennen durfte; nicht reden durfte ich von Tom Shark, dem besten Detektiv meiner Zeit, denn „Schundhefte“ waren in der Schule verboten, und Mutter

1 Robinsonade = kühne Parade des Torwarts (nach dem englischen Torwart J. Robinson)

war wie ein Geier darauf, daß ich keine zu lesen bekam. Karl May war auch nur gestattet, weil Bomamas Brüdern einst diese Literatur erlaubt war, und daher war es der Bildung nützlich. Weiters standen auf meinem Schreibtisch eine kleine flache Katze und eine Mickymaus, die ich so aufstellte, daß sie sofort umfielen, wenn ein Unbefugter sich auf meinem Schreibtisch zu schaffen machte!

Einmal kam meine Großmutter auf die unheilvolle Idee, daß mein Sofa zu klein für mich war. Als ich aus der Schule kam, stand ein großes Kirschholzbett (das zweite aus Mutters einstiger Wohnung) anstelle des Diwans dort, alles war umgestellt und entfernt, weil ich jetzt „kein Kind" mehr war. Ich bekam einen Tobsuchtsanfall, weil ich mir erstens mein Zimmer gern selbst eingerichtet hätte, zweitens es als demütigend empfand, daß ich nicht gefragt worden war, und drittens ganz deutlich erkannt hatte, daß die wunderbare Zeit der Kindheit nun nie mehr wiederkehren würde. Außerdem war ich so erzogen worden, daß ich jede Änderung als unheilbringend empfand. Nachdem ich das Bett zerlegt, die Tür aus den Angeln gehoben und Kleinholz aus manchen unsympathischen Gegenständen gemacht hatte, holte man den Hausbesorger, der mich zur Vernunft bringen sollte. Er hob die Tür in die Angeln, verstand mich und ging wieder. Nach langen Verhandlungen bekam ich ein kleineres Messingbett, dadurch war wieder Platz für einen kleinen Kleiderkasten im Zimmer, und meine Sammlungen kamen wieder an Ort und Stelle. Ab jetzt galt ich als schwer erziehbares Kind und konnte nur von Glück sagen, daß es damals noch nicht „in" war, zum Psychiater zu gehen. Wobei ich der Ansicht bin, daß ein verständnisvoller Hausbesorger wie der Briefträger Räth für einen frustrierten Knaben von besserem Einfluß war als alle Psychiater dieser zurückgebliebenen bürgerlichen Welt!

Gleich neben meiner Tür im Vorzimmer, das sehr lang war und eine Ecke machte, war das Klo der „Herrschaft". Im Vorzimmer, welches viele Türen hatte – zu Mutters

Wohnzimmer, zum großen Speisezimmer und dann verengt wieder zur „Speis" und zum Dienstbotenklosett –, befand sich schließlich am anderen Ende die Tür zur Küche. Gegenüber all diesen Türen war die Eingangstür inmitten von Glasfenstern, die durch Eisenstäbe außen geschützt waren. Zwischen den vielen Türen zu den Wohnräumen waren insgesamt drei gigantische rotbraune Rollkästen, bis zur Decke hinauf, die so vollgepfropft waren, daß einem beim Öffnen der Rolläden sofort allerhand an alten Kleidern entgegenstürzte. Ausgemustert wurde nie, sondern immer noch etwas hinzugestopft.

Die Küche war sehr geräumig, hatte einen guten, alten Herd für Holzfeuerung, aber gekocht wurde, ach, wie fortschrittlich, nur mehr mit „Rechaud". Einige blechüberzogene Küchentische standen an den Wänden, das Fenster ging in den Hof.

An die Küche anschließend befand sich das Dienstbotenzimmer, eine kleine Kammer mit Eisenbett, Waschtisch und altem Kleiderkasten, das Fenster ging in den Hof und bot einen reizvollen Anblick auf kahle Feuermauern in unmittelbarer Nähe. Die Dienstmädchen, die wir hatten, bekamen nur Sonntag nachmittag Ausgang, sonst kamen sie nie aus der Wohnung. Da sie meist aus herrlichen Gebirgsgegenden kamen, müssen sie schwer gelitten haben, da sie ja überhaupt keine Freiheit bekamen! Der Lohn war gering, da ja Kost und Quartier frei waren. In der schrecklichen Zeit der Arbeitslosigkeit waren viele Familien froh, wenn eine Tochter sich auf „so eine anständige Art" ernähren konnte! Bald suchte ich den Mädchen ihr Los zu erleichtern und steckte ihnen Zettel zu, auf die ich schrieb, was Großmutter an ihnen ausstallierte, wo Staub zu wischen war usw. Dadurch bekam ich immer dankbare Blicke, mehr helfen konnte ich als Kind natürlich nicht. Kamen die armen Geschöpfe vom Ausgang heim, wurden sie einem peinlichen Verhör unterzogen, was sie gemacht hatten, und wehe, wenn eine erzählte, daß sie einen „unkeuschen Film" gesehen hatte! So wechselten viele, wenn sie es nicht mehr aushielten, die

Stelle oder wurden entlassen, weil Großmutter nicht mehr zufrieden war. Das Verhältnis der beiden Frauen zu den Dienstmädchen war äußerst distanziert, aber merkwürdigerweise gab es einige, die an Bomama hingen. Von Zeit zu Zeit wurde dann gewechselt, aber nicht, weil immer ein Grund, wie zum Beispiel schlechte Arbeit, vorhanden war, im Gegenteil, die Perlen riß sich meist Tante Grete, Bomamas Schwägerin, unter den Nagel.

Gegessen wurde im großen dreifenstrigen Speisezimmer immer gemeinsam. Das begann schon mit dem Frühstück. Bomama saß an der Stirnseite oben, rechts von ihr Mutter, links von ihr Fritz, ich saß ihr, bei der Größe der Tafel weit entfernt, gegenüber, unten. Viel von mir sah sie nicht, da der schon erwähnte monströse Luster fast bis zum Tisch herabhing. Jeder Besucher war erstaunt, daß dieses Monstrum noch nicht von der holzgetäfelten Decke gestürzt war.

Bomama hatte vor sich vier Tassen stehen, welche sie der Reihe nach füllte. Ich bekam Ovomaltine, weil ich so schwach war, ich war nämlich normal gebaut. Die anderen tranken starken Bohnenkaffee, das Geschirr war echtes Meißner Porzellan, ich kann mich nicht erinnern, daß wir jemals eine Schale oder ein Tellerchen anderer Provenienz benutzt hätten. Zum Sitzen dienten messingbeschlagene Stühle, lederbespannt und mit sehr hohen Lehnen. Bevor das Mahl begann, mußten wir hinter den Stühlen Aufstellung nehmen, Bomama deutete mit der Hand auf die Stühle und sagte: „Bitte Platz zu nehmen.“ Dann erst durften wir uns setzen.

Besonderen Wert legte Bomama und damit auch Mutter, die immer der gleichen Meinung wie Bomama war, auf entsprechende Haltung beim Essen. Gerade sitzen war eine Selbstverständlichkeit, die Ellbogen mußten an den Körper gedrückt werden, und das Besteck mußte „schön“ gehalten werden, was für einen kleinen Jungen, der die Tischplatte beinahe unter der Nase hat, die Ellbogen brav an den Körper gepreßt, sehr schwer ist. Die Zeigefinger mußten in Längsrichtung des Messer- und

Gabelstieles an diesen angelegt werden, wobei die Spitzen des Bestecks nicht in die Höhe zeigen durften.

Schlürfen und schmatzen waren Todsünden, auch Schluckgeräusche durften nicht zu hören sein. So war jedes Essen eine seelische Qual, besonders wenn Bomama und Mutter nicht redeten und Funkstille herrschte. Stritten beide Frauen, weil immer die eine der anderen den schöneren Bissen überlassen wollte, konnte ich rasch schlucken. Trinken durfte man immer erst nach dem Essen, was ein vollendeter Blödsinn war, aber es galt damals als höchst ungesund, vor Beendigung des Mahls einen Schluck zu machen.

Zu Mittag oder abends war der große Moment gekommen, wo ich läuten durfte, worauf das Mädel die Suppe servieren mußte. Kam sie herein, mußten wir das Gespräch unterbrechen, plauderte ich weiter, sagte Bomama in edelstem Französisch: „Pas avant la bonne." Auch wenn Mutter irgendwas sagte, was dem Thema nach für zarte Bubenseelen unangebracht schien, sagte Bomama: „Pas avant les enfants."

Bomama legte großen Wert darauf, daß gut gegessen werde. An Sonntagen besonders, wenn ich ihr beim Kuchenbacken helfen durfte, bekam ich ein Zuckerei, das war ein Eidotter, verrührt mit Staubzucker, und es schmeckte himmlisch. Dann schleckte ich alle Schokoladereinderln aus, und nachher wunderten sich die beiden Frauen, wenn ich nach einem riesigen Teller einer Kraftbrühe beim Fleisch bereits zu würgen begann. Ich stopfte unter den strengen Blicken Bomamas, die sich tief bückte, um mich unter dem Luster zu kontrollieren, Bissen um Bissen in meine Hamsterbacken. Wenn die Tafel aufgehoben war, raste ich ins Schlafzimmer und spuckte das ganze Zeug in einen Kübel. Auf diese Art bekam ich den Ruf, ein schwieriges Kind zu sein. Fritz, der ein nimmersatter Vielfraß war, achtete schon bei den ersten Fleischbissen auf meinen Mund und sagte zu Bomama und Mutter: „Der Hansi kann nicht mehr." Da blickte ich ihn dankbar an und schob ihm sofort den Teller zu, und er verschlang auch meine Portion. Für die Dienstmädchen teilte Bomama vor dem Essen in der Küche einen sehr kleinen Teil ab, die armen Geschöpfe mußten in der Küche essen, und manchmal bekamen sie das Essen des Vortags, denn weggeschmissen wurde nichts. Wir hatten keinen Eiskasten, daher war vieles nicht besonders genießbar. Überhaupt, Brot oder Speisereste wegzuwerfen war eine Todsünde, Mord wäre verzeihlicher gewesen, als Essen wegzuwerfen.

Am Heiligen Abend war immer große Bescherung. Schon Tage vorher wurde Mutters Speisezimmer abgesperrt, der Baum heimlich hineinbefördert, und wenn Mutter ihn schmückte, ertönte das zarte Klingen so manchen Glöckchens. Ich war ja nach einigen Vorfällen im gemeinsamen Bubenzimmer ans Ende der Wohnung verbannt worden, eben in mein Kabinett. Kletterte ich nun auf die Türschnalle und schob die etwas lockere Tür vom Rahmen ab, sah ich alles. Das durfte aber Mutter natürlich nicht wissen. Ich spionierte nach Strich und Faden und berichtete meinem Bruder immer alle Neuigkeiten, die ich erspäht hatte.

Am Heiligen Abend hatten wir immer Gäste, meist Onkel Zelbr mit Gattin, der in der k.k. Armee General gewesen war. Da er keine Kinder in Wien hatte, sein Sohn lebte in Budapest, war er sehr froh, nochmals das glückliche Strahlen aus Bubenaugen vor dem Christbaum erleben zu können. Die Geschenke dieses alten Ehepaares für uns waren auch immer Spitze. Zur Bescherung wurde von Mutter geläutet, der Baum glitzerte, alle Kerzen brannten, und dann durften das Dienstmädchen und Frau Lina, unsere Bedienerin, hereinkommen und beim Singen der Weihnachtslieder dabeisein. Sie erhielten einen großen Teller mit Bäckerei, manchmal auch ein Kleidungsstück, wenn sie sich nicht gerade in den letzten Tagen Bomamas Gunst verdorben hatten. Nach Beendigung der Lieder und Einschalten des elektrischen Lichts mußten die die Dienstleistung versehenden Frauen wieder gehen, und sie aßen in der Küche, was ihnen vorher zugeteilt worden war. Zum Servieren trugen die Mädchen schwarze Kleidung mit weißer Schürze und weißen Spitzenhäubchen.

Ich liebte die Christbäume jedes Jahr inniglich, und nach dem 6. Jänner begann das Drama, da ich mich weigerte, daß der Baum verheizt werden sollte. Ich hatte das Gefühl, einen mir sehr nahestehenden Menschen zu verlieren. Mutter nützte mein Verhalten zu allerlei liebsten Knabengeschichten, die sie in Frauenzeitungen veröffentlichen konnte. So wurden meine tiefen Empfindungen zu barem Geld umgemünzt.

Die Kleidung, die wir trugen, war gräßlich. Bomama bemühte sich, eine Scheinwelt aufrechtzuerhalten, doch der einstige „Wohlstand" der Vorkriegszeit war einfach nicht mehr finanzierbar. Bomama und Mutter aber lebten weiter, als wäre alles wie früher.

Bomamas Bruder war wirklich reich, seine Söhne waren etwas älter als Fritz und ich. Für die Schule bekamen wir das Gewand der beiden, welches meinem Bruder viel zu eng, mir viel zu weit war. Mutter half sich so, daß ich über die weitabstehende Jacke, die mir bis zu den Knien hing, einen Gürtel schnallen mußte. Nur an Sonntagen trugen wir Passendes, das waren Matrosenanzüge, und die durften nicht verschmutzt werden.

Die Sonntage meiner Kindheit waren scheußlich. Bomamas Schwägerin, Tante Grete, wohnte am Rathausplatz in einem großen Gründerzeithaus. Da ihr Gatte Besitzer der Gösser Brauerei und der Modefirma Zwieback auf der Kärntner Straße und auch sonst an einigen Unternehmen beteiligt war, führten sie ein großes Haus. Bomama liebte ihre Schwägerin, die eine arrogante Gesellschaftsdame war. Ich haßte ihre Art, über Kinder herabsetzend zu sprechen, englisch natürlich. Einmal sagte sie in meiner Gegenwart, wahrscheinlich im Glauben, daß dies ein gelungener Scherz wäre, über mich: „He looks so silly", was ein aufgeweckter Knabe wie ich natürlich gleich verstand.

Wir mußten also am Sonntag bei schönem Wetter in

den Rathauspark gehen, wo Bomama sehnsuchtsvolle Blicke zum Haus Rathausplatz 3 sandte und hoffte, Tante Gretl würde dort erscheinen und sie auffordern, zu Besuch zu kommen. Das geschah nie. Wohl wurde Bomama manche Sonntage zum Essen eingeladen, viel seltener auch Mutter, Fritz und ich nur einmal. Dann nie wieder, weil Fritz sich schlecht benommen hatte. Was hatte der ungezogene Knabe denn so Ungeheuerliches getan? Alle Erwachsenen tranken Alkoholisches, auf die Kinder hatte man vergessen. Fritz litt unter unsäglichem Durst. Als schon Obst serviert wurde, standen in der Mitte der Tafel einige Glasschalen zum Eintauchen der Fingerspitzen, weil Obst auch in feinen Gesellschaften, je nach Sorte, mit den Händen zum Mund geführt wurde. Da Fritz seinen Durst nicht mehr ertragen konnte, ergriff er solch eine Schale und trank sie in einem Zug leer. Entsetztes Schweigen lähmte einige Augenblicke die Unterhaltung, dann wurde wieder geistlos drauflosgeplappert.

Die Erziehung meiner Mutter war noch weltfremder als die meines Bruders und die meine. Die völlige Unkenntnis politischer Gegebenheiten blieb Mutter bis heute, sie hatte keine Ahnung, was in der Welt vorging. Die Devise uns Kindern gegenüber lautete: „Politik sollen die machen, die es verstehen!" – womit immer die Mächtigen gemeint waren. Ich erinnere mich nur an den Brand des Justizpalastes 1927, weil da Papa uns, was er sonst nie tat, zur Bahn begleitete, und an die Februarkämpfe 1934. Wir hatten schulfrei, und da in unserem Haus die Wachstube war, sahen wir, wie zahlreiche Sozialdemokraten verhaftet abgeführt wurden. Großmutter sagte damals nur: „Die armen Menschen, die armen Menschen!" Was wirklich vor sich ging, sagte sie nicht, weil sie überhaupt nichts verstand. Mutter und Großmutter hatten daher auch nie eine politische Meinung, geschweige denn Überzeugung, was sich dahin auswirkte, daß sie jedem Regime völlig loyal und unkritisch gegenüberstanden.

Noch realitätsfremder als Mutter und Bomama war meine Tante Puppi, die mit einem gewissen Heinrich verlobt war. Dieser begleitete sie eines Abends, wie es sich gehörte, zum Haustor der elterlichen Wohnung, wo er sich mit einem zarten Küßchen verabschiedete. Puppi stürzte erregt zur Tür herein und rief: „Maman, ich bekomme ein Kind!" Maman war gelähmt, ließ sich dann den Hergang der Kinderzeugung schildern, und nun stellte sich heraus, daß der armen Sophie erzählt worden war, Kinder zeuge man durchs Küssen.

Auch bei uns zu Hause waren Themen wie Politik oder Sexualität nicht nur verboten, sie galten als etwas Schlechtes, als eine Art unerhörter Untat. Mein Bruder durfte in der Mittelschule eine Malerausbildung machen, dazu gehörte Aktzeichnen; mir als Jüngerem aber war Nacktheit, insbesondere weibliche Nacktheit, ein absolutes Tabu, wodurch ich mich umso mehr dafür interessierte.

Meist wurde mein Bruder bevorzugt, wobei ich den Grund nie erfahren habe. War es, weil er der Schöfferfamilie ähnlicher sah, war es, weil er der Stammhalter war, jedenfalls bekam er immer das größere Geschenk, oder er erhielt Geld für Vergnügungen, für die ich immer zu klein war. Ich litt nicht im Sinne Kains darunter, ein Kain-Abel-Syndrom war mir fremd, dafür liebte ich Fritz zu sehr, weil er ein ungeheuer dankbares Objekt für mich war, ihn zu sekkieren. So was schätzt man, da nimmt man manche Zurücksetzungen in Kauf. Mutter hatte nichts zu reden und nahm alles von Bomama Angeordnete als göttlichen Willen hin, ihre Autoritätsgläubigkeit war ja grenzenlos. Und Bomama selbst war mir eigentlich auch nicht zuwider, da ich ihr gern in der Küche half, auch beim Einkaufen nach der Schule nahm sie mich mit, und da gab es in der Bäckerei Ritz oder beim Schamburek immer etwas zum Naschen oder beim Kallina in der Währinger Straße eine Scheibe Schinken. Denn für Bomama wurde immer ein Schinken frisch angeschnitten.

Im Haus waren wir bei den Parteien immer sehr beliebt, weil Fritz für die untalentierten Kinder Zeichnungen machte, und einmal durften wir den Sohn eines Wäschereibesitzers, Kurtl Deutsch, auf einen Schiurlaub nach Spital am Semmering mitnehmen.

Unsere Ferien verbrachten wir – nachdem Papa, als er wieder geheiratet hatte, keinen besonderen Wert mehr auf unsere Besuche in See am Mondsee legte – meist irgendwo in Österreich. Nur 1925 waren wir mit Mutter und den Großeltern in Grado gewesen.[1]) Stubaital, Ossiacher See, Vorau, Klopeiner See, das waren meist unsere Urlaubsziele.

In die Ferien wurde „alles“ mitgenommen. Die großen Koffer von Bomama und Mutter wurden mit Frächter vorausgeschickt, aber zur Fahrt erschien Bomama mit Plaid, Schirmtasche – mit drei bis vier Schirmen und ebensovielen Stöcken, die sie nie brauchte –, Mutter mit Vogelkäfig, Schreibmaschine und Laute und zahlreichen Taschen für die Reise. Ich hatte meinen eigenen Koffer mit meinen Sammlungen, Karl Mays und Tom-Shark-Heften und Fußballausrüstung. Die Fahrräder wurden immer tags zuvor aufgegeben. Dann standen wir am Bahnhof stundenlang vor der Sperre. Das war wohl ein Blödsinn! Schmachtend, schwitzend mußten die Menschen brav Schlange stehen, bis die Sperre aufgemacht wurde und die Karten gezwickt wurden, im Zug natürlich auch noch einmal. Dabei wurde Bomama einmal das Handtascherl gestohlen, sie bemerkte es erst bei der Sperre! Papa wurde angerufen, kam, besorgte zunächst Ersatzkarten für den nächsten Zug, und wir mußten von der Bank Geld nachsenden lassen, da Bomama das ganze Geld für zwei Monate im Tascherl gehabt hatte. Mutter und wir Kinder hatten ja keinen Groschen bei uns, da wir ja nicht genug vertrauenswürdig waren!

Die Ferien 1930 verbrachten wir am Klopeiner See. Ich hatte das erste Jahr in der Mittelschule mit einem „Vorzug“ abgeschlossen, daher waren Ferien ohne lästige

---

1 Siehe Abb. 26.

Ermahnungen, etwas zu lernen, zu erwarten. Wir wohnten in der „Pension Holzer“, einem noch nicht fertiggestellten Haus im Rohbau, die Zimmer noch nicht ausgemalt, mit einem wunderbaren, waldigen Seeufer. Gegessen wurde im Freien, und zwischen den Eßtischen lieferten sich täglich zwei Hähne furchtbare Kämpfe, was die Sommergäste als köstliche Unterhaltung empfanden. Mein Bruder und ich hatten vom ersten Tag bis zur Abreise nur die Badehose an, es regnete kaum, und wenn schlechtes Wetter war, spielten wir in einer Veranda mit den anderen Kindern. Das Essen war im Gegensatz zum Vorjahr in Bodensdorf in der Pension Renker auch gut, viel abwechslungsreicher, denn es gab nicht täglich wie am Ossiacher See „gefüllte Kalbsbrust“.

Meine Großmutter ging nur einmal schwimmen. Getreu ihrer Erziehung hatte sie einen schwarzen Schwimmanzug aus Clothstoff, der bei den Fußknöcheln und Handgelenken zugebunden war, und auf dem Kopf trug sie eine große schwarze Haube. Kaum im Wasser, blähte sich der Schwimmanzug mit Luft auf, und Bomama sah aus wie ein großer Walfisch. Die Jugend lief am Ufer zusammen, alle bestaunten das schwimmende Ungeheuer, und die Erwachsenen liefen ebenfalls hinzu. Und es gab ein dröhnendes Gelächter. Bomama verließ wütend die Stätte ihres „Triumphes“ und hat seither nie mehr gebadet.

Mein Bruder und ich bekamen jeder ein Floß. Damit trieben wir stundenlang auf dem Wasser umher, außerdem tauchten wir nach verlorenen Uhren oder Brillen der schlampigen Badegäste. Dabei wurde Herr Trostli, ein Schweizer Industrieller, auf mich aufmerksam. Ab sofort war ich sein Lakai beim Fischen. In der Früh brachte ich ihm eine handvoll Regenwürmer, die ich nicht, wie ein einheimischer Freund von mir, verzehrte, sondern welche Herrn Tröstli als Köder dienten. Außerdem jagte ich große Heuschrecken, die mir beim Angeln viel mehr Lob einbrachten, als wenn ich sie Bomama, unbemerkt natürlich, von hinten in den Unterrock praktizierte!

Mein Bruder und ich waren relativ brave Kinder. Wenn Bomama mit Mutter, was sehr selten der Fall war, ins Theater ging, war uns fad. Einmal bestellten wir die Feuerwehr zum Gaudium der ganzen Bleichergasse. Ein Löschzug nach dem anderen fuhr vor unserem Haus vor. Das kostete natürlich ganz saftige Betriebsausgaben! Ein anderes Mal brachte ich meinen Bruder Fritz endlich dazu, mit mir im Vorzimmer Fußball zu spielen. Natürlich ging ein Glasfenster drauf. Wir schrieben auf einen Pappendeckel: „Fürchtet Euch nicht, es waren *keine* Einbrecher, wir haben nur Fußball gespielt", hängten das Plakat ins glaslose Fenster und gingen beruhigt schlafen. Ein anderes Mal kam der Zeppelin. Mein Bruder war von seinem „Eckzimmer" sofort auf dem Balkon, von wo er den niedrig über den Dächern der Stadt kreisenden, gewaltigen, zigarrenförmigen Flugkörper gut beobachten konnte. Als auch ich auf den Balkon wollte, sperrte er selbstsüchtig die zwei großen Glastüren von außen ab. Was blieb mir anders übrig, als mit einem gewaltigen Hecht durch die Glasscheiben, wie ich es in den zahlreichen Filmen wie zum Beispiel „Tom Mix auf der Feuermauer" gesehen hatte, auf den Balkon zu gelangen, um solcherart auch noch das Wunderwerk der Technik bestaunen zu können. Schon damals hatte ich eine Affinität zu Glasscherben. Wußte ich vielleicht schon, daß mir Glas für ein Stück meines Lebensweges zum Schicksal werden sollte?

# Richard Wolfram

## *Die Verbindung zwischen Kind und Mutter ist etwas Wunderbares*

Die Vorfahren des Vaters von Universitätsprofessor Dr. Richard Wolfram, geboren 16. September 1901, kamen aus Niederösterreich. Urgroßvater Wolfram war von seinen Eltern zum Geistlichen bestimmt, überwarf sich aber bald mit seinen Lehrern und beschloß, eine militärische Laufbahn einzuschlagen. Doch auch diese währte nur sehr kurz, und so wurde er Verwalter auf einer adeligen Besitzung in Herzogenburg. Nebenbei konnte er ein Jus-Studium abschließen. Professor Wolframs Vater, Dr. Richard Wolfram (24. Jänner 1866 bis 17. Oktober 1943), studierte nach dem Willen seiner Eltern Pharmazie, konnte aber nach Beendigung des Studiums keine Anstellung finden und wurde daher Beamter der Gemeinde Wien: Er war Oberinspektor im Marktamt.

Elise Wolfram (20. Juli 1866 bis 1. Februar 1941) war eine geborene Last, Tochter des Gründers der Leihbibliothek Last, welche die größte ihrer Art auf dem Kontinent war. Ihre Eltern, Johann Albert Last (8. April 1826 bis 21. Juli 1889) und Elise Last (25. April 1827 bis 28. Juni 1888), aus der bekannten Buchdruckerfamilie Jasper gebürtig, stammten von der Ostseeinsel Rügen. Elise Last war eine bemerkenswerte Frau: Sie schrieb Bücher über Kant und Schopenhauer, verfaßte Gedichte, war ausgebildete Konzertsängerin und zog elf Kinder groß.

Richard Wolfram selbst erhielt ebenfalls eine Gesangsausbildung, da er die Begabung seiner Großmutter „geerbt“ hatte. Als er vor der Entscheidung für seinen weiteren beruflichen Lebensweg stand, entschloß er sich allerdings zur wissenschaftlichen Karriere. Er studierte Germanistik und Skandinavistik an der Universität Wien (ein Semester in Kiel) und promovierte 1926 zum Dr. phil. Ausgedehnte Studienreisen durch ganz Europa, darunter sechsundzwanzig längere Aufenthalte in Skandinavien, ermöglichten ihm eine „direkte Anschauung der Volkskultur in den verschiedenen Ländern". Von 1928 bis 1950 war er Sprachlektor für Schwedisch an der Universität Wien. 1936 habilitierte er sich in den Fächern Volkskunde und Neuskandinavistik. In den fünfziger Jahren konnte er seine Lehrtätigkeit wieder aufnehmen und wurde zum Professor für vergleichende europäische Volkskunde ernannt. Universitätsprofessor Dr. Richard Wolfram emeritierte 1971, hielt aber noch mehrere Jahre lang Vorlesungen. Er veröffentlichte mehr als zweihundert wissenschaftliche Arbeiten, davon zwölf in Buchform, ferner zwei Bände eigener Gedichte sowie die Übersetzung von acht Romanen aus dem Schwedischen für einen Schweizer Verlag.

Universitätsprofessor Dr. Richard Wolfram lebt in Wien und arbeitet an wissenschaftlichen Publikationen. Er schrieb die Erinnerungen an seine Gymnasialzeit anläßlich des 100-Jahr-Jubiläums der Schule 1983 nieder und ergänzte sie 1986.

Ich kam genau eine Viertelstunde zu spät, sonst wäre ich ein Sonntagskind geworden. So muß ich mich mit der Nähe begnügen, die mir beinahe noch spürbar scheint, denn so vieles wendet sich mir immer wieder zum Glücklichen. Gestirnmäßig bin ich eine „Jungfrau", denn ich kam am Beginn des 16. Septembers 1901 zur Welt. Die Sterndeuter wissen eine Menge von den Jungfrau-Geborenen zu sagen, aber ich habe es nicht ganz leicht, mich in all diesen Prophezeihungen wiederzuerkennen. So halte ich mich lieber an das, was ich gefühlt und erlebt habe. Unter dem Schlußstrich wird sich ja herausstellen, was gestimmt hat und was nicht.

Meine Eltern haben 1897 geheiratet, ich habe mir also etwas Zeit gelassen. Meine Mutter erzählte mir, das Weihnachtsfest 1900 sei besonders schön gewesen, meine Mutter war unbeschreiblich glücklich und dachte, jetzt sollte doch der Storch kommen. Und er kam. Zum Beinahe-Sonntagskind auch noch diese Konstellation!

Der Südtiroler Onkel Franz Friedrich Kohl sagte zu meiner Mutter einmal in bezug auf mich: „Du bist ihm eine wundervolle Mutter gewesen." Und das war sie. Sie hat mir erzählt, daß sie in der ganzen Zeit, in der ich in ihr heranwuchs, immer danach strebte, Schönes zu sehen, an Gutes und Schönes zu denken, damit sich das auf mich übertrage. Kann man besser ins Leben geleitet werden? Es denkt wohl jeder Mensch mit Liebe und Innigkeit an seine Mutter, aber hat jemand mehr Grund, dies zu tun, als ich?

Die Verbindung von Kind und Mutter ist etwas Wunderbares.[1]) In meiner Jugendzeit gab es noch kaum elektrisches Licht, die Beleuchtung geschah durch Gaslampen im Haus und auf der Straße. Ich erinnere mich noch gut der Laternenanzünder, die abends von Laterne zu Laterne gingen und diese mit einer Stange entzündeten. Dieses Gas aber konnte seine Tücken haben. Meine Eltern waren einmal im Theater, als meine Mutter während der Vorstellung immer unruhiger wurde und absolut verlangte, nach Hause zu gehen. Dort kamen meine Eltern eben noch in letzter Minute an. Dem Dienstmädchen war eingeschärft worden, das Gas ja nur gut abzudrehen, wenn ich zu Bett gebracht wurde und schlafen sollte. Das hat sie auch getan, aber als sie noch einmal probierte, ob der Hahn ja fest zu sei, muß sie ihn irrtümlich wieder aufgedreht haben. Das Gas strömte aus. Als meine Eltern zur Wohnungstür kamen, spürten sie schon den Geruch. Sie stürzten herein, halb betäubt von den ausgeströmten Schwaden, und rissen die Fenster auf. Das Dienstmädchen und ich lagen wie leblos da. Wir

---

1 Siehe Abb. 28.

konnten noch wachgerüttelt werden, viel später hätten meine Eltern aber nicht kommen dürfen.

Geboren wurde ich im fünften Wiener Gemeindebezirk, Reinprechtsdorfer Straße 43, im ersten Stock. Die Wohnung war klein, Wohn- und Schlafzimmer sowie Nebenräume. Das Wohnzimmer aber war durch einen Erker ausgezeichnet. An die Begrenztheit der Wohnung erinnere ich mich noch deutlich.

Unsere vornehmsten Verwandten, die Buchdruckereibesitzer Jasper, die ein großes Haus führten, kamen einmal überraschend zu Besuch. Meine Mutter packte schleunigst einiges, das im Wohnzimmer herumlag, und warf es in das Schlafzimmer. Aber sie hatte ihre Rechnung ohne den Buben gemacht. Strahlend sagte ich: „So, und jetzt zeige ich euch die ganze Schlamperei!“ und öffnete die Tür zum Schlafzimmer.

Aus der Kleinkinder-Zeit pflegt man später nicht mehr allzuviel zu wissen. Freilich, die Märchen meiner Mutter weiß ich noch. Konnte ich sie doch nicht oft genug hören, und wehe, wenn ein Wort anders gesagt wurde. Ich konnte sie auswendig. Natürlich wurde ich auch in Märchen-Kindervorstellungen in die Volksoper geführt. Bei einem Stück, das ich zum zweiten Male sah, wußte ich, was kommen würde, und sagte laut im Parkett, wo wir saßen: „Jetzt kommt das, wo der König auf dem Popo über die Stiege herunterrutscht.“

Meine Phantasiewelt war höchst lebendig. Sie kam auch meinen heißgeliebten Stofftieren zugute. Das älteste, ein kleiner weißer Bär, ist nur zwei Jahre jünger als ich und genießt heute noch ein ruhiges Pensionistendasein. Zweiundachtzig Jahre, nicht schlecht für einen solchen Jugendgespielen!

Zu meinen frühesten Erzählungs-Erlebnissen gehörte Kiplings Dschungelbuch. Die Geschichte Moglis habe ich mit Blumen nachgespielt, die Löwenmäuler waren die Wölfe, da sie den Rachen so schön öffnen konnten.

Als ich Scharlach hatte – es war meine lustigste Krankheit, denn ich hatte sechs Wochen keine Schule! –, bekam ich zum Trost einen Seehund in Gestalt eines Plüschtieres. Mit einem Jubelschrei riß ich ihn an mich, es war ja Kotick, der weiße Seehund aus den Kipling-Geschichten, auch wenn er obenauf grau und nur auf dem Bauch weiß war. Auch ihn gibt es noch in der verborgenen Ecke, wo die Kindertage schlummern. Mein Vater aber sagte, als er mein Glück über den Seehund sah: „Mir scheint, da hab ich es getroffen."

Nach der ersten Scharlachwoche, die natürlich war, wie sie zu sein pflegt, saß ich halb aufrecht im Bett und häutete mich still. Sonst spürte ich nichts. Daher sang ich stundenlang, las und spielte. Anscheinend hat die Krankheit auch gelächelt, als sie diese Reaktionen sah, denn sie ging vorüber, ohne Folgen zu hinterlassen, die sonst so häufig sind. Ich erinnere mich aber noch an die Melodie, die ich damals zu einem lustigen Gedicht machte, das ich gelesen hatte und bei der ich als Anhang eine Trompete nachahmte.

Der Wellenschlag der Politik drang aber selbst in meine Kinderstube. Einmal hatte ich meine Bausteine im Kreis aufgestellt und schrie aus Leibeskräften „Pfui Lueger!", wie ich es bei einer Versammlung zufällig gesehen hatte. Meine Eltern stürzten entsetzt herbei, der Sohn eines Beamten!

Als der Erste Weltkrieg ausbrach, war ich dreizehn Jahre. Die bunte Welt der alten Monarchie habe ich also noch durchaus miterlebt, sie ging ja auch erst 1918 zu Ende. Was gab es da doch alles an Buntheit bei den Uniformen bis zu den Bosnjaken mit ihrem roten Fez. Das „Feldgrau" kam erst mit dem Krieg. In den Straßen fuhr noch der Spritzwagen, bei dem ein hinter dem Tankwagen gehender Mann einen an einem Strick befestigten Schlauch mit einer Gießkannenmündung rechts und links schwenkte und so die Straßen besprengte. Zur Oper fuhr man noch mit den von Pferden gezogenen „Stellwagen". Für Straßenmusik sorgten der Werkelmann oder Sänger, die sich in den Höfen produzierten und denen man ein in Papier gewickeltes Geldstück hinunterwarf. Da hörte man dann: „Das ist der Frühling in Wien – Küß die Hand, danke sehr – so lind und lau ...“

Die Straßen aber gehörten noch den Pferdefuhrwerken. Den Fasching auf den Straßen markierten nur die Kutscher, die an ihren Peitschen und an die Schweife und Mähnen der Pferde bunte Bänder gebunden hatten. In den Stiegenhäusern oder Höfen ertönte zwischendurch auch das langgezogene „Handleee“ der wandernden Handelsjuden mit ihrem Binkl auf dem Rücken, die Altwaren kauften. Von all dem sind uns eigentlich nur die Maronimänner geblieben. Selbst die Lavendelweiber sind heute so gut wie verstummt, die zweistimmig zu singten pflegten: „Kafts an Lavendl, a Büscherl um zwa Kreizer, an Lavendl hätt ma då, kafts uns an å.“ Der letzte, der einst so zahlreichen „Kaufrufe“!

Heute ist es schwer, sich eine Welt vorzustellen, in der es noch kein Radio gab, vom Fernsehen ganz zu schweigen. Auch das Kino war damals eine unerhörte Neuigkeit. In der Schönbrunner Straße hatte sich uns gegenüber zeitweilig ein Kino etabliert. Vor der Vorstellung stand der Ausrufer vor dem Lokal und pries das Stück an. Während der Vorstellung gab er im Kino selbst zuweilen seine Erläuterungen, die Begleitmusik aber besorgte ein Klavier.

Doch zurück zu meiner frühen Jugend. Die Kindheitssommer verbrachte ich nicht in Traismauer. Im dortigen Familienhaus residierten die Großmutter und „Onkel Hans“, der dem Großvater als Arzt gefolgt war. Dort war ich daher nur immer zu Besuch. Meine Kindheitssommer gehörten Rekawinkel. Das liegt im Wienerwald an der höchsten Stelle der Westbahn beim Überqueren dieser Höhenzüge. Mein mütterlicher Großvater, Albert Last, Begründer des „Literaturinstituts Last“, der unermüdlich plante und Dinge ins Leben rief, hatte dort einen ganzen Höhenrücken gekauft, der heute noch „Lastberg“ heißt. Es sollte eine Art zweiter Semmering werden. Dazu langte es aber nicht. Wohl baute er vier Villen, die im Sommer vermietet wurden, und ein Gärtner, der Herr Trinka, sorgte für Gemüse. Aber es blieb eine Idylle, eigentlich Gott sei Dank! Heute steht dort eine ganze Villenkolonie. Uns gehörte damals die ganze Längserstreckung der Höhenzunge, direkt anschließend an den Hochwald. Zur anderen Talfurche, welche heute die neue Autostraße durchzieht, senkte sich ein Hang von blühenden Wiesen, deren ungemähte Halme mir bis zur Schulter reichten. Auch er gehörte uns und ebenso die Wiese gegen Osten.

Wir wohnten in der ersten Villa im zweiten Stock mit Balkon und einem wundervollen Park. Von der vordersten Kuppe des Lastberges aus senkt sich das Wiesengelände sanft gegen Preßbaum zu, und man hat einen weiten Ausblick. An dieser vordersten Kuppe wurden alljährlich auch die Sonnwendfeuer abgebrannt, die weithin zu sehen waren. Zu ihnen versammelten sich die Mieter unserer Villen und die Bauern von Dürrwien. Onkel Karl, ein weiterer Bruder meiner Mutter, hielt eine kleine Rede, dann wurde der Stoß entzündet, aufprasselnd und funkenstiebend, wenn ein Windhauch hineinfuhr und einem die Hitze ins Gesicht trieb. Um diese Zeit flogen auch die Leuchtkäferchen so dicht, daß man sie mit der Kappe fangen konnte. Statt des leuchtenden Funkens hatte man aber dann ein unscheinbares graues Käferchen in der Kappe, das man gern wieder freiließ. Vorne an der Spitze der Kuppe stand auch noch ein großer Ahornbaum, mächtig und verzweigt.

Es war viel Romantik um dieses Land und diese Zeit. Ich weiß, daß ich eine Germanenkleidung bekam mit Helm, Schild und Speer mit einer Pappendeckelspitze. So erschien ich beim Feuer und nahm mit geweitetem Herzen all das Wunderbare dieses lauen Sommerabends in mich auf und das lustige Springen über das herabgebrannte Feuer.

Mein Vater war Kommissar und später Oberinspektor beim Marktamt. Er mußte daher alle Pilze genau kennen. Wenn die auf dem Naschmarkt angebotenen Pilze zur Prüfung langsam auf einer „Rutsche“ an ihm vorüberglitten, mußte er auf Anhieb einen giftigen sofort entdecken und herausgreifen. Die Schwammerlkunde übertrug sich auf mich. Wir beide kannten alle Plätze, wo Steinpilze im Rekawinkler Wald zu wachsen pflegten. Und wir hatten beim Suchen eigene Pfiffe für die verschiedenen Schwammerlarten, auf die wir stießen. Einen für die Eierschwämme, einen für die Steinpilze, genannt „Pilslinge". Es war unglaublich. Da war nur eine kleine Erhebung unter den dürren Blättern im Waldboden, sonst sah man nichts. Mein Vater stocherte hinein, und schon hatte er einen Pilz! Man lernte genau, die Sorten zu unterscheiden, auch am Geruch. Denn wehe, wenn man statt eines Champignons einen sehr ähnlichen Knollenblätterpilz erwischte. Die Wirkung tritt so spät ein, daß dann oft nicht mehr zu helfen ist. Das Schwammerlsuchen will gelernt sein!

Das Schönste im Rekawinkler Hochwald, der sich direkt an die Villenkolonie schloß, war eine moosüberwachsene Wildnis von Steinblöcken unter den himmelhoch scheinenden Bäumen. Dort hausten in den Felsspalten die Zwerge. Meine Mutter und ich bauten Zwergengärtchen aus Moos und Steinen für die unsichtbaren Felsengäste. Dann gingen wir für eine kurze Weile fort. Als wir zurückkamen, waren die Zwerge dagewesen! Als Dank lagen in der Zwergenhütte kleine runde Zuckerln, das sogenannte „Zwergenbrot", das ich mit Jubel einsammelte und genoß. Wie es meine Mutter fertigbrachte, das beim Weggehen unbemerkt hineinzuschmuggeln, ist mir heute noch ein Rätsel. Mir aber rauscht dieser Wald im Erinnern heute noch als ein „ewiges Land".

Zwei Freundschaften beherrschten meine Jugendzeit, eine geistige und eine persönliche. Auf der geistigen Seite wurde das Dschungelbuch durch Karl May abgelöst. Wenn solches geschieht, zeigt es an, daß ein neuer Entwicklungsabschnitt im Knabenleben erreicht ist. Dieses Merkzeichen offenbarte sich bei mir in beachtlicher Intensität. Gleichzeitig wurde eine Systematik des Vorgehens sichtbar, die zukünftige wissenschaftliche Wege schon andeutete.

Am Anfang stand natürlich das Sammeln. Ich legte mir eine eigene Karl-May-Bibliothek an. Sie umfaßte nicht nur die gängigen Ausgaben. Ich stöberte die Jahrgänge der Knabenzeitschrift „Der gute Kamerad“ auf, in denen die Jugendromane Karl Mays erschienen waren. Es gelang mir auch, die sogenannten „Münchmayer Ausgaben“ zu erwerben, die längst vergriffen waren. Das waren Romane, die in der Art der Schundliteratur in Fortsetzungsheftchen erschienen waren und die – wie zum Beispiel das „Waldröschen“ – nicht in Übersee, sondern in Deutschland spielten. In diese hatte der Verleger ohne Mays Wissen – der in voller Ekstase schrieb und nicht kontrollierte – gewagte Stellen eingefügt, um den Absatz zu steigern. Diese wurden später Karl May in die Schuhe geschoben, und es kam zu verletzenden Angriffen und jahrelangen Prozessen, welche den Lebensabend des Dichters verdüsterten. Zumal die Gegner Irrwege aus der Jugendzeit des Dichters ans Licht zerrten, aus denen er sich durch seine Schriftstellerei befreit hatte.

Ich erforschte natürlich nicht nur nur das Leben Mays, sondern analysierte auch seine Schriften. So fand ich heraus, daß er die Hauptgestalt eines seiner Romane einem Jahrgang der Zeitschrift „Über Land und Meer“ entnommen hatte. Dort stand die genaue Personenbeschreibung, May mußte nur die entsprechenden Geschichten dazu erfinden. Dieses Ergebnis teilte ich dem Karl-May-Verlag mit, dem das noch unbekannt war. Ich korrespondierte sogar mit Mays Witwe und erhielt eine Photographie, die Karl May als Old Shatterhand im Lederstrumpf-Kostüm zeigt, mit seinen berühmten Gewehren, dem Henry-Stutzen und dem Bärentöter, die es wirklich gab. Auf der Rückseite Mays eigenhändige Unterschrift, noch mit dem Titel „Dr.“, den er sich selbst zugelegt hatte. War das damals ein Stolz für mich! Schließlich legte ich mir ein handschriftliches Karl-May-Lexikon an, in dem es unter anderem auch ein Stichwort gab, wie Karl May Spannung zu erwecken pflegte. Der künftige Literarhistoriker kündigte sich an.

Bis dahin hatte es freilich noch lange Jahre. Vorerst spielte ich mit Gleichaltrigen „Indianer und Trapper" oder „Räuber und Gendarm". Auch das Kugerlscheiben wurde virtuos betrieben.

Dafür hatte ich ein ideales Gelände zur Verfügung. Schon nach wenigen Jahren waren meine Eltern aus der Reinprechtsdorfer Straße in die große Viereinhalb-Zimmer-Wohnung mit Nebenräumen in der Schönbrunner Straße 68 übersiedelt. Ein Eckhaus, mit einem Türmchen bekrönt, dessen Vorderseite der Schönbrunner Straße zugekehrt war, die Rückseite jedoch der Stadtbahn und dem Gerinne des Wienflusses. Hier gab es noch ein Stück Natur, einen Rasenstreifen, etliche Sträucher sowie einen so gut wie unbenützten Gehsteig, auf dem sich trefflich spielen ließ. Da wurde mit dem „Fetzenlaberl" Fußball betrieben, und ich entwickelte bereits mein Talent als durch Reaktionsschnelligkeit kaum zu bezwingender Tormann.

Natürlich gab es die üblichen Bubenkämpfe, vor allem mit dem feindlichen Stamm der „Ufergassler". In verhältnismäßiger Reichweite lagen auch der Bacherpark und der St.-Johann-Park als Ziele größerer Expeditionen. Ein gutes Stück den Wienfluß entlang führte mich auch mein täglicher Schulweg in die Volksschule in der Gumpendorfer Straße.

Eine Bubenfreundschaft aber beherrschte diese ganze Zeit. Sie entwickelte sich mit dem einzigen Sohn der Familie des Generals von Vorner, der im gleichen Stockwerk gegenüber wohnte. Er hieß Michael, genannt „Mixl". Wir spielten mit Zinnsoldaten und im „Gaßl" Fußball und waren jeden Nachmittag beisammen, sobald die Aufgaben gemacht waren.

Durch diese Offiziersfamilie erreichte mich ein Hauch der militärischen Welt, denn auch alle Brüder von Mixls Vater dienten als Berufsoffiziere in der Armee. Da war etwas von Haltung und Ritterlichkeit, das Achtung erzeugte. Außerdem aber auch ein Duft von Exotik. Der Oberst und spätere General von Vorner war eine Zeitlang

Kommandant einer Festung in Bosnien gewesen, und die Wohnung war voll von orientalischen Geweben und Sammlungsgegenständen. Zum Haushalt gehörte neben dem Dienstmädchen auch noch ein Offiziersbursche. Alles für mein Empfinden ein Stück Großartigkeit. Mit Vorners hatte ich gewissermaßen Kontakt zur „Monarchie".

Der Übergang vom spielenden zum gebotenen Erlernen des Lebens ist wohl für jeden jungen Menschen ein entscheidender Schritt. Wie fügt man sich, wie entfaltet man sich? Und wie groß ist der Reichtum der Kultur, die mit dem Erwerben der Überlieferung ihre Grundlage gewinnt? Wieviel davon wird einem zuteil? Wieviel davon trägt man schöpferisch weiter?

Ich hatte das Glück, einer Familie anzugehören, die sowohl von Vater- wie Mutterseite zu den sogenannten „Gebildeten" gehörte. Ich mußte nicht sozusagen „von unten anfangen", ich durfte mir aber auch höhere Ziele stecken. Zu erreichen waren sie trotzdem nicht leicht, denn mein Erwachsenwerden war überschattet von Weltgeschichte.

Der Anfang war freilich harmlos. Die evangelische Volksschule in der Gumpendorfer Straße war keine schwere Hürde. Es war eine sehr gute Schule, in der man mehr erwarb als im üblichen Durchschnitt. Manches wurde mir auch durch meine Eltern leichter gemacht. Sie hielten darauf, daß das Kind möglichst lange Zeit im Jahr in der guten Luft eines Landaufenthaltes aufwuchs. So ging es schon im Mai nach Rekawinkel in die Sommerfrische. In den beiden noch fälligen Lernmonaten kam einer meiner Lehrer täglich am Nachmittag nach Rekawinkel und unterrichtete. So konnte ich mit den anderen in der Klasse Schritt halten, ja sogar noch mehr lernen. Eine Abschlußprüfung hatte das zu bestätigen. Mit Absicht verzichtete man nicht auf ein Lernjahr – was möglich gewesen wäre –, sondern ließ mich die vollen fünf Jahre Volksschule machen. Meiner Entwicklungsreife kam das sehr zugute. Als ich das Gymnasium begann, war ich weit über das übliche Maß vorbereitet.

Damals ruhte unsere Welt in einer unzerstörbar scheinenden und selbstverständlichen Sicherheit und strebte einer zukunftsfrohen Entwicklung zu. Die Schule hieß noch das kaiserlich-königliche Karl-Ludwig-Gymnasium, nach dem Bruder unseres Herrschers. Der Glanz der Monarchie hüllte das Leben ein und überstrahlte die Schatten, mit denen diese hohe Stufe erkauft war. Wie ein Trompetenstoß durchbrach das Attentat von Sarajewo dieses ruhige Spiel von Licht und Schatten. Zum zweiten Mal der Thronfolger tot, diesmal aber hielt die Waffe eine fremde Hand. Die Empörung war ungeheuer. Ob im Spiel der Politik das Schlimmste hätte verhütet werden können? Hinterher kann man grübeln. Kann man sich fragen, ob eine Kriegspartei die Zügel führte? Damals sah man nur die Verschwörer, Attentäter und das Feindliche.

Ich erinnere mich. Bei Kriegsausbruch waren meine Eltern und ich auf Sommerfrische in Südtirol. Mein Vater, der für die Lebensmittelversorgung Wiens an wichtiger Stelle stand, mußte augenblicklich mit einem der letzten Bahnzüge zurück nach Wien. Dann war vierzehn Tage lang der Bahnverkehr für Zivilisten gesperrt, es rollte die Mobilisierung. Zug um Zug dampfte durch das enge Tal bei Waidbruck. Alle Lastwaggons, in denen die Soldaten dem Einsatz entgegenfuhren, waren über und über mit jubelnden Sprüchen beschmiert, die mit Kreide geschrieben waren. Die Türen der Lastwagen waren offen, die Soldaten jubelten und sangen. Ich erinnere mich an einen, der ein Messer schwang und rief „serbisches Reisfleisch!" Niemand ahnte damals, was ein Krieg bedeutete, zu viele Jahre waren seit dem letzten verflossen.

Erst zwei Wochen später konnten meine Mutter und ich mit der Bahn nach Wien heimkehren. Und dann folgten die ersten großen Schicksalsjahre; folgten die Extraausgaben der Zeitung, die nach Sieg oder Katastrophe auf den Straßen ausgerufen wurden; folgte die Zeit, in der schlagartig aus Galizien eine Flutwelle von über einhundertfünfzigtausend Flüchtlingen nach Wien rollte. Da es damals noch keine Rationierung gab, kam es zu den verschiedensten Versorgungsengpässen und deren Folgen, Mangel und Bereicherung. Das Geringste in den damaligen Notzeiten war noch, daß man aus allen Anzügen herauswuchs, die bei der Stoffknappheit nicht rasch genug ersetzt werden konnten. Mehr weh tat schon der Hunger, und auch die persönlichen Aufregungen nahmen kein Ende. Um Erdäpfel zu bekommen, stellten sich die Leute schon am Vorabend bei den Geschäften und Markthallen an. Endlose Schlangen! Wenn dann am Morgen nach einer gewissen Zeit die Vorräte erschöpft waren, suchte die Menge ein Opfer für ihren Zorn. Sie liefen meinem Vater nach und schrien: „Derschlogts eahm, den Hund, er gibt net ollas außa!" Aber wo nichts mehr war, konnte auch ein Marktamtsinspektor nichts herbeizaubern. Ein Teil der Herzbeschwerden meines Vaters geht auf die Aufregungen dieser Zeit zurück. Auch wenn mein Vater wegen seiner Stellung unabkömmlich war und nicht einrücken mußte, seinen Teil an Kriegsdienst hat er auch abbekommen.

Einige Monate hatten wir es gut. Da war mein Vater abkommandiert, um in Südtirol die Obstversorgung Wiens sicherzustellen. Er schloß Verträge mit den großen Obstbauern ab, die ja ganze Plantagen besaßen. Im Frühjahr kaufte er auf Risiko die Ernte des Jahres. Aus Südtirol erhielten wir da immer wieder Kisterln mit köstlichem Obst, das über manches hinweghalf.

In Südtirol hatte mein Vater mit einem jüdischen Geschäftsmann namens Weli Seif zu tun. Ein sehr korrekter Partner. Einmal versuchte er, meinem Vater einen guten Rat zu geben. Er sagte: „Herr Inspektor, wenn se haben Geld, nix lassen's es liegen. Kaufen se. Kaufen se, was se wollen, aber kaufen se!" Niemand von uns aber dachte, daß das ein goldener Rat war. Wir befolgten ihn kaum. In der Inflation nach dem Krieg zerschmolz das Ersparte meiner Eltern, das in Kriegsanleihe angelegt war – man war ja loyaler Staatsbürger –, und für zehntausend Kronen, die mein Vater einem Verwandten geliehen hatte und die dieser in der Inflation zurückzahlte, konnten wir uns einen Bettvorleger kaufen. Noch dazu hatte ein Verwandter meine Mutter beredet, den Anteil am Besitz in Rekawinkel zu verkaufen – in den Besitz teilten sich sieben Geschwister –, und auch dieses Geld verschlang die Inflation. Einzig ein Besitz in Traismauer blieb. Schon mein väterlicher Großvater hatte immer gesagt: „Grund und Boden sind das einzig Sichere!" Leider lernt fast nie eine Generation von der anderen. Was nach einem Krieg eintreten kann, haben die Juden aber offenbar gewußt. Auch Nestroy übrigens, man lese nur sein Stück „Judith und Holofernes" nach: „Wos ist zernieren? Zernieren is, wenn a Kreizersemmel steigt auf a Gülden . . ."

Mitten in die Gymnasialzeit fiel der Tod Franz Josephs. Der alte Kaiser war eine Vatergestalt und so etwas wie ein Garant des Vertrauens, daß alles schon recht würde. Auch der Krieg hatte das nicht wirklich erschüttert. Nun aber stellte sich die bange Frage nach der Zukunft.

Das alles erlebte man und erlebte es doch auch wieder nur bedingt. Denn vor allem war man mit seinem eigenen Werden beschäftigt, vom Knaben zum Jüngling.

# *Sachregister*

# Damit es nicht verlorengeht . . .,

## herausgegeben von Michael Mitterauer und Peter Paul Kloß

*Bisher erschienen:*

*Band 1:*
Maria Gremel
**Mit neun Jahren im Dienst**
Mein Leben im Stübl und am Bauernhof 1900–1930.
Vorwort: Michael Mitterauer.
*1983. 12 × 20 cm. 309 Seiten. Brosch. ISBN 3-205-07204-9.*

*Band 2:*
**Kreuztragen**
Drei Frauenleben
Vorwort: Michael Mitterauer.
*1984. 12 × 20 cm. 132 Seiten, 7 SW-Abb. Brosch. ISBN 3-205-06151-9.*

*Band 3:*
Therese Weber (Hg.)
**Häuslerkindheit**
Autobiographische Erzählungen.
*1984. 12 × 20 cm. 313 Seiten. Brosch. ISBN 3-205-06152-7.*

*Band 4:*
Maria Horner
**Aus dem Leben einer Hebamme**
Herausgegeben, bearbeitet und mit einem Vorwort versehen von Christa Hämmerle.
*1985. 12 × 20 cm. 205 Seiten, 14 SW-Abb. Brosch. ISBN 3-205-06153-5.*

*Band 5:* Therese Weber (Hg.)
**Mägde**
Lebenserinnerungen an die Dienstbotenzeit bei Bauern.
*1985. 12 × 20 cm. 211 Seiten, 19 SW-Abb. Brosch. ISBN 3-205-06154-3.*

*Band 6:*
Barbara Waß
**Mein Vater, Holzknecht und Bergbauer**
Mit einem Vorwort versehen von Michael Mitterauer.
*1985. 12 × 20 cm. 216 Seiten, 7 SW-Abb. Brosch. ISBN 3-205-06155-1.*

*Band 7:*
Eva Tesar:
**Hände auf die Bank . . .**
Erinnerungen an den Schulalltag.
*1985. 12 × 20 cm. 270 Seiten, 20 SW-Abb. Brosch. ISBN 3-205-06156-X.*

*Band 8:*

Leo Schuster

**„... Und immer wieder mußten wir einschreiten!"**

Ein Leben im Dienste der Ordnung.

Herausgegeben, bearbeitet und mit einem Vorwort versehen von Peter Paul Kloß.

*1986. 12 × 20 cm. 211 Seiten, 19 SW-Abb. Brosch. ISBN 3-205-06157-8.*

*Band 9:*

Oswald Sint

**„Buibm und Gitschn beinåndo is ka Zoig!"**

Meine Jugend in Osttirol 1900–1930.

Herausgegeben, bearbeitet und mit einem Vorwort versehen von Peter Paul Kloß.

*1986. 12 × 20 cm. 317 Seiten, 22 Abb. Pappbd. ISBN 3-205-06159-4.*

*Band 10:*

Adolf Katzenbeisser

**„Kleiner Puchermann lauf heim ..."**

Kindheit im Waldviertel 1945–1952.

Herausgegeben, bearbeitet und mit einem Vorwort versehen von Peter Paul Kloß.

*1986. 12 × 20 cm. 209 Seiten, 10 Abb. Pappbd. ISBN 3-205-06160-8.*

*Band 11:*

Viktoria Arnold (Hg.)

**„Als das Licht kam"**

Erinnerungen an die Elektrifizierung.

Herausgegeben, bearbeitet und mit einem Vorwort versehen von Viktoria Arnold.

*1986. 12 × 20 cm. 288 Seiten. Pappbd. ISBN 3-205-06161-6.*

*Band 12:*

Andrea Schnöller / Hannes Stekl (Hg.)

**„Es war eine Welt der Geborgenheit ..."**

Bürgerliche Kindheit in Monarchie und Republik.

*1987. 12 × 20 cm. 312 Seiten, 30 Abb. Pappbd. ISBN 3-205-06163-2.*

*Band 13:*

Agnes Pohanka:

**„Ich nehm' die Blüten und die Stengel ..."**

Kräutlerin am Schlingermarkt.

Bearbeitet und mit einem Vorwort versehen von Werner Nachbagauer.

*1987. 12 × 20 cm. 212 Seiten, 9 Abb. Pappbd. ISBN 3-205-06158-6.*

*Band 14:*

Michael Mitterauer (Hg.)

**„Gelobt sei, der dem Schwachen Kraft verleiht"**

Zehn Generationen einer jüdischen Familie im alten und neuen Österreich.

*1987. 12 × 20 cm. ca. 300 Seiten, ca. 30 Abb. Pappbd. ISBN 3-205-06165-9.*